ま　え　が　き

　総務省統計局では、我が国の人口について、国勢調査によって５年ごとに詳細に把握するとともに、国勢調査の間の時点においては、国勢調査による人口を基に、その後の人口動向を他の人口関連資料から得て、我が国における人口の最新の状況を推計し、「人口推計」として公表しています。

　この「人口推計」では、毎月１日現在の「全国　年齢（５歳階級）、男女別人口」について、概算値を当月下旬に、確定値を５か月後に公表しています。また、10月１日現在の「全国　年齢（各歳）、男女別人口」及び「都道府県　年齢（５歳階級）、男女別人口」について、翌年の４月に公表しています。

　なお、2017年（平成29年）４月からは、国の行政機関が作成する特に重要な統計である基幹統計として公表を行っています。

　本報告書は、本年４月に公表した人口推計（2021年（令和３年）10月１日現在）の結果を収録したものです。人口推計の結果が、各種施策の基礎資料として、また、我が国の人口動向の分析資料として、各方面で活用されることを期待しています。

　令和４年７月

　　　　　　　　　　　　　総務省統計局長

　　　　　　　　　　　　　井　上　　卓

JN121372

PREFACE

Japan's population is grasped in detail through the Population Census every five years, and for the intercensal period, the latest population of Japan which are estimated by using the census population as the base and obtaining from other data sources on population changes during the intercensal period are released as the "current population estimates" by the Statistics Bureau.

The Statistics Bureau releases the population estimates as of the first day of each month by five-year age group and sex for Japan at the end of the month. It also releases the annual population estimates, as of October 1 of the previous year, "by age (single years) and sex for Japan" as well as "by age (five-year groups) and sex for Prefectures" in April.

In addition, since April 2017, the Statistics Bureau has released the population estimates as fundamental statistics which are important statistics compiled by administrative organs.

This report contains the annual estimates of population as of October 1, 2021 which was released in April. I hope this report will be of use in many fields as basic data for various policies and as data for various analyses on Japan's population.

July   2022

INOUE Takashi
Director-General
Statistics Bureau
Ministry of Internal Affairs and Communications
Japan

目　　　次

結果の概要

  Ⅰ　全国人口 ・・ 1

  Ⅱ　都道府県別人口・・ 7

統　計　表

  全国

  第1表　　年齢(各歳)、男女別人口及び人口性比 － 総人口、日本人人口・・・・ 18

  第2表　　年齢(5歳階級)、男女、月別人口 － 総人口、日本人人口・・・・・・・・ 20

  第3表　　年齢(5歳階級)、男女別人口及び割合 － 総人口・・・・・・・・・・・・・・ 26

  都道府県

  第4表　　都道府県、男女別人口及び人口性比 － 総人口、日本人人口・・・・・・ 29

  第5表　　都道府県、男女別人口 － 総人口、日本人人口・・・・・・・・・・・・・・・・ 30

  第6表　　都道府県別人口の割合 － 総人口 ・・・・・・・・・・・・・・・・・・・・・・・・・ 36

  第7表　　都道府県別人口増減率 － 総人口 ・・・・・・・・・・・・・・・・・・・・・・・・・ 37

  第8表　　都道府県別自然増減率 － 総人口 ・・・・・・・・・・・・・・・・・・・・・・・・・ 38

  第9表　　都道府県別社会増減率 － 総人口 ・・・・・・・・・・・・・・・・・・・・・・・・・ 39

  第10表　　都道府県、年齢(5歳階級)、男女別人口 － 総人口、日本人人口・・・ 40

  第11表　　都道府県、年齢(3区分)、男女別人口 － 総人口、日本人人口・・・・・ 52

  第12表　　都道府県、年齢(3区分)、男女別人口の割合

           － 総人口、日本人人口・・・・・・・・・・・・・・・・・・・・・・・・・・・・ 56

  第13表　　都道府県、男女別年齢構造指数 － 総人口・・・・・・・・・・・・・・・・・・ 60

参　考　表

  参考表1　男女別人口の計算表 － 総人口、日本人人口、外国人人口 ・・・・・・・ 65

  参考表2　年齢(各歳)、男女別人口の計算表 － 総人口、日本人人口・・・・・・・・ 66

  参考表3　年齢(5歳階級)、男女別死亡者数 － 日本人、外国人・・・・・・・・・・・ 72

  参考表4　年齢(5歳階級)、男女別出入国者数 － 日本人、外国人・・・・・・・・・ 73

  参考表5　都道府県、男女別人口の計算表 － 総人口、日本人人口・・・・・・・・・ 75

  参考表6　都道府県、男女別出生児数及び死亡者数 － 日本人、外国人・・・・・・ 81

  参考表7　都道府県、男女別都道府県間転出入者数 － 日本人、外国人・・・・・・ 83

  参考表8　都道府県、男女別出入国者数 － 日本人、外国人・・・・・・・・・・・・・・ 85

  参考表9　都道府県、年齢(5歳階級)、男女別人口 － 総人口、日本人人口・・・ 88

付1　　「人口推計」における人口の算出方法 ・・・・・・・・・・・・・・・・・・・・・・・・・ 100

付2　　用語の解説・・・ 103

付3　　既刊の人口推計資料 ・・・・・・・・・・・・・・・・・・・・・・・・・・・・・・・・・・・・・・ 104

CONTENTS

Summary of the Results ·· 15

Statistical Tables

  Japan

    Table 1.   Population by Age (Single Years), Sex and Sex ratio
                  - Total population, Japanese population ·············· 18

    Table 2.   Population by Age (Five-Year Groups) and Sex, Monthly Estimates
                  - Total population, Japanese population ················ 20

    Table 3.   Population and Percentage distribution by Age (Five-Year Groups)
                  and Sex - Total population ················· 26

  Prefectures

    Table 4.   Population by Sex and Sex ratio for Prefectures
                  - Total population, Japanese population ················ 29

    Table 5.   Population by Sex for Prefectures
                  - Total population, Japanese population ················ 30

    Table 6.   Percentage of Population by Prefectures - Total population ·············· 36

    Table 7.   Rates of Population Change by Prefectures - Total population ·············· 37

    Table 8.   Rates of Natural Change by Prefectures - Total population ·············· 38

    Table 9.   Rates of Net Migration by Prefectures - Total population ·············· 39

    Table 10.   Population by Age (Five-Year Groups) and Sex for Prefectures
                  - Total population, Japanese population ················ 40

    Table 11.   Population by Age (3 Groups) and Sex for Prefectures
                  - Total population, Japanese population ················ 52

    Table 12.   Percentage of Population by Age (3 Groups) and Sex for Prefectures
                  - Total population, Japanese population ················ 56

    Table 13.   Indices of Age Composition by Sex for Prefectures - Total population ················ 60

Reference Tables

    Reference Table 1.   Computation of Population by Sex
             - Total population, Japanese population, Foreign population ···················· 65

    Reference Table 2.   Computation of Population by Age (Single Years) and Sex
                  - Total population, Japanese population ··········· 66

    Reference Table 3.   Deaths by Age (Five-Year Groups) and Sex
                  - Japanese, Foreigners···················· 72

    Reference Table 4.   Entries and Exits by Age (Five-Year Groups) and Sex
                  - Japanese, Foreigners···················· 73

    Reference Table 5.   Computation of Population by Sex for Prefectures
                  - Total population, Japanese population ················ 75

    Reference Table 6.   Live births and Deaths by Sex for Prefectures
                  - Japanese, Foreigners···················· 81

    Reference Table 7.   Inter-Prefectural Migrants by Sex for Prefectures
                  - Japanese, Foreigners···················· 83

    Reference Table 8.   Entries and Exits by Sex for Prefectures - Japanese, Foreigners ················ 85

    Reference Table 9.   Population by Age (Five-Year Groups) and Sex for Prefectures
                  - Total population, Japanese population················ 88

Appendix 1   Outline of the Population Estimates ·· 109

Appendix 2   Explanation of Terms ··· 112

Appendix 3   List of Publication － Current Population Estimates Series ·············· 113

結 果 の 概 要

I　全国人口

1　人口の動向

> **総人口は 64 万 4 千人の減少、減少幅は比較可能な 1950 年以降過去最大**
> **日本人人口は減少幅が 10 年連続で拡大**

　2021年（令和３年）10月１日現在の総人口は１億2550万２千人で、2020年10月から2021年９月までの１年間に64万４千人（-0.51％）の減少となった。

　我が国の総人口は2005年に戦後初めて前年を下回った後、2008年にピークとなり、2011年以降、11年連続で減少している。2021年は64万４千人の減少となり、減少幅は比較可能な1950年以降過去最大となった。

　日本人人口は１億2278万人で、前年に比べ61万８千人（-0.50％）の減少となり、減少幅は10年連続で拡大している。　　　　　　　　　　　　　　　（表１、図１、表２）

表１　総人口及び日本人人口の推移（2015年～2021年）

年　次	総人口			日本人人口		
	10月1日現在 人口（千人）	増減数[1] （千人）	増減率[2] （％）	10月1日現在 人口（千人）	増減数[1] （千人）	増減率[2] （％）
2015年	127,095 [3]	-142	-0.11	125,319 [3]	-243	-0.19
2016年	127,042	-53	-0.04	125,071	-248	-0.20
2017年	126,919	-123	-0.10	124,745	-327	-0.26
2018年	126,749	-170	-0.13	124,349	-395	-0.32
2019年	126,555	-193	-0.15	123,886	-463	-0.37
2020年	126,146 [4]	-409	-0.32	123,399 [4]	-487	-0.40
2021年	125,502	-644	-0.51	122,780	-618	-0.50

注1）　2020年までの増減数には補間補正数（平成27年（2015年）国勢調査人口を基に算出した人口推計と、令和２年（2020年）国勢調査人口との差を各年に配分して算出したもの）を含む。
　2）　前年10月から当年９月までの増減数を前年人口（期間初めの人口＝期首人口）で除したもの
　3）　平成27年（2015年）国勢調査人口。日本人人口は、国籍不詳をあん分した人口
　4）　令和２年（2020年）国勢調査人口。日本人人口は、不詳補完値

図１　総人口の人口増減数及び人口増減率の推移（1950年～2021年）

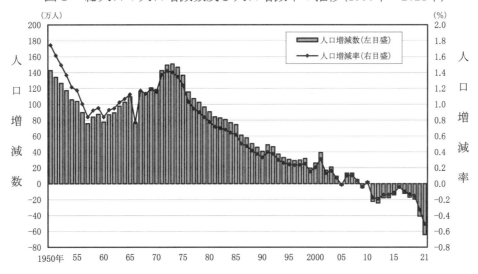

注）人口増減率は、前年10月から当年９月までの人口増減数を前年人口（期首人口）で除したもの

表2　総人口の推移（1990年～2021年）

（単位　千人）

| 年次 | 10月1日現在人口 | 人口増減 | | | | | （前年10月～当年9月） | | | | |
| | | 純増減1) | | 自然動態2) | | | 社会動態3) | | | | |
		増減数	増減率(%)4)	出生児数	死亡者数	自然増減	入国者数	出国者数	社会増減	日本人	外国人
1990年	123,611 5)	406	0.33	1,241	824	417	11,303	11,301	2	-30	32
1991年	124,101	490	0.40	1,224	829	394	11,168	11,130	38	-19	57
1992年	124,567	466	0.38	1,228	854	374	12,720	12,685	34	-7	41
1993年	124,938	370	0.30	1,205	882	322	12,398	12,408	-10	-17	8
1994年	125,265	327	0.26	1,229	877	351	13,982	14,064	-82	-76	-6
1995年	125,570 5)	305	0.24	1,222	925	297	15,653	15,703	-50	-50	0
1996年	125,859	289	0.23	1,203	896	307	17,375	17,388	-13	-35	23
1997年	126,157	297	0.24	1,209	921	288	17,974	17,960	14	-42	56
1998年	126,472	315	0.25	1,215	933	282	17,028	16,990	38	-2	40
1999年	126,667	195	0.15	1,198	985	212	17,237	17,249	-12	-43	30
2000年	126,926 5)	259	0.20	1,194	968	226	18,462	18,424	38	-50	88
2001年	127,316	390	0.31	1,185	966	219	19,266	19,120	146	66	79
2002年	127,486	170	0.13	1,176	981	195	16,321	16,372	-51	-104	53
2003年	127,694	208	0.16	1,138	1,023	115	15,038	14,970	68	3	65
2004年	127,787	93	0.07	1,126	1,024	103	17,673	17,709	-35	-77	42
2005年	127,768 5)	-19	-0.01	1,087	1,078	9	18,951	19,004	-53	-103	50
2006年	127,901	133	0.10	1,091	1,090	1	2,836	2,835	1	-60	61
2007年	128,033	132	0.10	1,102	1,104	-2	2,882	2,879	4	-75	79
2008年	128,084	51	0.04	1,108	1,142	-35	2,864	2,908	-45	-110	65
2009年	128,032	-52	-0.04	1,087	1,146	-59	3,114	3,237	-124	-77	-47
2010年	128,057 5)	26	0.02	1,083	1,188	-105	2,840	2,840	0	4	-4
2011年	127,834	-223	-0.17	1,074	1,256	-183	2,686	2,765	-79	-28	-51
2012年	127,593	-242	-0.19	1,047	1,248	-201	2,757	2,836	-79	-23	-56
2013年	127,414	-179	-0.14	1,045	1,277	-232	2,796	2,782	14	-23	37
2014年	127,237	-177	-0.14	1,022	1,274	-252	2,911	2,874	36	-23	60
2015年	127,095 5)	-142	-0.11	1,025	1,301	-275	3,080	2,985	94	-1	95
2016年	127,042	-53	-0.04	1,004	1,300	-296	3,361	3,228	134	-2	136
2017年	126,919	-123	-0.10	966	1,343	-377	3,615	3,464	151	4	147
2018年	126,749	-170	-0.13	945	1,370	-425	3,848	3,687	161	-3	165
2019年	126,555	-193	-0.15	895	1,380	-485	4,182	3,973	209	1	208
2020年	126,146 5)	-409	-0.32	871	1,372	-501	1,997	1,955	42	21	21
2021年	125,502	-644	-0.51	831	1,440	-609	632	667	-35	-7	-28

注1) 2020年までの純増減には補間補正数を含む。このため、純増減は自然増減と社会増減の計とは一致しない。
　2) 「人口動態統計」（厚生労働省）による。
　3) 「出入国管理統計」（出入国在留管理庁）による。2005年までの日本人については、海外滞在90日以内の入国者数、
　　　出国者数を含めている。
　4) 前年10月から当年9月までの増減数を前年人口（期首人口）で除したもの
　5) 国勢調査人口

男性は14年連続、女性は11年連続の減少

　総人口を男女別にみると、男性は6101万9千人（総人口に占める割合48.6%）で、前年に比べ33万1千人（-0.54%）減少と14年連続の減少、女性は6448万3千人（同51.4%）で31万3千人（-0.48%）減少と11年連続の減少となった。

　人口性比（女性100人に対する男性の数）は94.6となっており、女性が男性より346万4千人多くなっている。　　　　　　　　　　　　　　　　　　　　　　**（表3）**

表3　男女別総人口の推移（2000年～2021年）

（単位　千人）

| 年次 | 男 | | | | | | 女 | | | | | | 人口性比 |
| | 10月1日現在人口 | 純増減1) | | 自然増減 | 社会増減 | 補間3)補正数 | 10月1日現在人口 | 純増減1) | | 自然増減 | 社会増減 | 補間3)補正数 | |
		増減数	増減率(%)2)					増減数	増減率(%)2)				
2000年	62,111 4)	94	0.15	85	-2	11	64,815 4)	165	0.26	141	40	-16	95.8
2001	62,265	155	0.25	81	52	21	65,051	236	0.36	138	94	4	95.7
2002	62,295	30	0.05	69	-60	21	65,190	140	0.21	126	10	4	95.6
2003	62,368	73	0.12	28	23	21	65,326	136	0.21	87	45	4	95.5
2004	62,380	12	0.02	22	-31	21	65,407	80	0.12	81	-5	4	95.4
2005	62,349 4)	-31	-0.05	-25	-28	21	65,419 4)	12	0.02	34	-25	4	95.3
2006	62,387	38	0.06	-26	7	57	65,514	95	0.14	27	-6	73	95.2
2007	62,424	37	0.06	-25	6	57	65,608	95	0.14	23	-2	73	95.1
2008	62,422	-2	-0.00	-41	-18	57	65,662	53	0.08	6	-27	73	95.0
2009	62,358	-64	-0.10	-55	-67	57	65,674	12	0.02	-5	-57	73	95.0
2010	62,328 4)	-30	-0.05	-74	-13	57	65,730 4)	56	0.09	-31	13	73	94.8
2011	62,207	-120	-0.19	-108	-37	25	65,627	-103	-0.16	-75	-42	14	94.8
2012	62,080	-128	-0.21	-116	-27	25	65,513	-114	-0.17	-95	42	14	94.8
2013	61,985	-95	-0.15	-129	9	25	65,429	-84	-0.13	-103	5	14	94.7
2014	61,901	-84	-0.14	-136	27	25	65,336	-93	-0.14	-115	9	14	94.7
2015	61,842 4)	-59	-0.10	-147	63	25	65,253 4)	-83	-0.13	-128	31	14	94.8
2016	61,816	-26	-0.04	-156	79	51	65,226	-27	-0.04	-140	54	59	94.8
2017	61,753	-63	-0.10	-197	87	47	65,165	-61	-0.09	-180	64	56	94.8
2018	61,673	-81	-0.13	-220	97	43	65,076	-89	-0.14	-205	65	51	94.8
2019	61,588	-85	-0.14	-249	127	37	64,967	-109	-0.17	-237	82	46	94.8
2020	61,350 4)	-238	-0.39	-259	2	18	64,797 4)	-171	-0.26	-242	40	32	94.7
2021	61,019	-331	-0.54	-314	-16	-	64,483	-313	-0.48	-294	-19	-	94.6

注1) 前年10月から当年9月までの増減数
　2) 前年10月から当年9月までの増減数を前年人口（期首人口）で除したもの
　3) 国勢調査人口を基に算出した人口推計と、その次の国勢調査人口との差を各年に配分して算出したもの
　4) 国勢調査人口

15年連続の自然減少、減少幅は拡大

　　自然増減（出生児数−死亡者数）をみると、出生児数は、第２次ベビーブーム期
（1971年〜1974年）以降は減少傾向が続いており、2021年は83万１千人で前年に比
べ４万人の減少となった。一方、死亡者数は、144万人で前年に比べ６万８千人の
増加となった。

　　この結果、出生児数が死亡者数を60万９千人下回り、15年連続の自然減少となり、
減少幅は拡大している。男女別にみると、男性は17年連続、女性は13年連続の自然
減少となった。　　　　　　　　　　　　　　　　　　　　　（表２、表３、図２、図３）

日本人は３年ぶりの社会減少、外国人は９年ぶりの社会減少

　　社会増減（入国者数−出国者数）をみると、入国者数は63万２千人で前年に比べ
136万５千人の減少、出国者数は66万７千人で前年に比べ128万８千人の減少となっ
た。この結果、入国者数が出国者数を３万５千人下回り、９年ぶりの社会減少となっ
た。男女別にみると、男性・女性共に９年ぶりの社会減少となっている。

　　これを日本人・外国人の別にみると、日本人は７千人の社会減少、外国人は２万
８千人の社会減少となり、日本人は３年ぶりの社会減少、外国人は９年ぶりの社会
減少となった。　　　　　　　　　　　　　　　　　　　　　　（表２、表３、図２）

図２　要因別人口増減数の推移（1985年〜2021年）

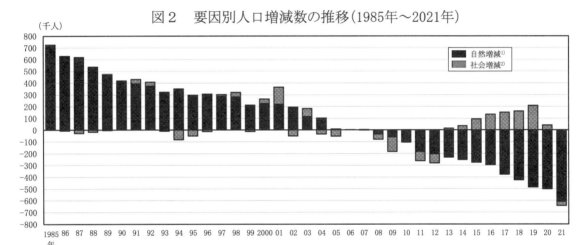

　　注1）　「人口動態統計」（厚生労働省）による。
　　　2）　「出入国管理統計」（出入国在留管理庁）による。2005年までの日本人については、海外滞在90日以内の
　　　　　入国者数、出国者数を含めている。

図３　男女別出生児数及び死亡者数の推移（1970年〜2021年）

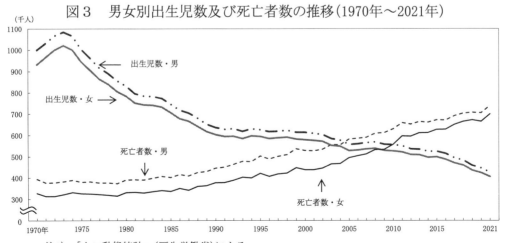

　　注1）　「人口動態統計」（厚生労働省）による。
　　　2）　1970年、1971年は沖縄県を含まない。

2　年齢別人口

> **15～64歳人口の割合は59.4%で、比較可能な1950年以降過去最低**

　我が国の人口ピラミッドは、近年、出生児数が第2次ベビーブーム期（1971年～1974年）をピークとして減少傾向が続いていることを反映し、二つのベビーブーム期の人口が膨らんだ形となっている。

　年齢3区分別にみると、15歳未満人口は1478万4千人で前年に比べ24万7千人の減少、15～64歳人口は7450万4千人で前年に比べ58万4千人の減少となったのに対し、65歳以上人口は3621万4千人で前年に比べ18万8千人の増加となった。75歳以上人口は1867万4千人で前年に比べ7万2千人の増加となり、65歳以上人口の半数以上となっている。
（図4、表4）

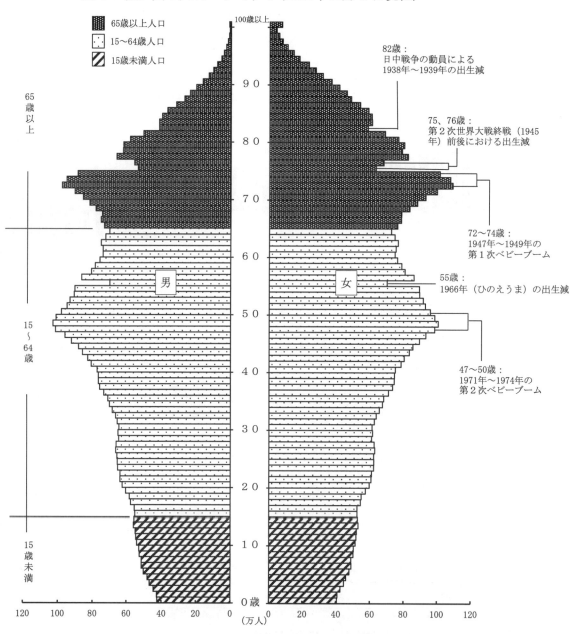

図4　我が国の人口ピラミッド(2021年10月1日現在)

　総人口に占める割合をみると、15歳未満人口が11.8%、15〜64歳人口が59.4%、65歳以上人口が28.9%となった。前年に比べると、15歳未満人口、15〜64歳人口がそれぞれ0.1ポイント低下し、65歳以上人口が0.3ポイント上昇している。

　総人口に占める割合の推移をみると、15歳未満人口は、1975年（24.3%）以降一貫して低下を続け、2021年（11.8%）は過去最低となっている。15〜64歳人口は、1982年（67.5%）以降上昇していたが、1992年（69.8%）にピークとなり、その後は低下を続け、2021年（59.4%）は過去最低となった。

　一方、65歳以上人口は、1950年（4.9%）以降一貫して上昇が続いており、2021年には28.9%と過去最高となった。

　なお、75歳以上人口も1950年（1.3%）以降上昇を続け、2021年は前年に比べ0.2ポイント上昇し、14.9%と過去最高となった。　　　　　　　　　　　　　　（図5、表4）

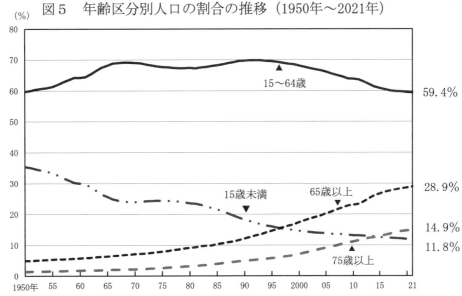

図5　年齢区分別人口の割合の推移（1950年〜2021年）

表4　年齢3区分別人口の推移（1950年〜2021年）

年　次	人口（千人）					総人口に占める割合（%）			
	総　数	15歳未満	15〜64歳	65歳以上	うち 75歳以上	15歳未満	15〜64歳	65歳以上	うち 75歳以上
1950年	83,200	29,430	49,661	4,109	1,057	35.4	59.7	4.9	1.3
1955	89,276	29,798	54,730	4,747	1,388	33.4	61.3	5.3	1.6
1960	93,419	28,067	60,002	5,350	1,626	30.0	64.2	5.7	1.7
1965	98,275	25,166	66,928	6,181	1,874	25.6	68.1	6.3	1.9
1970	103,720	24,823	71,566	7,331	2,213	23.9	69.0	7.1	2.1
1975	111,940	27,232	75,839	8,869	2,842	24.3	67.7	7.9	2.5
1980	117,060	27,524	78,884	10,653	3,661	23.5	67.4	9.1	3.1
1985	121,049	26,042	82,535	12,472	4,713	21.5	68.2	10.3	3.9
1990	123,611	22,544	86,140	14,928	5,986	18.2	69.7	12.1	4.8
1995	125,570	20,033	87,260	18,277	7,175	16.0	69.5	14.6	5.7
2000	126,926	18,505	86,380	22,041	9,012	14.6	68.1	17.4	7.1
2005	127,768	17,585	84,422	25,761	11,639	13.8	66.1	20.2	9.1
2006	127,901	17,435	83,731	26,604	12,166	13.6	65.5	20.8	9.5
2007	128,033	17,293	83,015	27,464	12,703	13.5	65.0	21.5	9.9
2008	128,084	17,176	82,300	28,216	13,218	13.5	64.5	22.1	10.4
2009	128,032	17,011	81,493	29,005	13,710	13.3	63.9	22.7	10.8
2010	128,057	16,839	81,735	29,484	14,194	13.1	63.8	23.0	11.1
2011	127,834	16,705	81,342	29,752	14,708	13.1	63.6	23.3	11.5
2012	127,593	16,547	80,175	30,793	15,193	13.0	62.9	24.1	11.9
2013	127,414	16,390	79,010	31,898	15,603	12.9	62.1	25.1	12.3
2014	127,237	16,233	77,850	33,000	15,917	12.8	61.3	26.0	12.5
2015	127,095	15,945	77,282	33,868	16,322	12.5	60.8	26.6	12.8
2016	127,042	15,809	76,673	34,560	16,891	12.4	60.4	27.2	13.3
2017	126,919	15,641	76,190	35,087	17,444	12.3	60.0	27.6	13.7
2018	126,749	15,473	75,796	35,479	17,913	12.2	59.8	28.0	14.1
2019	126,555	15,259	75,542	35,754	18,402	12.1	59.7	28.3	14.5
2020	126,146	15,032	75,088	36,027	18,602	11.9	59.5	28.6	14.7
2021	125,502	14,784	74,504	36,214	18,674	11.8	59.4	28.9	14.9

　注）各年10月1日現在。1950年〜2005年、2010年及び2015年は国勢調査人口（年齢不詳をあん分した人口）、2020年は国勢調査人口（不詳補完値）による。
　　　1970年までは沖縄県を含まない。

＜参考＞

〔 元号別人口 〕

元号別にみると、明治・大正生まれの人口は67万7千人（総人口に占める割合0.5%）、昭和生まれの人口は8833万2千人（同70.4%）、平成生まれの人口は3446万3千人（同27.5%）、令和生まれの人口は203万1千人（同1.6%）となった。

参考表1　元号別人口及び割合

（単位 千人）

	2021年		2020年	
	10月1日現在人口	総人口に占める割合(%)	10月1日現在人口	総人口に占める割合(%)
明治・大正生まれ	677	0.5	874	0.7
昭和生まれ	88,332	70.4	89,591	71.0
平成生まれ	34,463	27.5	34,478	27.3
令和生まれ	2,031	1.6	1,202	1.0
戦後生まれ	108,154	86.2	107,706	85.4

また、戦後生まれの人口は1億815万4千人となり、総人口に占める割合は86.2%となった。

（参考表1）

〔 各国の年齢3区分別人口 〕

我が国の人口の年齢構造を各国と比べてみると、調査年次に相違はあるものの、15歳未満人口割合は最も低く、65歳以上人口割合は最も高くなっており、老年化指数が200を超える唯一の国となっている。

（参考表2）

参考表2　各国[1]の年齢3区分別人口の割合及び年齢構造指数

国　名	推計時点（調査時点）	総数（千人）	総人口に占める割合 (%)			年齢構造指数			
			15歳未満	15～64歳	65歳以上	年少人口指数 [4]	老年人口指数 [5]	従属人口指数 [6]	老年化指数 [7]
中　　　　　国 [2]	2021.12.31	1,412,600	18.6	67.2	14.2	27.7	21.1	48.8	76.3
イ　ン　ド [3]	2016. 3. 1	1,291,074	28.1	65.8	6.2	42.7	9.4	52.1	22.0
アメリカ合衆国 [3]	2018. 7. 1	327,167	28.5	65.4	16.0	28.5	24.5	53.0	86.1
インドネシア [3]	2020. 7. 1	269,603	24.5	68.7	6.7	35.6	9.8	45.5	27.5
ブ　ラ　ジ　ル [3]	2018. 7. 1	208,495	21.3	69.4	9.2	30.7	13.3	44.0	43.2
パ　キ　ス　タ　ン [3]	2017. 3.15	207,685	40.3	56.0	3.7	72.0	6.6	78.6	9.2
ナイジェリア [3]	2016. 7. 1	193,393	41.8	54.9	3.2	76.1	5.9	82.0	7.7
バングラデシュ [3]	2020. 7. 1	168,220	28.8	65.7	5.5	43.8	8.3	52.2	19.0
ロ　シ　ア [2]	2016. 1. 1	146,545	17.0	69.1	13.9	24.7	20.1	44.8	81.4
メ　キ　シ　コ [2]	2021. 7. 1	128,972	25.4	66.7	7.9	38.1	11.8	49.9	30.9
日　　　　　本	2021.10. 1	125,502	11.8	59.4	28.9	19.8	48.6	68.5	245.0
フィリピン [3]	2020. 7. 1	108,772	30.3	64.1	5.6	47.3	8.8	56.0	18.6
コンゴ民主共和国 [3]	2020. 7. 1	101,758	48.1	49.2	2.7	97.8	5.4	103.2	5.5
エ　ジ　プ　ト [3]	2020. 7. 1	100,604	34.2	61.9	3.9	55.3	6.2	61.6	11.3
エチオピア [3]	2020. 7. 1	100,697	38.1	58.8	3.1	64.8	5.3	70.1	8.2
ベ　ト　ナ　ム [3]	2020. 4. 1	97,204	24.2	67.8	8.0	35.7	11.8	47.6	33.1
ト　ル　コ [3]	2020.12.31	84,680	22.4	67.9	9.7	33.0	14.3	47.3	43.3
イ　ラ　ン [3]	2020. 7. 1	84,038	24.6	68.9	6.5	35.7	9.5	45.2	26.5
ド　イ　ツ [2]	2020.12.31	83,155	13.8	64.2	22.0	21.5	34.2	55.7	159.2
フ　ラ　ン　ス [2]	2021. 1. 1	67,407	17.7	61.5	20.7	28.8	33.7	62.5	116.7
イ　ギ　リ　ス [2]	2020. 7. 1	67,081	17.9	63.5	18.6	28.1	29.4	57.5	104.5
タ　　　　イ [2]	2021. 7. 1	66,171	15.8	70.0	12.4	22.6	17.7	40.2	78.3
南アフリカ [2]	2020. 7. 1	60,143	28.3	65.5	6.1	43.2	9.4	52.6	21.6
タンザニア [2]	2021. 7. 1	59,442	43.2	54.0	2.9	80.0	5.3	85.3	6.7
イ　タ　リ　ア [2]	2021. 1. 1	59,236	12.9	63.6	23.5	20.3	37.0	57.3	182.6
ミ　ャ　ン　マ　ー [3]	2020.10. 1	54,818	26.9	66.5	6.6	40.5	9.9	50.4	24.4
韓　　　　　国 [2]	2021. 7. 1	51,745	11.9	71.6	16.6	16.6	23.1	39.7	139.5
コ　ロ　ン　ビ　ア [3]	2020. 7. 1	50,372	23.5	67.2	9.3	35.0	13.8	48.7	39.4
ケ　ニ　ア [3]	2019. 8.24	47,557	39.0	57.1	3.9	68.3	6.9	75.2	10.1
ス　ペ　イ　ン [2]	2021. 7. 1	47,327	14.1	66.0	20.0	21.4	30.3	51.6	141.6
アルゼンチン [2]	2021. 7. 1	45,809	24.2	64.1	11.7	37.7	18.2	55.9	48.3
アルジェリア [3]	2020. 7. 1	44,226	30.5	62.8	6.7	48.6	10.6	59.3	21.9
ウ　ガ　ン　ダ [2]	2021. 7. 1	42,886	44.8	52.8	2.4	84.8	4.6	89.4	5.5
ウ　ク　ラ　イ　ナ [3]	2020. 1. 1	41,733	15.3	67.6	17.1	22.6	25.3	48.0	111.9
ス　ー　ダ　ン [3]	2020. 7. 1	41,139	37.0	59.8	3.2	61.9	5.4	67.3	8.7

注1）人口4000万以上の国とした。　　　　2）各国統計機関のホームページによる。
3）国連人口統計年鑑（2020年版）による。

4) $\dfrac{15歳未満人口}{15～64歳人口} \times 100$　　5) $\dfrac{65歳以上人口}{15～64歳人口} \times 100$

6) $\dfrac{15歳未満人口＋65歳以上人口}{15～64歳人口} \times 100$　　7) $\dfrac{65歳以上人口}{15歳未満人口} \times 100$

Ⅱ　都道府県別人口

1　人口の動向

> **東京都が全国人口の11.2%を占める**

　2021年10月１日現在の都道府県別の人口は、東京都が1401万人と最も多く、次いで神奈川県（923万６千人）、大阪府（880万６千人）、愛知県（751万７千人）、埼玉県（734万人）となっており、以下人口600万人台が１県、500万人台が３道県、300万人台が１県、200万人台が６府県、100万人台が21県、100万人未満が10県となっている。人口順位は、全ての都道府県で前年と同順位となった。

　全国に占める割合をみると、東京都が最も高く、前年に比べ0.1ポイント上昇し11.2%となった。なお、全国に占める割合が５％以上となったのは６都府県で全国人口の42.4%となり、前年に比べ0.2ポイント上昇し、４％以上の９都道府県で54.9%となった。 （表５）

表5　都道府県別人口及び全国人口に占める割合（各年10月１日現在）

人口順位	都道府県	2021年 人口（千人）	2021年 全国に占める割合(%)	2020年 人口（千人）	2020年 全国に占める割合(%)	人口順位	都道府県	2021年 人口（千人）	2021年 全国に占める割合(%)	2020年 人口（千人）	2020年 全国に占める割合(%)
－	全　国	125,502	100.0	126,146	100.0	24	鹿児島県	1,576	1.3	1,588	1.3
1	東京都	14,010	11.2	14,048	11.1	25	沖縄県	1,468	1.2	1,467	1.2
2	神奈川県	9,236	7.4	9,237	7.3	26	滋賀県	1,411	1.1	1,414	1.1
3	大阪府	8,806	7.0	8,838	7.0	27	山口県	1,328	1.1	1,342	1.1
4	愛知県	7,517	6.0	7,542	6.0	28	愛媛県	1,321	1.1	1,335	1.1
5	埼玉県	7,340	5.8	7,345	5.8	29	奈良県	1,315	1.0	1,324	1.0
6	千葉県	6,275	5.0	6,284	5.0	30	長崎県	1,297	1.0	1,312	1.0
7	兵庫県	5,432	4.3	5,465	4.3	31	青森県	1,221	1.0	1,238	1.0
8	北海道	5,183	4.1	5,225	4.1	32	岩手県	1,196	1.0	1,211	1.0
9	福岡県	5,124	4.1	5,135	4.1	33	石川県	1,125	0.9	1,133	0.9
10	静岡県	3,608	2.9	3,633	2.9	34	大分県	1,114	0.9	1,124	0.9
11	茨城県	2,852	2.3	2,867	2.3	35	宮崎県	1,061	0.8	1,070	0.8
12	広島県	2,780	2.2	2,800	2.2	36	山形県	1,055	0.8	1,068	0.8
13	京都府	2,561	2.0	2,578	2.0	37	富山県	1,025	0.8	1,035	0.8
14	宮城県	2,290	1.8	2,302	1.8	38	秋田県	945	0.8	960	0.8
15	新潟県	2,177	1.7	2,201	1.7	39	香川県	942	0.8	950	0.8
16	長野県	2,033	1.6	2,048	1.6	40	和歌山県	914	0.7	923	0.7
17	岐阜県	1,961	1.6	1,979	1.6	41	佐賀県	806	0.6	811	0.6
18	群馬県	1,927	1.5	1,939	1.5	42	山梨県	805	0.6	810	0.6
19	栃木県	1,921	1.5	1,933	1.5	43	福井県	760	0.6	767	0.6
20	岡山県	1,876	1.5	1,888	1.5	44	徳島県	712	0.6	720	0.6
21	福島県	1,812	1.4	1,833	1.5	45	高知県	684	0.5	692	0.5
22	三重県	1,756	1.4	1,770	1.4	46	島根県	665	0.5	671	0.5
23	熊本県	1,728	1.4	1,738	1.4	47	鳥取県	549	0.4	553	0.4

8

人口増加は沖縄県のみ
東京都は26年ぶりに人口減少に転じる

　人口増減率を都道府県別にみると、増加は沖縄県のみで、人口増加率は0.07％となり前年に比べ縮小（対前年差0.34ポイント）している。

　一方、減少は46都道府県となっており、埼玉県、千葉県、東京都、神奈川県及び福岡県の5都県は前年の増加から減少に転じている。なお、東京都の人口減少は1995年（平成7年）以来26年ぶりとなっている。

　人口減少率が1％を超えているのは、秋田県(-1.52%)、青森県(-1.35%)、山形県(-1.23%)など11県で、前年から1県増加している。

図6　都道府県別人口増減率

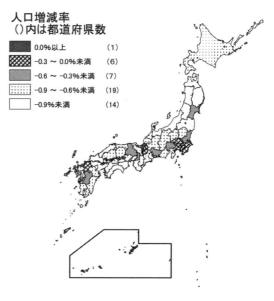

人口増減率
()内は都道府県数
- 0.0%以上　(1)
- -0.3 ～ 0.0%未満　(6)
- -0.6 ～ -0.3%未満　(7)
- -0.9 ～ -0.6%未満　(19)
- -0.9%未満　(14)

　人口減少率が前年に比べ拡大したのは33道府県で、うち大阪府（対前年差0.31ポイント）が最も拡大している。人口減少率が縮小したのは大分県、鹿児島県（同0.10ポイント）など7県となっており、島根県は同率となっている。

表6　都道府県別人口増減率

(単位　%)

人口増減率順位	都道府県	人口増減率 2021年	2020年	人口増減率順位	都道府県	人口増減率 2021年	2020年	人口増減率順位	都道府県	人口増減率 2021年	2020年
－	全国	-0.51	-0.32	16	岡山県	-0.64	-0.44	32	鳥取県	-0.86	-0.71
1	沖縄県	0.07	0.41	17	群馬県	-0.65	-0.50	33	岐阜県	-0.90	-0.69
2	神奈川県	-0.01	0.14	17	石川県	-0.65	-0.60	34	富山県	-0.91	-0.81
3	埼玉県	-0.06	0.04	17	京都府	-0.65	-0.52	35	島根県	-0.93	-0.93
4	千葉県	-0.15	0.03	20	佐賀県	-0.67	-0.63	36	和歌山県	-0.97	-0.93
5	滋賀県	-0.22	-0.17	21	奈良県	-0.69	-0.65	37	愛媛県	-1.04	-0.85
5	福岡県	-0.22	0.02	22	静岡県	-0.70	-0.54	38	徳島県	-1.05	-1.13
7	東京都	-0.27	0.29	23	長野県	-0.72	-0.63	39	山口県	-1.08	-1.07
8	愛知県	-0.34	-0.19	23	広島県	-0.72	-0.46	39	高知県	-1.08	-1.11
9	大阪府	-0.36	-0.05	25	鹿児島県	-0.75	-0.85	41	新潟県	-1.10	-1.02
10	宮城県	-0.51	-0.42	26	宮崎県	-0.78	-0.70	42	岩手県	-1.16	-1.23
11	茨城県	-0.53	-0.42	27	北海道	-0.80	-0.66	42	福島県	-1.16	-1.01
12	山梨県	-0.57	-0.63	28	三重県	-0.82	-0.69	44	長崎県	-1.18	-1.11
13	熊本県	-0.58	-0.64	29	福井県	-0.84	-0.59	45	山形県	-1.23	-1.09
14	兵庫県	-0.60	-0.41	29	香川県	-0.84	-0.78	46	青森県	-1.35	-1.16
15	栃木県	-0.61	-0.52	29	大分県	-0.84	-0.94	47	秋田県	-1.52	-1.30

注）　人口増減率（％）＝ $\frac{人口増減（前年10月～当年9月）}{前年10月1日現在人口}$ ×100

　　　人口増減　＝　自然増減＋社会増減

　さらに人口増減の要因をみると、人口が増加した沖縄県は自然増加・社会減少となっている。

　一方、人口が減少した46都道府県は全て自然減少となっており、うち埼玉県、神奈川県など8府県が社会増加、他の38都道府県が社会減少となっている。前年と比較すると、群馬県及び東京都は社会増加から社会減少に転じている。

（図6、表6、図7、表7）

図7　都道府県別人口の増減要因（自然増減率及び社会増減率）

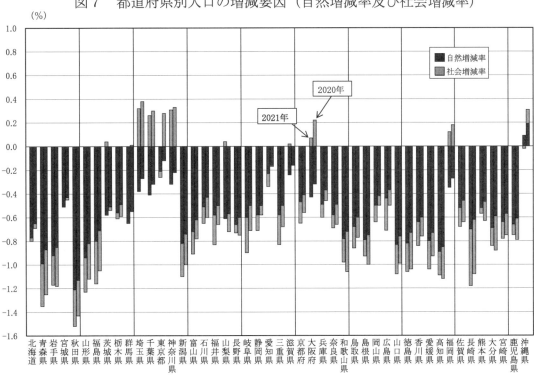

表7　人口増減要因別都道府県

	増減要因	都道府県名 2021年	都道府県名 2020年	都道府県数 2021年	都道府県数 2020年
人口増加	自然増加・社会増加		沖縄県	0	1
	自然増加・社会減少	沖縄県		1	0
	自然減少・社会増加		埼玉県 千葉県 東京都 神奈川県 福岡県	0	5
人口減少	自然増加・社会減少			0	0
	自然減少・社会増加	茨城県 埼玉県 千葉県 神奈川県 山梨県 滋賀県 大阪府 福岡県	群馬県 滋賀県 大阪府	8	3
	自然減少・社会減少	北海道 青森県 岩手県 宮城県 秋田県 山形県 福島県 栃木県 群馬県 東京都 新潟県 富山県 石川県 福井県 長野県 岐阜県 静岡県 愛知県 三重県 京都府 兵庫県 奈良県 和歌山県 鳥取県 島根県 岡山県 広島県 山口県 徳島県 香川県 愛媛県 高知県 佐賀県 長崎県 熊本県 大分県 宮崎県 鹿児島県	北海道 青森県 岩手県 宮城県 秋田県 山形県 福島県 茨城県 栃木県 新潟県 富山県 石川県 福井県 山梨県 長野県 岐阜県 静岡県 愛知県 三重県 京都府 兵庫県 奈良県 和歌山県 鳥取県 島根県 岡山県 広島県 山口県 徳島県 香川県 愛媛県 高知県 佐賀県 長崎県 熊本県 大分県 宮崎県 鹿児島県	38	38

| 沖縄県のみ自然増加、46都道府県は減少率が拡大 |

　自然増減を都道府県別にみると、沖縄県のみ増加、他の46都道府県は減少となっている。

　自然増加となった沖縄県の自然増加率は、前年に比べ0.10ポイント縮小している。

　一方、自然減少率は、秋田県が1.21%と最も高く、次いで青森県が0.99%、山形県が0.94%などとなっている。自然減少となった46都道府県の全てで減少率が拡大となっている。

(表8、図8)

表8　都道府県別人口の自然増減率

(単位　%)

自然増減率順位	都道府県	自然増減率		自然増減率順位	都道府県	自然増減率		自然増減率順位	都道府県	自然増減率	
		2021年	2020年			2021年	2020年			2021年	2020年
－	全　国	-0.48	-0.40	16	佐　賀　県	-0.52	-0.46	32	大　分　県	-0.69	-0.59
1	沖　縄　県	0.09	0.19	16	熊　本　県	-0.52	-0.47	33	長　崎　県	-0.70	-0.62
2	東　京　都	-0.21	-0.12	18	栃　木　県	-0.56	-0.49	34	富　山　県	-0.72	-0.62
3	愛　知　県	-0.23	-0.16	19	茨　城　県	-0.58	-0.51	35	北　海　道	-0.77	-0.65
4	滋　賀　県	-0.24	-0.16	19	福　井　県	-0.58	-0.50	36	和歌山県	-0.78	-0.72
5	神奈川県	-0.32	-0.22	19	静　岡　県	-0.58	-0.50	37	島　根　県	-0.79	-0.75
6	福　岡　県	-0.35	-0.27	19	三　重　県	-0.58	-0.50	38	福　島　県	-0.80	-0.71
7	埼　玉　県	-0.38	-0.27	19	奈　良　県	-0.58	-0.49	38	愛　媛　県	-0.80	-0.73
8	千　葉　県	-0.41	-0.32	24	岐　阜　県	-0.60	-0.50	40	新　潟　県	-0.82	-0.74
9	大　阪　府	-0.43	-0.32	25	山　梨　県	-0.61	-0.57	40	徳　島　県	-0.82	-0.73
10	広　島　県	-0.44	-0.37	26	香　川　県	-0.64	-0.60	42	山　口　県	-0.83	-0.76
11	京　都　府	-0.47	-0.41	26	宮　崎　県	-0.64	-0.57	43	高　知　県	-0.89	-0.85
12	兵　庫　県	-0.49	-0.37	28	群　馬　県	-0.65	-0.55	44	岩　手　県	-0.92	-0.85
13	岡　山　県	-0.50	-0.42	29	長　野　県	-0.66	-0.60	45	山　形　県	-0.94	-0.82
14	宮　城　県	-0.51	-0.43	29	鹿児島県	-0.66	-0.61	46	青　森　県	-0.99	-0.87
14	石　川　県	-0.51	-0.43	31	鳥　取　県	-0.68	-0.60	47	秋　田　県	-1.21	-1.13

注)　自然増減率（%）　＝　$\dfrac{\text{自然増減（前年10月〜当年9月）}}{\text{前年10月1日現在人口}}$ ×100

　　　自然増減　＝　出生児数－死亡者数

図8　都道府県別人口の自然増減率

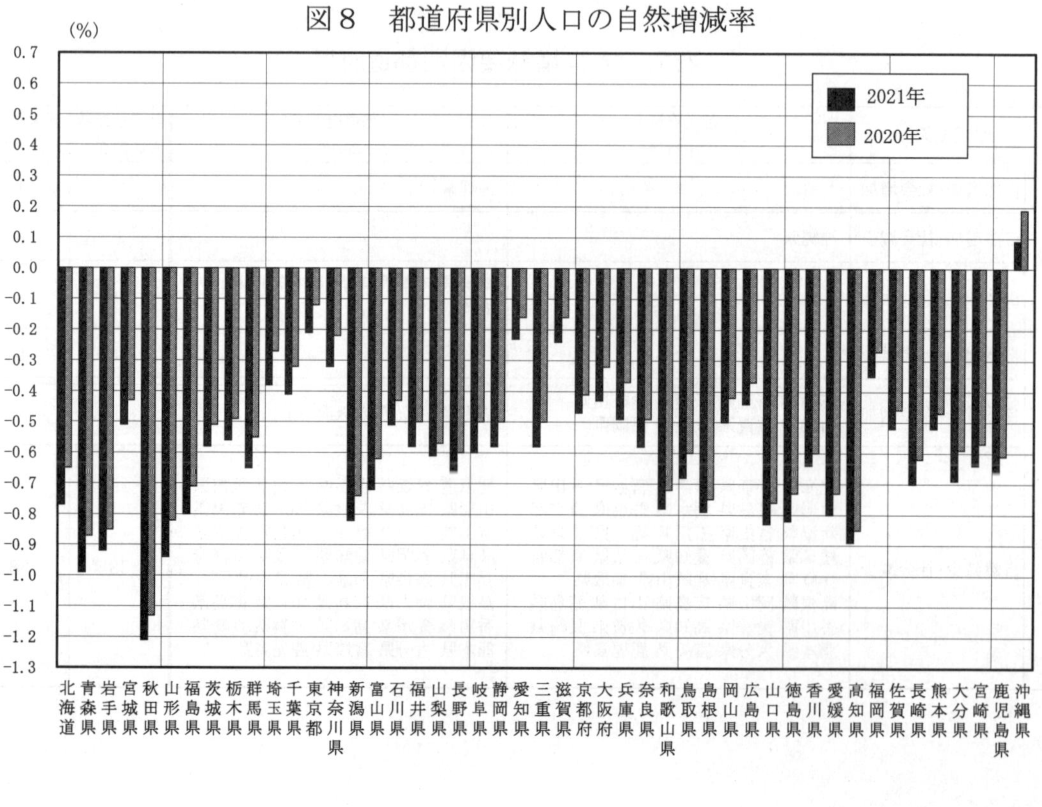

茨城県及び山梨県は社会減少から社会増加に転じる

社会増減を都道府県別にみると、増加が8府県、減少が39都道府県となっている。

社会増加率は、埼玉県が0.32%と最も高く、次いで神奈川県が0.31%、千葉県が0.26%などとなっている。増加した8府県のうち滋賀県のみ前年に比べ増加率が拡大、埼玉県など5府県で縮小、茨城県及び山梨県では減少から増加に転じた。

一方、社会減少率は、長崎県が0.48%と最も高く、次いで青森県及び福島県が0.36%、秋田県が0.31%などとなっている。減少した39都道府県のうち18府県では減少率が拡大、18道県は縮小、群馬県、沖縄県及び東京都では増加から減少に転じた。

(表9、図9)

表9　都道府県別人口の社会増減率

（単位　％）

社会増減率順位	都道府県	社会増減率 2021年	社会増減率 2020年	社会増減率順位	都道府県	社会増減率 2021年	社会増減率 2020年	社会増減率順位	都道府県	社会増減率 2021年	社会増減率 2020年
－	全　国	-0.03	0.03	16	長 野 県	-0.07	-0.15	31	香 川 県	-0.20	-0.16
1	埼 玉 県	0.32	0.38	17	鹿児島県	-0.09	-0.18	31	高 知 県	-0.20	-0.27
2	神奈川県	0.31	0.33	18	愛 知 県	-0.11	-0.01	34	徳 島 県	-0.24	-0.31
3	千 葉 県	0.26	0.30	18	兵 庫 県	-0.11	-0.09	34	愛 媛 県	-0.24	-0.20
4	福 岡 県	0.12	0.18	18	奈 良 県	-0.11	-0.17	36	岩 手 県	-0.25	-0.33
5	大 阪 府	0.07	0.22	21	静 岡 県	-0.13	-0.08	36	福 井 県	-0.25	-0.16
6	茨 城 県	0.04	-0.03	22	石 川 県	-0.14	-0.17	36	三 重 県	-0.25	-0.18
6	山 梨 県	0.04	-0.15	22	島 根 県	-0.14	-0.25	36	山 口 県	-0.25	-0.23
8	滋 賀 県	0.02	0.00	22	岡 山 県	-0.14	-0.08	40	広 島 県	-0.27	-0.13
9	宮 城 県	-0.00	-0.02	22	宮 崎 県	-0.14	-0.18	41	新 潟 県	-0.28	-0.26
9	群 馬 県	-0.00	0.01	26	大 分 県	-0.15	-0.29	42	山 形 県	-0.29	-0.30
11	沖 縄 県	-0.02	0.12	27	佐 賀 県	-0.16	-0.18	43	岐 阜 県	-0.30	-0.21
12	北 海 道	-0.03	-0.04	28	京 都 府	-0.18	-0.15	44	秋 田 県	-0.31	-0.30
13	栃 木 県	-0.05	-0.10	28	鳥 取 県	-0.18	-0.17	45	青 森 県	-0.36	-0.38
13	東 京 都	-0.05	0.28	30	富 山 県	-0.19	-0.16	45	福 島 県	-0.36	-0.34
13	熊 本 県	-0.05	-0.16	31	和歌山県	-0.20	-0.34	47	長 崎 県	-0.48	-0.46

注)　社会増減率（％）　＝　$\dfrac{社会増減（前年10月～当年9月）}{前年10月1日現在人口}$ ×100

　　社 会 増 減　　＝　都道府県間転入超過数＋都道府県別入国超過数

　都道府県間転入超過数　＝　都道府県間転入者数－都道府県間転出者数

　都道府県別入国超過数　＝　都道府県別入国者数－都道府県別出国者数

図9　都道府県別人口の社会増減率

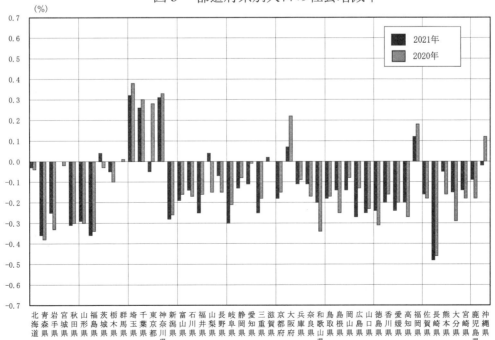

2 年齢別人口

45都道府県で75歳以上人口の割合が15歳未満人口の割合を上回る

　年齢3区分別人口の割合を都道府県別にみると、15歳未満人口の割合は沖縄県が16.5%と最も高く、次いで滋賀県が13.4%、佐賀県が13.3%、熊本県が13.1%、宮崎県及び鹿児島県が13.0%などとなっている。一方、秋田県が9.5%と最も低く、次いで青森県が10.4%、北海道が10.5%、岩手県、徳島県及び高知県が10.8%などとなっている。15歳未満人口の割合は総じて低下傾向にあり、前年に比べ全ての都道府県で低下している。

（表10）

表10 都道府県、年齢3区分別人口の割合（各年10月1日現在）

（単位 %）

都道府県	2021年				2020年			
	15歳未満	15～64歳	65歳以上	うち75歳以上	15歳未満	15～64歳	65歳以上	うち75歳以上
全　　国	11.8	59.4	28.9	14.9	11.9	59.5	28.6	14.7
北 海 道	10.5	57.0	32.5	16.7	10.7	57.2	32.1	16.4
青 森 県	10.4	55.3	34.3	17.3	10.5	55.7	33.7	17.2
岩 手 県	10.8	55.1	34.2	17.8	11.0	55.4	33.6	17.8
宮 城 県	11.5	59.9	28.6	14.1	11.7	60.2	28.1	14.0
秋 田 県	9.5	52.4	38.1	19.9	9.7	52.8	37.5	19.9
山 形 県	11.1	54.6	34.3	17.8	11.3	54.9	33.8	17.9
福 島 県	11.2	56.6	32.3	16.0	11.3	57.1	31.7	16.0
茨 城 県	11.5	58.4	30.1	14.9	11.7	58.7	29.7	14.6
栃 木 県	11.6	58.8	29.6	14.2	11.8	59.1	29.1	14.0
群 馬 県	11.5	58.0	30.5	15.5	11.7	58.2	30.2	15.3
埼 玉 県	11.7	61.0	27.2	13.8	11.9	61.1	27.0	13.5
千 葉 県	11.6	60.6	27.9	14.2	11.7	60.7	27.6	14.0
東 京 都	11.1	66.1	22.9	12.1	11.2	66.1	22.7	12.1
神 奈 川 県	11.6	62.7	25.7	13.5	11.8	62.7	25.6	13.3
新 潟 県	11.1	55.7	33.2	17.0	11.3	56.0	32.8	17.0
富 山 県	11.1	56.1	32.8	17.1	11.2	56.2	32.6	17.0
石 川 県	12.0	57.9	30.1	15.3	12.1	58.1	29.8	15.2
福 井 県	12.3	56.7	31.0	15.9	12.5	56.9	30.6	16.0
山 梨 県	11.3	57.4	31.3	16.2	11.4	57.7	30.8	16.1
長 野 県	11.8	55.9	32.3	17.4	12.0	56.1	32.0	17.4
岐 阜 県	12.1	57.1	30.8	15.9	12.3	57.3	30.4	15.7
静 岡 県	11.9	57.6	30.5	15.7	12.1	57.8	30.1	15.6
愛 知 県	12.8	61.6	25.5	13.2	13.0	61.7	25.3	13.0
三 重 県	11.9	57.8	30.3	15.7	12.1	58.0	29.9	15.7
滋 賀 県	13.4	59.9	26.6	13.3	13.6	60.1	26.3	13.1
京 都 府	11.3	59.1	29.6	15.6	11.4	59.2	29.3	15.4
大 阪 府	11.6	60.7	27.7	14.7	11.7	60.7	27.6	14.6
兵 庫 県	12.1	58.3	29.6	15.4	12.2	58.5	29.3	15.2
奈 良 県	11.5	56.3	32.1	16.7	11.7	56.6	31.7	16.4
和 歌 山 県	11.3	54.9	33.8	17.8	11.4	55.2	33.4	17.7
鳥 取 県	12.3	55.0	32.7	16.8	12.4	55.3	32.3	16.8
島 根 県	12.1	53.4	34.5	18.3	12.2	53.6	34.2	18.4
岡 山 県	12.2	57.1	30.6	16.3	12.4	57.3	30.3	16.1
広 島 県	12.5	57.8	29.7	15.5	12.6	58.0	29.4	15.3
山 口 県	11.3	53.6	35.0	18.5	11.5	53.9	34.6	18.3
徳 島 県	10.8	54.5	34.7	17.5	10.9	54.9	34.2	17.5
香 川 県	12.0	55.9	32.2	16.5	12.1	56.2	31.8	16.4
愛 媛 県	11.4	54.9	33.6	17.4	11.6	55.2	33.2	17.3
高 知 県	10.8	53.3	35.9	19.1	10.9	53.6	35.5	19.0
福 岡 県	12.9	58.9	28.2	14.1	13.0	59.1	27.9	14.0
佐 賀 県	13.3	55.5	31.1	15.6	13.5	55.9	30.6	15.6
長 崎 県	12.4	54.0	33.6	16.9	12.5	54.5	33.0	16.9
熊 本 県	13.1	55.0	31.9	16.4	13.2	55.4	31.4	16.4
大 分 県	12.0	54.3	33.7	17.5	12.1	54.6	33.3	17.4
宮 崎 県	13.0	53.8	33.1	16.8	13.1	54.3	32.6	16.8
鹿 児 島 県	13.0	53.9	33.1	16.8	13.1	54.4	32.5	16.8
沖 縄 県	16.5	60.4	23.1	10.6	16.6	60.8	22.6	10.8

15～64歳人口の割合は、東京都が66.1％と最も高く、次いで神奈川県が62.7％、愛知県が61.6％、埼玉県が61.0％などとなっている。一方、秋田県が52.4％と最も低く、次いで島根県及び高知県が53.4％、山口県が53.6％などとなっている。15～64歳人口の割合は前年に比べ、東京都、神奈川県及び大阪府は同率、44道府県で低下している。

65歳以上人口の割合は、秋田県が38.1％と最も高く、次いで高知県が35.9％、山口県が35.0％などとなっており、33道県で30％以上となっている。一方、東京都が22.9％と最も低く、次いで沖縄県が23.1％、愛知県が25.5％などとなっている。

また、75歳以上人口の割合をみると、最も高い秋田県が19.9％となり、最も低い沖縄県が10.6％となっている。

なお、75歳以上人口の割合が15歳未満人口の割合を上回っているのは、45都道府県となり、前年から1県（愛知県）増加している。75歳以上人口の割合が15歳未満人口の割合を下回ったのは、滋賀県及び沖縄県のみとなっている。　　　　（表10）

対前年増加率は65歳以上人口では沖縄県、75歳以上人口では埼玉県が最も高い

65歳以上人口の対前年増減率を都道府県別にみると、43都道府県で増加、4県で減少している。対前年増加率は沖縄県が2.3％と最も高く、次いで宮城県、茨城県、栃木県及び滋賀県が1.1％などとなっている。全国平均（0.5％）を上回っているのは20県となっている。

また、75歳以上人口の対前年増減率をみると、20都道府県で増加、27県で減少となっており、対前年増加率は埼玉県が1.9％と最も高く、次いで千葉県が1.7％、神奈川県が1.3％などとなっている。全国平均（0.4％）を上回っているのは15道府県となっている。　　　　（表11）

表11　都道府県別65歳以上人口の対前年増減率

（単位 ％）

都道府県	65歳以上	うち75歳以上	都道府県	65歳以上	うち75歳以上	都道府県	65歳以上	うち75歳以上
全　　国	0.5	0.4	富 山 県	-0.0	-0.2	島 根 県	-0.0	-1.6
北 海 道	0.4	1.0	石 川 県	0.4	0.1	岡 山 県	0.4	0.4
青 森 県	0.3	-0.6	福 井 県	0.3	-1.4	広 島 県	0.5	0.8
岩 手 県	0.4	-0.9	山 梨 県	0.8	-0.3	山 口 県	0.0	-0.1
宮 城 県	1.1	-0.4	長 野 県	0.4	-0.3	徳 島 県	0.5	-1.1
秋 田 県	-0.0	-1.6	岐 阜 県	0.4	0.0	香 川 県	0.4	-0.2
山 形 県	0.3	-1.6	静 岡 県	0.6	0.3	愛 媛 県	0.2	-0.4
福 島 県	0.7	-1.7	愛 知 県	0.6	1.1	高 知 県	-0.0	-0.5
茨 城 県	1.1	1.0	三 重 県	0.3	-0.2	福 岡 県	0.9	0.5
栃 木 県	1.1	0.8	滋 賀 県	1.1	0.9	佐 賀 県	0.9	-0.5
群 馬 県	0.6	1.0	京 都 府	0.2	0.7	長 崎 県	0.6	-0.8
埼 玉 県	0.8	1.9	大 阪 府	0.0	0.6	熊 本 県	0.8	-0.5
千 葉 県	0.8	1.7	兵 庫 県	0.4	0.5	大 分 県	0.5	-0.4
東 京 都	0.2	0.4	奈 良 県	0.6	0.7	宮 崎 県	0.7	-0.8
神奈川県	0.7	1.3	和歌山県	0.2	-0.6	鹿児島県	0.9	-1.1
新 潟 県	0.2	-1.0	鳥 取 県	0.5	-1.1	沖 縄 県	2.3	-1.5

注）対前年増減率（％）＝ (当年の65（75）歳以上人口 / 前年の65（75）歳以上人口 － 1) × 100

＜参考＞

〔 ３大都市圏別人口 〕

　都道府県別人口を３大都市圏別に合算してみると、東京圏は3686万２千人、名古屋圏は1123万３千人、大阪圏は1811万５千人となっており、３大都市圏の人口は6621万１千人となっている。

　全国に占める割合をみると、前年に比べ東京圏で0.1ポイント上昇、名古屋圏及び大阪圏は同率となっている。３大都市圏では0.2ポイント上昇している。

（参考表３）

参考表３　３大都市圏別人口の推移（1980年〜2021年）

| 年　次 | 人　口（千人） | | | | | 全国に占める割合（％） | | | | |
	全国	3大都市圏計	東京圏	名古屋圏	大阪圏	全国	3大都市圏計	東京圏	名古屋圏	大阪圏
1980年	117,060	55,922	28,699	9,869	17,355	100.0	47.8	24.5	8.4	14.8
1985	121,049	58,342	30,273	10,231	17,838	100.0	48.2	25.0	8.5	14.7
1990	123,611	60,464	31,797	10,550	18,117	100.0	48.9	25.7	8.5	14.7
1995	125,570	61,646	32,577	10,810	18,260	100.0	49.1	25.9	8.6	14.5
2000	126,926	62,870	33,418	11,008	18,443	100.0	49.5	26.3	8.7	14.5
2001	127,316	63,235	33,687	11,064	18,483	100.0	49.7	26.5	8.7	14.5
2002	127,486	63,494	33,905	11,104	18,486	100.0	49.8	26.6	8.7	14.5
2003	127,694	63,788	34,148	11,144	18,496	100.0	50.0	26.7	8.7	14.5
2004	127,787	64,006	34,328	11,183	18,495	100.0	50.1	26.9	8.8	14.5
2005	127,768	64,185	34,479	11,229	18,477	100.0	50.2	27.0	8.8	14.5
2006	127,901	64,480	34,713	11,283	18,484	100.0	50.4	27.1	8.8	14.5
2007	128,033	64,806	34,985	11,334	18,487	100.0	50.6	27.3	8.9	14.4
2008	128,084	65,083	35,227	11,370	18,486	100.0	50.8	27.5	8.9	14.4
2009	128,032	65,249	35,396	11,367	18,486	100.0	51.0	27.6	8.9	14.4
2010	128,057	65,455	35,619	11,346	18,490	100.0	51.1	27.8	8.9	14.4
2011	127,834	65,497	35,684	11,337	18,476	100.0	51.2	27.9	8.9	14.5
2012	127,593	65,508	35,721	11,334	18,452	100.0	51.3	28.0	8.9	14.5
2013	127,414	65,579	35,820	11,335	18,423	100.0	51.5	28.1	8.9	14.5
2014	127,237	65,674	35,958	11,332	18,384	100.0	51.6	28.3	8.9	14.4
2015	127,095	65,811	36,131	11,331	18,349	100.0	51.8	28.4	8.9	14.4
2016	127,042	66,002	36,328	11,341	18,332	100.0	52.0	28.6	8.9	14.4
2017	126,919	66,155	36,505	11,340	18,309	100.0	52.1	28.8	8.9	14.4
2018	126,749	66,296	36,682	11,335	18,279	100.0	52.3	28.9	8.9	14.4
2019	126,555	66,442	36,856	11,332	18,255	100.0	52.5	29.1	9.0	14.4
2020	126,146	66,411	36,914	11,291	18,205	100.0	52.6	29.3	9.0	14.4
2021	125,502	66,211	36,862	11,233	18,115	100.0	52.8	29.4	9.0	14.4

注1）各年10月１日現在。1980年〜2000年、2005年、2010年、2015年及び2020年は国勢調査人口による。
　2）東京圏　　　東京都、神奈川県、埼玉県、千葉県
　　　名古屋圏　　愛知県、岐阜県、三重県
　　　大阪圏　　　大阪府、兵庫県、京都府、奈良県

Summary of the Results

1 Population for Japan

[Total Population]

- The total population was 125,502 thousand, a decrease of 644 thousand compared with the previous year. The rate of decrease was 0.51 percent. The total population decreased for the eleventh year in a row.

- The male population was 61,019 thousand, a decrease of 331 thousand (0.54 percent), while the female population was 64,483 thousand, a decrease of 313 thousand (0.48 percent).

- The natural change of the male population was negative for the seventeenth year in a row, and that of the female population was negative for the thirteenth year in a row.

- The migration change of the Japanese population was negative for the first time in three years, and that of the foreign population was negative for the first time in nine years.

[Population by Age Group]

- The population under 15 years old was 14,784 thousand (11.8 percent of the total population).

- The population aged 15 to 64 was 74,504 thousand (59.4 percent of the total population).

- The population aged 65 years old and over was 36,214 thousand (28.9 percent of the total population).

Table 1 Composition of Population (as of October 1, 2021)

(Thousand persons, %)

	Population	[Percentage distribution]	Number of change over the year	(Rate)
Total	125,502	(100.0)	-644	(-0.51)
Male	61,019	(48.6)	-331	(-0.54)
Female	64,483	(51.4)	-313	(-0.48)
Population under 15 years old	14,784	(11.8)	-247	(-1.65)
Population aged 15 to 64	74,504	(59.4)	-584	(-0.78)
Population aged 65 years old and over	36,214	(28.9)	188	(0.52)

Figure 1   Number and Rate of Population change

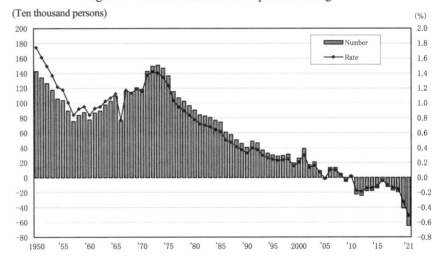

Figure 2   Population Pyramid

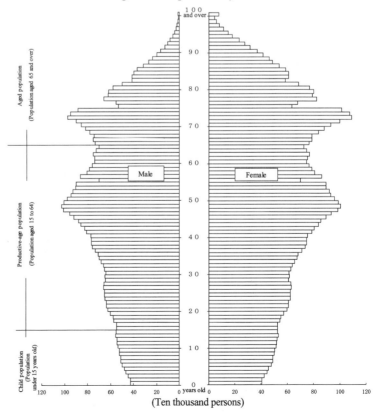

(Ten thousand persons)

2 Population by Prefecture

[Population]

- The top five prefectures in population were Tokyo-to, Kanagawa-ken, Osaka-fu, Aichi-ken and Saitama-ken. These prefectures account for 37.4 percent of the total population.
- Tokyo-to had the largest population in 2021 (11.2 percent of the total population).

Table 2　Population for Prefectures

	Prefecture	Population (Thousand persons)	Percentage distribution (%)
	Japan	125,502	100.0
1	Tokyo-to	14,010	11.2
2	Kanagawa-ken	9,236	7.4
3	Osaka-fu	8,806	7.0
4	Aichi-ken	7,517	6.0
5	Saitama-ken	7,340	5.8

Table 3　Rates of Population Change for Prefectures

(%)

	Prefecture	Rates of Population Change		Prefecture	Rates of Population Change
	Japan	-0.51	⋮	⋮	⋮
1	Okinawa-ken	0.07	42	Iwate-ken	-1.16
2	Kanagawa-ken	-0.01	42	Fukushima-ken	-1.16
3	Saitama-ken	-0.06	44	Nagasaki-ken	-1.18
4	Chiba-ken	-0.15	45	Yamagata-ken	-1.23
5	Shiga-ken	-0.22	46	Aomori-ken	-1.35
5	Fukuoka-ken	-0.22	47	Akita-ken	-1.52

[Rates of Population Change]

- The population increased in 1 prefecture. Okinawa-ken had the highest rate of increase in population.

- The population decreased in 46 prefectures. Akita-ken had the highest rate of decrease in population.

[Population by Age Group]

- The percentage of the population under 15 years old was the highest in Okinawa-ken and lowest in Akita-ken .

- The percentage of the population aged 15 to 64 was the highest in Tokyo-to and lowest in Akita-ken.

- The percentage of the population aged 65 years old and over was the highest in Akita-ken and lowest in Tokyo-to, and it increased in all prefectures.

Figure 3　Rates of Population Change

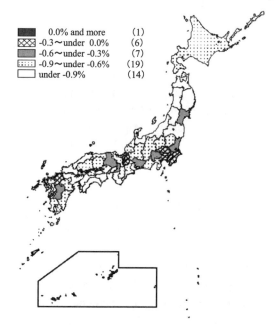

■ 0.0% and more	(1)
▨ -0.3～under 0.0%	(6)
▧ -0.6～under -0.3%	(7)
▦ -0.9～under -0.6%	(19)
□ under -0.9%	(14)

Table 4　Percentage of Population by Age (3 Groups) for Prefectures

(%)

	under 15 years old				15 to 64 years old				65 years old and over		
	Prefecture	Percentage			Prefecture	Percentage			Prefecture	Percentage	
		2021	2020			2021	2020			2021	2020
	Japan	11.8	11.9		Japan	59.4	59.5		Japan	28.9	28.6
1	Okinawa-ken	16.5	16.6	1	Tokyo-to	66.1	66.1	1	Akita-ken	38.1	37.5
2	Shiga-ken	13.4	13.6	2	Kanagawa-ken	62.7	62.7	2	Kochi-ken	35.9	35.5
3	Saga-ken	13.3	13.5	3	Aichi-ken	61.6	61.7	3	Yamaguchi-ken	35.0	34.6
4	Kumamoto-ken	13.1	13.2	4	Saitama-ken	61.0	61.1	4	Tokushima-ken	34.7	34.2
5	Miyazaki-ken	13.0	13.1	5	Osaka-fu	60.7	60.7	5	Shimane-ken	34.5	34.2
⋮	⋮	⋮	⋮	⋮	⋮	⋮	⋮	⋮	⋮	⋮	⋮
⋮		⋮	⋮	⋮	⋮	⋮	⋮	⋮	⋮	⋮	⋮
43	Iwate-ken	10.8	11.0	⋮	⋮	⋮	⋮	⋮	⋮	⋮	⋮
43	Tokushima-ken	10.8	10.9	43	Miyazaki-ken	53.8	54.3	43	Shiga-ken	26.6	26.3
43	Kochi-ken	10.8	10.9	44	Yamaguchi-ken	53.6	53.9	44	Kanagawa-ken	25.7	25.6
45	Hokkaido	10.5	10.7	45	Shimane-ken	53.4	53.6	45	Aichi-ken	25.5	25.3
46	Aomori-ken	10.4	10.5	45	Kochi-ken	53.4	53.6	46	Okinawa-ken	23.1	22.6
47	Akita-ken	9.5	9.7	47	Akita-ken	52.4	52.8	47	Tokyo-to	22.9	22.7

統　　計　　表

STATISTICAL　TABLES

〔注　意〕

単位未満は四捨五入してあるので、合計の数字と内訳の計は必ずしも一致しない。

Note : Figures may not add up to totals because of rounding.

第1表　年　齢　（各　歳）、男　女　別　人　口
Table 1. Population by Age (Single Years), Sex and Sex ratio

（単位　千人）

年　　齢 Age	総　人　口 Total population				日　本　人　人　口 Japanese population			
	男 女 計 Both sexes	男 Male	女 Female	人口性比 Sex ratio *	男 女 計 Both sexes	男 Male	女 Female	人口性比 Sex ratio *
総　数　Total	125,502	61,019	64,483	94.6	122,780	59,687	63,094	94.6
0　歳　years old	830	425	405	104.8	812	415	397	104.7
1	836	427	408	104.6	820	419	401	104.6
2	871	446	425	104.8	854	437	417	104.8
3	915	468	446	104.9	898	460	439	104.8
4	938	480	458	104.7	922	472	451	104.6
5	978	502	477	105.3	962	493	468	105.3
6	1,003	514	489	105.0	988	506	482	105.0
7	1,001	514	488	105.4	985	505	480	105.4
8	1,026	525	501	104.8	1,010	517	494	104.7
9	1,029	527	503	104.8	1,014	519	495	104.7
10	1,054	540	514	105.2	1,041	533	507	105.2
11	1,063	545	518	105.2	1,050	539	512	105.2
12	1,069	548	521	105.2	1,056	542	515	105.2
13	1,089	558	531	105.0	1,076	551	525	105.1
14	1,083	555	527	105.3	1,071	549	522	105.3
15	1,075	550	524	105.0	1,063	545	519	105.0
16	1,076	553	524	105.5	1,064	546	518	105.4
17	1,119	575	545	105.6	1,107	568	539	105.5
18	1,131	582	549	105.9	1,118	575	543	105.8
19	1,178	604	574	105.4	1,155	593	562	105.4
20	1,221	624	597	104.5	1,169	599	571	104.9
21	1,245	638	607	105.0	1,173	601	572	105.0
22	1,247	637	610	104.5	1,172	598	575	104.0
23	1,274	652	622	104.9	1,189	606	583	103.8
24	1,277	654	623	105.0	1,186	603	583	103.5
25	1,278	656	622	105.4	1,187	605	582	103.9
26	1,293	664	629	105.5	1,202	613	590	103.9
27	1,286	661	625	105.7	1,201	613	588	104.3
28	1,256	646	610	105.8	1,172	599	573	104.5
29	1,266	650	616	105.4	1,188	607	581	104.4
30	1,257	644	613	105.1	1,182	603	579	104.1
31	1,281	655	626	104.7	1,203	613	590	103.9
32	1,302	665	637	104.5	1,231	627	604	103.9
33	1,341	685	655	104.6	1,275	651	625	104.2
34	1,375	702	674	104.2	1,313	669	644	103.9
35	1,393	711	682	104.2	1,337	682	655	104.1
36	1,444	734	710	103.4	1,391	707	683	103.5
37	1,492	758	735	103.1	1,440	732	708	103.4
38	1,511	766	745	102.9	1,459	741	717	103.4
39	1,513	766	746	102.7	1,459	741	717	103.4
40	1,524	773	751	103.0	1,477	752	725	103.6
41	1,592	807	785	102.8	1,546	786	759	103.5
42	1,630	827	803	103.0	1,585	807	778	103.8
43	1,691	857	834	102.7	1,650	839	811	103.4
44	1,735	880	855	102.8	1,696	862	833	103.5
45	1,816	921	895	102.9	1,778	905	873	103.6
46	1,891	958	933	102.7	1,854	942	912	103.3
47	1,997	1,012	985	102.8	1,961	997	964	103.4
48	2,032	1,027	1,006	102.1	1,995	1,011	984	102.8
49	1,995	1,009	986	102.4	1,958	994	964	103.2

注）　＊　女性100人に対する男性の数

及 び 人 口 性 比－総人口、日本人人口 （2021年10月1日現在）
- Total population, Japanese population, October 1, 2021

(Thousand persons)

年　齢 Age	総　人　口　Total population				日　本　人　人　口　Japanese population			
	男女計 Both sexes	男 Male	女 Female	人口性比 Sex ratio *	男女計 Both sexes	男 Male	女 Female	人口性比 Sex ratio *
50 歳　years old	1,936	978	959	102.0	1,899	963	936	102.8
51	1,876	946	930	101.7	1,839	932	908	102.6
52	1,846	929	917	101.3	1,810	915	895	102.2
53	1,800	905	895	101.1	1,766	892	874	102.0
54	1,794	901	893	100.9	1,764	889	875	101.6
55	1,400	700	700	99.9	1,371	688	683	100.8
56	1,723	862	861	100.2	1,694	850	844	100.8
57	1,613	806	807	99.9	1,585	795	790	100.6
58	1,571	784	787	99.6	1,543	773	771	100.3
59	1,518	757	762	99.3	1,495	747	748	99.9
60	1,486	739	747	99.0	1,465	730	734	99.5
61	1,492	739	753	98.2	1,472	731	741	98.6
62	1,516	750	766	98.0	1,498	743	756	98.3
63	1,471	724	746	97.1	1,453	717	736	97.4
64	1,426	701	725	96.7	1,410	694	716	97.0
65	1,494	732	762	96.1	1,478	725	752	96.4
66	1,535	751	784	95.8	1,520	744	775	96.0
67	1,529	744	785	94.8	1,515	738	777	95.0
68	1,615	781	834	93.6	1,603	775	828	93.7
69	1,696	816	880	92.7	1,684	811	873	92.8
70	1,784	854	930	91.9	1,773	849	924	91.9
71	1,900	902	998	90.3	1,889	897	992	90.4
72	2,065	975	1,089	89.5	2,054	970	1,084	89.5
73	2,024	948	1,075	88.2	2,014	944	1,070	88.2
74	1,899	885	1,014	87.3	1,890	881	1,009	87.3
75	1,167	535	632	84.6	1,159	531	628	84.6
76	1,233	555	678	81.9	1,226	552	674	81.9
77	1,484	660	823	80.2	1,477	658	819	80.2
78	1,409	621	788	78.9	1,403	619	784	78.9
79	1,420	619	801	77.3	1,414	616	797	77.3
80	1,346	580	766	75.7	1,341	578	763	75.7
81	1,188	503	686	73.3	1,183	501	683	73.3
82	998	415	584	71.1	994	413	581	71.1
83	1,024	415	609	68.1	1,020	414	607	68.1
84	1,005	398	607	65.5	1,002	397	605	65.5
85	955	368	587	62.6	952	366	585	62.6
86	855	316	538	58.8	852	315	537	58.8
87	753	268	485	55.3	750	267	483	55.3
88	694	236	459	51.4	692	235	457	51.4
89	615	200	415	48.1	613	199	414	48.1
90	532	163	369	44.1	531	163	368	44.1
91	445	129	316	40.7	444	129	316	40.7
92	378	103	275	37.3	377	102	275	37.3
93	313	80	234	34.1	313	79	233	34.1
94	236	56	179	31.5	235	56	179	31.5
95	186	41	145	28.5	186	41	144	28.5
96	137	28	109	25.2	137	27	109	25.1
97	97	18	79	22.3	97	18	79	22.3
98	69	11	58	18.7	69	11	58	18.7
99	48	7	42	16.5	48	7	41	16.5
100 歳以上 and over	85	10	75	13.7	85	10	75	13.7

Note)　*　Males per 100 females

第2表　年　齢　(5　歳　階　級)、男　女、

Table 2.　Population by Age (Five-Year Groups) and Sex, Monthly Estimates

(単位　千人)

年 齢 階 級 Age groups			男　女　計				
			2020年10月 October 2020 *	2020年11月 November 2020	2020年12月 December 2020	2021年1月 January 2021	2021年2月 February 2021
			総　人　口				
総	数	Total	126,146	126,106	126,088	126,068	125,990
0 ～ 4 歳		years old	4,541	4,530	4,518	4,503	4,484
5 ～ 9			5,114	5,108	5,100	5,095	5,087
10 ～ 14			5,376	5,377	5,382	5,385	5,382
15 ～ 19			5,706	5,695	5,690	5,684	5,676
20 ～ 24			6,320	6,323	6,336	6,349	6,351
25 ～ 29			6,384	6,381	6,384	6,390	6,393
30 ～ 34			6,714	6,696	6,686	6,676	6,663
35 ～ 39			7,498	7,488	7,481	7,475	7,463
40 ～ 44			8,476	8,456	8,435	8,408	8,375
45 ～ 49			9,868	9,869	9,863	9,853	9,837
50 ～ 54			8,738	8,732	8,736	8,759	8,806
55 ～ 59			7,940	7,974	7,996	8,015	7,980
60 ～ 64			7,442	7,434	7,428	7,424	7,411
65 ～ 69			8,236	8,200	8,162	8,125	8,065
70 ～ 74			9,189	9,235	9,294	9,353	9,449
75 ～ 79			7,065	7,039	6,995	6,963	6,881
80 ～ 84			5,404	5,408	5,410	5,414	5,429
85 ～ 89			3,742	3,758	3,776	3,780	3,807
90 ～ 94			1,811	1,818	1,829	1,827	1,850
95 ～ 99			500	505	508	509	517
100 歳 以 上		and over	80	81	82	81	83
(再掲)		Regrouped					
15 歳 未 満		Under	15,032	15,015	15,000	14,983	14,953
15 ～ 64			75,088	75,049	75,034	75,033	74,954
65 歳 以 上		and over	36,027	36,043	36,054	36,051	36,083
うち 75 歳 以 上		and over	18,602	18,608	18,599	18,574	18,568
うち 85 歳 以 上		and over	6,133	6,161	6,194	6,198	6,258
			日　本　人　人　口				
総	数	Total	123,399	123,353	123,304	123,261	123,160
0 ～ 4 歳		years old	4,458	4,446	4,434	4,419	4,399
5 ～ 9			5,037	5,031	5,022	5,017	5,009
10 ～ 14			5,315	5,315	5,319	5,323	5,319
15 ～ 19			5,619	5,607	5,595	5,584	5,573
20 ～ 24			5,916	5,921	5,925	5,930	5,928
25 ～ 29			5,951	5,947	5,945	5,945	5,943
30 ～ 34			6,363	6,345	6,332	6,319	6,303
35 ～ 39			7,229	7,218	7,209	7,202	7,188
40 ～ 44			8,260	8,239	8,216	8,190	8,156
45 ～ 49			9,679	9,680	9,673	9,664	9,647
50 ～ 54			8,569	8,563	8,568	8,591	8,637
55 ～ 59			7,809	7,842	7,862	7,881	7,845
60 ～ 64			7,353	7,344	7,338	7,334	7,320
65 ～ 69			8,170	8,133	8,095	8,057	7,998
70 ～ 74			9,140	9,186	9,245	9,303	9,399
75 ～ 79			7,031	7,005	6,961	6,929	6,848
80 ～ 84			5,382	5,386	5,300	5,392	5,407
85 ～ 89			3,731	3,746	3,764	3,768	3,796
90 ～ 94			1,806	1,814	1,825	1,823	1,845
95 ～ 99			499	503	506	508	516
100 歳 以 上		and over	80	81	82	81	83
(再掲)		Regrouped					
15 歳 未 満		Under	14,810	14,792	14,776	14,758	14,727
15 ～ 64			72,749	72,706	72,663	72,641	72,541
65 歳 以 上		and over	35,840	35,855	35,866	35,862	35,893
うち 75 歳 以 上		and over	18,530	18,536	18,527	18,502	18,495
うち 85 歳 以 上		and over	6,117	6,145	6,177	6,181	6,240

注)　＊ 総務省統計局「国勢調査」（不詳補完値）

月　別　人　口－総人口、日本人人口（各月1日現在）
- Total population, Japanese population, the First Day, Each Month

(Thousand persons)

				Both sexes			
2021年3月 March 2021	2021年4月 April 2021	2021年5月 May 2021	2021年6月 June 2021	2021年7月 July 2021	2021年8月 August 2021	2021年9月 September 2021	2021年10月 October 2021
Total population							
125,917	125,855	125,777	125,722	125,682	125,633	125,559	125,502
4,466	4,453	4,444	4,432	4,421	4,411	4,400	4,389
5,086	5,080	5,073	5,067	5,063	5,056	5,046	5,038
5,377	5,375	5,372	5,366	5,365	5,363	5,358	5,357
5,667	5,660	5,650	5,641	5,635	5,624	5,608	5,580
6,338	6,330	6,315	6,305	6,294	6,279	6,262	6,263
6,395	6,388	6,382	6,382	6,381	6,380	6,378	6,379
6,650	6,635	6,620	6,609	6,595	6,580	6,568	6,556
7,451	7,441	7,424	7,409	7,398	7,386	7,370	7,354
8,348	8,319	8,290	8,266	8,244	8,217	8,193	8,173
9,824	9,812	9,798	9,788	9,778	9,766	9,748	9,732
8,850	8,904	8,959	9,019	9,077	9,139	9,197	9,252
7,955	7,926	7,897	7,876	7,864	7,852	7,838	7,824
7,403	7,396	7,398	7,397	7,393	7,394	7,393	7,391
8,026	7,995	7,973	7,954	7,938	7,909	7,885	7,869
9,510	9,569	9,618	9,652	9,670	9,685	9,688	9,672
6,835	6,782	6,749	6,726	6,714	6,706	6,702	6,712
5,443	5,455	5,468	5,478	5,494	5,516	5,540	5,563
3,825	3,835	3,843	3,848	3,851	3,858	3,865	3,872
1,862	1,880	1,883	1,884	1,886	1,893	1,898	1,904
523	532	533	535	536	536	537	537
85	87	87	86	86	86	85	85
14,929	14,908	14,889	14,866	14,849	14,829	14,804	14,784
74,880	74,811	74,733	74,694	74,658	74,615	74,555	74,504
36,108	36,136	36,155	36,163	36,175	36,189	36,201	36,214
18,572	18,571	18,563	18,557	18,567	18,595	18,628	18,674
6,294	6,334	6,346	6,353	6,359	6,372	6,385	6,398
Japanese population							
123,097	123,050	122,998	122,952	122,928	122,898	122,834	122,780
4,381	4,369	4,360	4,349	4,339	4,328	4,317	4,307
5,007	5,001	4,994	4,988	4,984	4,978	4,967	4,959
5,314	5,312	5,309	5,303	5,302	5,300	5,295	5,294
5,566	5,561	5,553	5,546	5,542	5,534	5,520	5,507
5,923	5,921	5,916	5,912	5,909	5,903	5,895	5,890
5,946	5,944	5,945	5,947	5,948	5,950	5,950	5,950
6,290	6,277	6,265	6,255	6,243	6,229	6,218	6,205
7,176	7,167	7,152	7,138	7,127	7,117	7,101	7,085
8,128	8,100	8,072	8,047	8,025	7,999	7,974	7,953
9,635	9,624	9,610	9,601	9,591	9,580	9,563	9,546
8,681	8,734	8,789	8,849	8,906	8,967	9,024	9,079
7,821	7,792	7,763	7,742	7,729	7,717	7,703	7,688
7,312	7,304	7,307	7,306	7,301	7,301	7,301	7,299
7,959	7,927	7,905	7,886	7,869	7,840	7,816	7,800
9,459	9,518	9,567	9,600	9,618	9,634	9,637	9,620
6,802	6,749	6,716	6,693	6,681	6,673	6,669	6,679
5,421	5,433	5,446	5,456	5,472	5,494	5,517	5,540
3,813	3,823	3,831	3,836	3,839	3,846	3,853	3,860
1,857	1,875	1,879	1,880	1,882	1,888	1,894	1,900
522	531	532	534	535	535	536	536
85	87	86	86	86	85	85	85
14,702	14,682	14,664	14,640	14,625	14,606	14,579	14,559
72,477	72,424	72,372	72,341	72,321	72,297	72,248	72,202
35,918	35,944	35,962	35,970	35,982	35,995	36,007	36,019
18,500	18,499	18,491	18,484	18,494	18,521	18,554	18,599
6,277	6,316	6,329	6,336	6,342	6,354	6,368	6,381

Note)　*　Statistics Bureau, Ministry of Internal Affairs and Communications, "Population Census" (Result with Imputation)

第2表　年　齢　(5　歳　階　級)、男　女、
Table 2. Population by Age (Five-Year Groups) and Sex, Monthly Estimates

(単位　千人)

年 齢 階 級 Age groups			男				
			2020年10月 October 2020 *	2020年11月 November 2020	2020年12月 December 2020	2021年1月 January 2021	2021年2月 February 2021
			総　人　口				
総　　数	Total		61,350	61,328	61,318	61,310	61,269
0 ～ 4 歳	years old		2,325	2,319	2,313	2,305	2,295
5 ～ 9			2,620	2,616	2,612	2,609	2,605
10 ～ 14			2,756	2,756	2,759	2,761	2,759
15 ～ 19			2,928	2,922	2,920	2,917	2,912
20 ～ 24			3,234	3,236	3,243	3,250	3,251
25 ～ 29			3,279	3,277	3,279	3,282	3,284
30 ～ 34			3,431	3,422	3,417	3,412	3,406
35 ～ 39			3,806	3,801	3,797	3,795	3,789
40 ～ 44			4,299	4,288	4,277	4,264	4,246
45 ～ 49			4,994	4,994	4,991	4,987	4,978
50 ～ 54			4,394	4,392	4,394	4,408	4,431
55 ～ 59			3,967	3,984	3,994	4,002	3,986
60 ～ 64			3,677	3,673	3,669	3,668	3,661
65 ～ 69			3,999	3,982	3,964	3,943	3,917
70 ～ 74			4,337	4,359	4,387	4,416	4,460
75 ～ 79			3,146	3,134	3,114	3,098	3,063
80 ～ 84			2,232	2,234	2,236	2,238	2,247
85 ～ 89			1,324	1,332	1,340	1,343	1,355
90 ～ 94			499	502	507	506	513
95 ～ 99			93	95	96	96	99
100 歳 以 上	and over		10	10	10	10	10
(再掲)	Regrouped						
15 歳 未 満	Under		7,700	7,691	7,684	7,675	7,659
15 ～ 64			38,009	37,988	37,981	37,984	37,945
65 歳 以 上	and over		15,641	15,648	15,653	15,651	15,664
うち 75 歳 以 上	and over		7,305	7,307	7,302	7,291	7,287
うち 85 歳 以 上	and over		1,927	1,939	1,953	1,955	1,977
			日 本 人 人 口				
総　　数	Total		60,003	59,978	59,952	59,931	59,877
0 ～ 4 歳	years old		2,282	2,275	2,269	2,261	2,251
5 ～ 9			2,580	2,576	2,572	2,569	2,565
10 ～ 14			2,724	2,725	2,727	2,729	2,727
15 ～ 19			2,883	2,877	2,870	2,865	2,860
20 ～ 24			3,016	3,019	3,021	3,024	3,022
25 ～ 29			3,038	3,035	3,034	3,034	3,033
30 ～ 34			3,245	3,235	3,228	3,222	3,213
35 ～ 39			3,676	3,671	3,666	3,663	3,656
40 ～ 44			4,203	4,192	4,181	4,167	4,149
45 ～ 49			4,915	4,915	4,912	4,908	4,899
50 ～ 54			4,328	4,325	4,328	4,343	4,364
55 ～ 59			3,913	3,930	3,940	3,947	3,931
60 ～ 64			3,639	3,635	3,632	3,630	3,623
65 ～ 69			3,970	3,952	3,934	3,914	3,888
70 ～ 74			4,314	4,336	4,363	4,393	4,436
75 ～ 79			3,132	3,120	3,099	3,084	3,040
80 ～ 84			2,223	2,226	2,228	2,230	2,238
85 ～ 89			1,321	1,328	1,337	1,339	1,351
90 ～ 94			498	501	505	505	512
95 ～ 99			93	95	96	96	98
100 歳 以 上	and over		10	10	10	10	10
(再掲)	Regrouped						
15 歳 未 満	Under		7,586	7,577	7,568	7,559	7,543
15 ～ 64			36,857	36,835	36,812	36,803	36,752
65 歳 以 上	and over		15,560	15,567	15,572	15,569	15,583
うち 75 歳 以 上	and over		7,277	7,279	7,274	7,263	7,259
うち 85 歳 以 上	and over		1,922	1,933	1,948	1,950	1,972

注)　＊ 総務省統計局「国勢調査」(不詳補完値)

月　別　人　口－総人口、日本人人口（各月１日現在）（続き）
- Total population, Japanese population, the First Day, Each Month - Continued

(Thousand persons)

Male

2021年3月 March 2021	2021年4月 April 2021	2021年5月 May 2021	2021年6月 June 2021	2021年7月 July 2021	2021年8月 August 2021	2021年9月 September 2021	2021年10月 October 2021
Total population							
61,231	61,199	61,160	61,131	61,109	61,084	61,049	61,019
2,286	2,279	2,275	2,268	2,263	2,257	2,251	2,246
2,604	2,602	2,598	2,595	2,593	2,590	2,585	2,581
2,757	2,756	2,754	2,751	2,750	2,749	2,747	2,746
2,908	2,904	2,899	2,894	2,891	2,885	2,878	2,864
3,245	3,240	3,233	3,227	3,221	3,213	3,205	3,205
3,285	3,282	3,277	3,277	3,276	3,276	3,275	3,276
3,399	3,392	3,384	3,379	3,372	3,364	3,358	3,352
3,783	3,778	3,769	3,762	3,757	3,752	3,744	3,736
4,233	4,218	4,204	4,191	4,180	4,166	4,154	4,144
4,972	4,966	4,959	4,955	4,949	4,943	4,936	4,927
4,453	4,481	4,509	4,539	4,569	4,600	4,630	4,658
3,973	3,959	3,945	3,934	3,929	3,922	3,915	3,908
3,658	3,655	3,656	3,656	3,653	3,655	3,655	3,654
3,899	3,884	3,874	3,865	3,856	3,843	3,831	3,824
4,489	4,517	4,541	4,556	4,565	4,572	4,573	4,565
3,043	3,020	3,005	2,994	2,989	2,986	2,985	2,991
2,255	2,262	2,267	2,272	2,279	2,289	2,300	2,310
1,363	1,369	1,373	1,375	1,377	1,381	1,384	1,387
517	523	525	525	525	527	529	531
100	103	103	103	104	104	104	104
10	11	11	11	10	10	10	10
7,647	7,637	7,627	7,615	7,606	7,596	7,583	7,573
37,909	37,875	37,835	37,815	37,797	37,776	37,749	37,724
15,676	15,688	15,697	15,701	15,706	15,712	15,717	15,722
7,288	7,287	7,283	7,280	7,285	7,298	7,313	7,334
1,991	2,006	2,011	2,014	2,017	2,022	2,027	2,032
Japanese population							
59,845	59,821	59,795	59,772	59,759	59,744	59,714	59,687
2,242	2,236	2,232	2,225	2,220	2,214	2,209	2,203
2,564	2,561	2,557	2,555	2,553	2,549	2,544	2,540
2,724	2,723	2,722	2,719	2,718	2,717	2,714	2,714
2,856	2,854	2,850	2,846	2,844	2,839	2,833	2,827
3,020	3,020	3,017	3,016	3,014	3,011	3,008	3,006
3,034	3,033	3,033	3,034	3,034	3,036	3,035	3,036
3,207	3,200	3,195	3,189	3,183	3,176	3,170	3,163
3,650	3,645	3,637	3,630	3,625	3,620	3,612	3,604
4,136	4,121	4,107	4,094	4,083	4,069	4,057	4,046
4,893	4,887	4,881	4,876	4,871	4,865	4,858	4,849
4,387	4,414	4,442	4,472	4,502	4,533	4,562	4,590
3,919	3,904	3,890	3,880	3,874	3,867	3,860	3,853
3,620	3,616	3,618	3,618	3,615	3,616	3,616	3,616
3,869	3,854	3,844	3,835	3,826	3,813	3,801	3,794
4,465	4,493	4,517	4,532	4,541	4,548	4,549	4,541
3,028	3,005	2,990	2,980	2,974	2,972	2,971	2,976
2,246	2,253	2,259	2,263	2,271	2,280	2,291	2,301
1,359	1,365	1,369	1,371	1,373	1,377	1,380	1,383
516	522	523	523	524	526	528	529
100	102	103	103	103	103	104	104
10	11	11	10	10	10	10	10
7,530	7,520	7,511	7,499	7,491	7,481	7,467	7,457
36,721	36,695	36,670	36,655	36,644	36,634	36,613	36,591
15,594	15,606	15,615	15,618	15,623	15,629	15,634	15,639
7,260	7,259	7,255	7,252	7,256	7,269	7,284	7,304
1,985	2,000	2,005	2,008	2,011	2,017	2,022	2,027

Note)　*　Statistics Bureau, Ministry of Internal Affairs and Communications, "Population Census" (Result with Imputation)

第2表　年　齢　（5　歳　階　級）、男　女、
Table 2. Population by Age (Five-Year Groups) and Sex, Monthly Estimates

（単位　千人）

年　齢　階　級 Age groups			女				
			2020年10月 October 2020 *	2020年11月 November 2020	2020年12月 December 2020	2021年1月 January 2021	2021年2月 February 2021
総　　　数 Total			総　人　口				
総　　　数 Total			64,797	64,779	64,770	64,758	64,721
0 ～ 4 歳 years old			2,217	2,212	2,206	2,199	2,189
5 ～ 9			2,494	2,491	2,488	2,486	2,482
10 ～ 14			2,620	2,620	2,622	2,624	2,623
15 ～ 19			2,779	2,773	2,771	2,768	2,764
20 ～ 24			3,086	3,088	3,093	3,099	3,099
25 ～ 29			3,105	3,104	3,105	3,108	3,109
30 ～ 34			3,283	3,274	3,268	3,263	3,257
35 ～ 39			3,692	3,687	3,684	3,680	3,674
40 ～ 44			4,178	4,168	4,158	4,144	4,129
45 ～ 49			4,875	4,875	4,872	4,867	4,858
50 ～ 54			4,344	4,340	4,342	4,351	4,375
55 ～ 59			3,973	3,990	4,001	4,013	3,994
60 ～ 64			3,766	3,761	3,759	3,757	3,750
65 ～ 69			4,237	4,218	4,198	4,181	4,148
70 ～ 74			4,852	4,876	4,907	4,936	4,989
75 ～ 79			3,918	3,905	3,881	3,865	3,818
80 ～ 84			3,172	3,173	3,174	3,175	3,182
85 ～ 89			2,418	2,426	2,435	2,437	2,452
90 ～ 94			1,312	1,316	1,323	1,321	1,337
95 ～ 99			407	410	412	413	419
100 歳 以 上 and over			71	71	72	71	73
（再掲） Regrouped							
15 歳 未 満 Under			7,332	7,323	7,316	7,308	7,294
15 ～ 64			37,079	37,061	37,053	37,049	37,009
65 歳 以 上 and over			20,386	20,395	20,402	20,400	20,418
うち 75 歳 以 上 and over			11,297	11,301	11,296	11,283	11,281
うち 85 歳 以 上 and over			4,207	4,223	4,241	4,243	4,280
総　　　数 Total			日　本　人　人　口				
総　　　数 Total			63,396	63,375	63,352	63,330	63,283
0 ～ 4 歳 years old			2,177	2,171	2,165	2,158	2,148
5 ～ 9			2,457	2,454	2,450	2,448	2,444
10 ～ 14			2,591	2,591	2,592	2,594	2,592
15 ～ 19			2,736	2,730	2,724	2,719	2,713
20 ～ 24			2,900	2,902	2,904	2,906	2,905
25 ～ 29			2,914	2,912	2,911	2,911	2,910
30 ～ 34			3,119	3,110	3,103	3,097	3,089
35 ～ 39			3,552	3,547	3,543	3,539	3,532
40 ～ 44			4,057	4,046	4,036	4,022	4,006
45 ～ 49			4,764	4,765	4,761	4,756	4,748
50 ～ 54			4,241	4,238	4,239	4,249	4,273
55 ～ 59			3,896	3,912	3,922	3,933	3,914
60 ～ 64			3,714	3,709	3,706	3,704	3,697
65 ～ 69			4,200	4,181	4,161	4,144	4,110
70 ～ 74			4,826	4,850	4,881	4,910	4,963
75 ～ 79			3,899	3,886	3,862	3,846	3,799
80 ～ 84			3,159	3,160	3,160	3,162	3,169
85 ～ 89			2,410	2,419	2,428	2,430	2,445
90 ～ 94			1,309	1,313	1,320	1,318	1,333
95 ～ 99			406	409	411	412	418
100 歳 以 上 and over			70	71	71	71	73
（再掲） Regrouped							
15 歳 未 満 Under			7,225	7,216	7,207	7,199	7,184
15 ～ 64			35,892	35,871	35,850	35,838	35,789
65 歳 以 上 and over			20,279	20,288	20,294	20,293	20,310
うち 75 歳 以 上 and over			11,253	11,257	11,252	11,239	11,237
うち 85 歳 以 上 and over			4,195	4,211	4,230	4,231	4,269

注）　＊総務省統計局「国勢調査」（不詳補完値）

月　別　人　口－総人口、日本人人口（各月１日現在）（続き）
- Total population, Japanese population, the First Day, Each Month - Continued

(Thousand persons)

	Female							
	2021年3月 March 2021	2021年4月 April 2021	2021年5月 May 2021	2021年6月 June 2021	2021年7月 July 2021	2021年8月 August 2021	2021年9月 September 2021	2021年10月 October 2021
Total population								
	64,686	64,655	64,617	64,591	64,572	64,549	64,510	64,483
	2,180	2,174	2,169	2,163	2,159	2,154	2,148	2,144
	2,481	2,478	2,475	2,472	2,469	2,466	2,461	2,457
	2,620	2,619	2,618	2,615	2,615	2,613	2,611	2,611
	2,759	2,756	2,751	2,746	2,743	2,738	2,730	2,716
	3,093	3,090	3,083	3,078	3,073	3,066	3,057	3,058
	3,110	3,106	3,104	3,105	3,104	3,104	3,103	3,103
	3,250	3,243	3,235	3,230	3,224	3,216	3,210	3,204
	3,668	3,663	3,654	3,647	3,641	3,634	3,626	3,618
	4,115	4,101	4,087	4,075	4,064	4,051	4,038	4,029
	4,852	4,846	4,838	4,833	4,829	4,823	4,813	4,804
	4,397	4,423	4,450	4,480	4,508	4,538	4,567	4,594
	3,982	3,968	3,952	3,942	3,935	3,930	3,923	3,916
	3,745	3,741	3,743	3,742	3,739	3,739	3,739	3,737
	4,128	4,111	4,100	4,090	4,082	4,066	4,054	4,045
	5,021	5,052	5,077	5,096	5,105	5,113	5,115	5,106
	3,792	3,763	3,745	3,732	3,725	3,720	3,717	3,722
	3,189	3,193	3,200	3,206	3,215	3,227	3,240	3,253
	2,462	2,466	2,470	2,473	2,474	2,477	2,481	2,485
	1,344	1,356	1,359	1,359	1,361	1,365	1,369	1,374
	423	430	431	432	432	432	433	433
	74	76	76	76	75	75	75	75
	7,282	7,271	7,262	7,250	7,243	7,233	7,221	7,212
	36,972	36,937	36,898	36,878	36,861	36,839	36,806	36,780
	20,433	20,447	20,457	20,462	20,469	20,477	20,484	20,492
	11,284	11,284	11,280	11,277	11,283	11,297	11,315	11,340
	4,303	4,328	4,335	4,339	4,343	4,350	4,358	4,366
Japanese population								
	63,252	63,229	63,202	63,180	63,170	63,154	63,120	63,094
	2,139	2,133	2,129	2,123	2,119	2,114	2,108	2,104
	2,443	2,440	2,437	2,434	2,432	2,428	2,423	2,419
	2,590	2,589	2,587	2,584	2,584	2,583	2,581	2,580
	2,709	2,707	2,703	2,700	2,698	2,694	2,687	2,681
	2,902	2,902	2,898	2,896	2,895	2,892	2,887	2,884
	2,912	2,911	2,912	2,913	2,914	2,914	2,914	2,914
	3,083	3,077	3,071	3,066	3,060	3,053	3,048	3,041
	3,527	3,522	3,515	3,507	3,502	3,496	3,489	3,481
	3,993	3,978	3,965	3,953	3,942	3,930	3,917	3,907
	4,742	4,737	4,729	4,724	4,720	4,715	4,705	4,697
	4,295	4,320	4,347	4,376	4,404	4,434	4,462	4,488
	3,902	3,888	3,873	3,862	3,856	3,850	3,842	3,835
	3,692	3,688	3,689	3,688	3,686	3,685	3,685	3,683
	4,090	4,074	4,062	4,051	4,043	4,028	4,015	4,006
	4,994	5,025	5,050	5,068	5,077	5,086	5,088	5,079
	3,774	3,744	3,726	3,713	3,706	3,701	3,698	3,703
	3,175	3,180	3,187	3,192	3,201	3,213	3,226	3,239
	2,454	2,458	2,462	2,465	2,466	2,469	2,473	2,477
	1,341	1,353	1,356	1,356	1,358	1,362	1,366	1,370
	422	429	430	431	431	431	432	432
	74	76	76	76	75	75	75	75
	7,172	7,162	7,153	7,141	7,134	7,125	7,112	7,103
	35,756	35,729	35,702	35,686	35,677	35,663	35,635	35,611
	20,324	20,338	20,348	20,352	20,358	20,366	20,373	20,380
	11,240	11,240	11,236	11,233	11,238	11,252	11,270	11,295
	4,291	4,316	4,323	4,327	4,331	4,338	4,346	4,354

Note) *　Statistics Bureau, Ministry of Internal Affairs and Communications, "Population Census" (Result with Imputation)

第3表　年　齢　（5　歳　階　級）、男　女　別
Table 3.　Population and Percentage distribution by Age (Five-Year Groups) and Sex

年 齢 階 級 Age groups	男 女 計　　Both sexes				
	2005年 1)	2010年 1)	2015年 1)	2020年 2)	2021年
人　口（単位　千人）　Population（Thousand persons）						
総　　　数　Total	127,768	128,057	127,095	126,146	125,502
0 ～ 4 歳　years old	5,599	5,308	5,006	4,541	4,389
5 ～ 9	5,950	5,598	5,319	5,114	5,038
10 ～ 14	6,036	5,933	5,620	5,376	5,357
15 ～ 19	6,593	6,093	6,054	5,706	5,580
20 ～ 24	7,381	6,525	6,091	6,320	6,263
25 ～ 29	8,314	7,391	6,532	6,384	6,379
30 ～ 34	9,795	8,421	7,396	6,714	6,556
35 ～ 39	8,772	9,864	8,417	7,498	7,354
40 ～ 44	8,113	8,809	9,847	8,476	8,173
45 ～ 49	7,755	8,093	8,766	9,868	9,732
50 ～ 54	8,828	7,700	8,024	8,738	9,252
55 ～ 59	10,294	8,728	7,601	7,940	7,824
60 ～ 64	8,577	10,112	8,552	7,442	7,391
65 ～ 69	7,460	8,272	9,759	8,236	7,869
70 ～ 74	6,661	7,018	7,787	9,189	9,672
75 ～ 79	5,280	5,992	6,354	7,065	6,712
80 ～ 84	3,423	4,376	5,026	5,404	5,563
85 ～ 89	1,855	2,454	3,156	3,742	3,872
90 ～ 94	843	1,029	1,363	1,811	1,904
95 ～ 99	212	298	362	500	537
100 歳 以 上　and over	25	44	62	80	85
（再掲）　Regrouped					
15 歳 未 満　Under	17,585	16,839	15,945	15,032	14,784
15 ～ 64	84,422	81,735	77,282	75,088	74,504
65 歳 以 上　and over	25,761	29,484	33,868	36,027	36,214
65 ～ 74 歳　years old	14,122	15,290	17,546	17,425	17,541
75 歳 以 上　and over	11,639	14,194	16,322	18,602	18,674
割　　合（%）　Percentage distribution						
総　　　数　Total	100.00	100.00	100.00	100.00	100.00
0 ～ 4 歳　years old	4.38	4.15	3.94	3.60	3.50
5 ～ 9	4.66	4.37	4.19	4.05	4.01
10 ～ 14	4.72	4.63	4.42	4.26	4.27
15 ～ 19	5.16	4.76	4.76	4.52	4.45
20 ～ 24	5.78	5.10	4.79	5.01	4.99
25 ～ 29	6.51	5.77	5.14	5.06	5.08
30 ～ 34	7.67	6.58	5.82	5.32	5.22
35 ～ 39	6.87	7.70	6.62	5.94	5.86
40 ～ 44	6.35	6.88	7.75	6.72	6.51
45 ～ 49	6.07	6.32	6.90	7.82	7.75
50 ～ 54	6.91	6.01	6.31	6.93	7.37
55 ～ 59	8.06	6.82	5.98	6.29	6.23
60 ～ 64	6.71	7.90	6.73	5.90	5.89
65 ～ 69	5.84	6.46	7.68	6.53	6.27
70 ～ 74	5.21	5.48	6.13	7.28	7.71
75 ～ 79	4.13	4.68	5.00	5.60	5.35
80 ～ 84	2.68	3.42	3.95	4.28	4.43
85 ～ 89	1.45	1.92	2.48	2.97	3.09
90 ～ 94	0.66	0.80	1.07	1.44	1.52
95 ～ 99	0.17	0.23	0.28	0.40	0.43
100 歳 以 上　and over	0.02	0.03	0.05	0.06	0.07
（再掲）　Regrouped					
15 歳 未 満　Under	13.76	13.15	12.55	11.92	11.78
15 ～ 64	66.07	63.83	60.81	59.52	59.36
65 歳 以 上　and over	20.16	23.02	26.65	28.56	28.86
65 ～ 74 歳　years old	11.05	11.94	13.81	13.81	13.98
75 歳 以 上　and over	9.11	11.08	12.84	14.75	14.88

注　1)　総務省統計局「国勢調査」（年齢不詳の人口を各歳別にあん分した人口）
　　2)　総務省統計局「国勢調査」（不詳補完値）

人 口 及 び 割 合－総人口（各年10月１日現在）
- Total population, October 1, Each Year

年 齢 階 級 Age groups	男　　　　　　　Male				
	2005年 1)	2010年 1)	2015年 1)	2020年 2)	2021年
人　口（単位　千人）　Population（Thousand persons）					
総　　　数　Total	62,349	62,328	61,842	61,350	61,019
0 ～ 4 歳　years old	2,867	2,717	2,561	2,325	2,246
5 ～ 9	3,050	2,866	2,725	2,620	2,581
10 ～ 14	3,094	3,039	2,879	2,756	2,746
15 ～ 19	3,389	3,127	3,112	2,928	2,864
20 ～ 24	3,774	3,327	3,122	3,234	3,205
25 ～ 29	4,220	3,755	3,333	3,279	3,276
30 ～ 34	4,958	4,273	3,751	3,431	3,352
35 ～ 39	4,425	5,002	4,268	3,806	3,736
40 ～ 44	4,085	4,446	4,988	4,299	4,144
45 ～ 49	3,885	4,069	4,422	4,994	4,927
50 ～ 54	4,403	3,847	4,029	4,394	4,658
55 ～ 59	5,101	4,330	3,784	3,967	3,908
60 ～ 64	4,174	4,965	4,210	3,677	3,654
65 ～ 69	3,561	3,953	4,723	3,999	3,824
70 ～ 74	3,053	3,249	3,625	4,337	4,565
75 ～ 79	2,266	2,601	2,817	3,146	2,991
80 ～ 84	1,228	1,705	2,015	2,232	2,310
85 ～ 89	557	750	1,068	1,324	1,387
90 ～ 94	211	244	337	499	531
95 ～ 99	42	56	64	93	104
100 歳 以 上　and over	4	6	8	10	10
（再掲）　Regrouped					
15 歳 未 満　Under	9,012	8,621	8,164	7,700	7,573
15 ～ 64	42,414	41,141	39,021	38,009	37,724
65 歳 以 上　and over	10,923	12,565	14,657	15,641	15,722
65 ～ 74 歳　years old	6,615	7,203	8,348	8,336	8,389
75 歳 以 上　and over	4,308	5,362	6,309	7,305	7,334
割　　　合（%）　Percentage distribution					
総　　　数　Total	100.00	100.00	100.00	100.00	100.00
0 ～ 4 歳　years old	4.60	4.36	4.14	3.79	3.68
5 ～ 9	4.89	4.60	4.41	4.27	4.23
10 ～ 14	4.96	4.88	4.66	4.49	4.50
15 ～ 19	5.43	5.02	5.03	4.77	4.69
20 ～ 24	6.05	5.34	5.05	5.27	5.25
25 ～ 29	6.77	6.02	5.39	5.35	5.37
30 ～ 34	7.95	6.86	6.07	5.59	5.49
35 ～ 39	7.10	8.03	6.90	6.20	6.12
40 ～ 44	6.55	7.13	8.07	7.01	6.79
45 ～ 49	6.23	6.53	7.15	8.14	8.07
50 ～ 54	7.06	6.17	6.52	7.16	7.63
55 ～ 59	8.18	6.95	6.12	6.47	6.40
60 ～ 64	6.69	7.97	6.81	5.99	5.99
65 ～ 69	5.71	6.34	7.64	6.52	6.27
70 ～ 74	4.90	5.21	5.86	7.07	7.48
75 ～ 79	3.63	4.17	4.56	5.13	4.90
80 ～ 84	1.97	2.74	3.26	3.64	3.79
85 ～ 89	0.89	1.20	1.73	2.16	2.27
90 ～ 94	0.34	0.39	0.54	0.81	0.87
95 ～ 99	0.07	0.09	0.10	0.15	0.17
100 歳 以 上　and over	0.01	0.01	0.01	0.02	0.02
（再掲）　Regrouped					
15 歳 未 満　Under	14.45	13.83	13.20	12.55	12.41
15 ～ 64	68.03	66.01	63.10	61.95	61.82
65 歳 以 上　and over	17.52	20.16	23.70	25.49	25.77
65 ～ 74 歳　years old	10.61	11.56	13.50	13.59	13.75
75 歳 以 上　and over	6.91	8.60	10.20	11.91	12.02

Note 1) Statistics Bureau, Ministry of Internal Affairs and Communications, "Population Census"
　　　（Unknown age population is included after being prorated to each age population.）
　　2) Statistics Bureau, Ministry of Internal Affairs and Communications, "Population Census" (Result with Imputation)

第3表　年齢（5歳階級）、男女別人口及び割合－総人口（各年10月1日現在）（続き）
Table 3.　Population and Percentage distribution by Age (Five-Year Groups) and Sex
- Total population, October 1, Each Year - Continued

年 齢 階 級 Age groups			女 Female				
			2005年 1)	2010年 1)	2015年 1)	2020年 2)	2021年
			人　口（単位　千人）　Population（Thousand persons）				
総	数	Total	65,419	65,730	65,253	64,797	64,483
0 ～ 4 歳		years old	2,731	2,592	2,445	2,217	2,144
5 ～ 9			2,900	2,731	2,594	2,494	2,457
10 ～ 14			2,942	2,895	2,741	2,620	2,611
15 ～ 19			3,204	2,966	2,942	2,779	2,716
20 ～ 24			3,607	3,197	2,969	3,086	3,058
25 ～ 29			4,095	3,636	3,199	3,105	3,103
30 ～ 34			4,837	4,148	3,645	3,283	3,204
35 ～ 39			4,347	4,862	4,149	3,692	3,618
40 ～ 44			4,027	4,363	4,859	4,178	4,029
45 ～ 49			3,869	4,024	4,344	4,875	4,804
50 ～ 54			4,426	3,853	3,995	4,344	4,594
55 ～ 59			5,193	4,398	3,817	3,973	3,916
60 ～ 64			4,403	5,147	4,342	3,766	3,737
65 ～ 69			3,899	4,318	5,036	4,237	4,045
70 ～ 74			3,608	3,769	4,162	4,852	5,106
75 ～ 79			3,015	3,391	3,537	3,918	3,722
80 ～ 84			2,195	2,671	3,011	3,172	3,253
85 ～ 89			1,297	1,704	2,088	2,418	2,485
90 ～ 94			632	785	1,026	1,312	1,374
95 ～ 99			170	242	298	407	433
100 歳 以 上		and over	22	38	53	71	75
(再掲)		Regrouped					
15 歳 未 満		Under	8,573	8,218	7,781	7,332	7,212
15 ～ 64			42,008	40,593	38,261	37,079	36,780
65 歳 以 上		and over	14,838	16,919	19,211	20,386	20,492
65 ～ 74 歳		years old	7,507	8,087	9,198	9,089	9,152
75 歳 以 上		and over	7,331	8,831	10,013	11,297	11,340
			割　合（%）　Percentage distribution				
総	数	Total	100.00	100.00	100.00	100.00	100.00
0 ～ 4 歳		years old	4.18	3.94	3.75	3.42	3.32
5 ～ 9			4.43	4.16	3.98	3.85	3.81
10 ～ 14			4.50	4.40	4.20	4.04	4.05
15 ～ 19			4.90	4.51	4.51	4.29	4.21
20 ～ 24			5.51	4.86	4.55	4.76	4.74
25 ～ 29			6.26	5.53	4.90	4.79	4.81
30 ～ 34			7.39	6.31	5.59	5.07	4.97
35 ～ 39			6.64	7.40	6.36	5.70	5.61
40 ～ 44			6.16	6.64	7.45	6.45	6.25
45 ～ 49			5.91	6.12	6.66	7.52	7.45
50 ～ 54			6.76	5.86	6.12	6.70	7.12
55 ～ 59			7.94	6.69	5.85	6.13	6.07
60 ～ 64			6.73	7.83	6.65	5.81	5.80
65 ～ 69			5.96	6.57	7.72	6.54	6.27
70 ～ 74			5.51	5.73	6.38	7.49	7.92
75 ～ 79			4.61	5.16	5.42	6.05	5.77
80 ～ 84			3.36	4.06	4.61	4.90	5.04
85 ～ 89			1.98	2.59	3.20	3.73	3.85
90 ～ 94			0.97	1.19	1.57	2.02	2.13
95 ～ 99			0.26	0.37	0.46	0.63	0.67
100 歳 以 上		and over	0.03	0.06	0.08	0.11	0.12
(再掲)		Regrouped					
15 歳 未 満		Under	13.11	12.50	11.92	11.31	11.18
15 ～ 64			64.21	61.76	58.63	57.22	57.04
65 歳 以 上		and over	22.68	25.74	29.44	31.46	31.78
65 ～ 74 歳		years old	11.47	12.30	14.10	14.03	14.19
75 歳 以 上		and over	11.21	13.44	15.35	17.43	17.59

注　1)　総務省統計局「国勢調査」
　　　　（年齢不詳の人口を各歳別にあん分した人口）
　　2)　総務省統計局「国勢調査」（不詳補完値）

Note　1)　Statistics Bureau, Ministry of Internal Affairs and Communications, "Population Census"
　　　　　　(Unknown age population is included after being prorated to each age population.)
　　　2)　Statistics Bureau, Ministry of Internal Affairs and Communications, "Population Census"
　　　　　　(Result with Imputation)

第4表　都道府県、男女別人口及び人口性比－総人口、日本人人口（2021年10月１日現在）
Table 4. Population by Sex and Sex ratio for Prefectures－Total population, Japanese population, October 1, 2021

（単位　千人）　　（Thousand persons）

都　道　府　県 Prefectures	総　人　口　Total population				日　本　人　人　口　Japanese population			
	男女計 Both sexes	男 Male	女 Female	人口性比 Sex ratio *	男女計 Both sexes	男 Male	女 Female	人口性比 Sex ratio *
全　　　　　　国　Japan	125,502	61,019	64,483	94.6	122,780	59,687	63,094	94.6
01 北　海　道　Hokkaido	5,183	2,446	2,737	89.4	5,147	2,429	2,717	89.4
02 青　森　県　Aomori-ken	1,221	575	646	89.1	1,216	573	642	89.3
03 岩　手　県　Iwate-ken	1,196	577	620	93.0	1,189	574	615	93.3
04 宮　城　県　Miyagi-ken	2,290	1,117	1,174	95.2	2,269	1,107	1,162	95.2
05 秋　田　県　Akita-ken	945	446	499	89.3	941	444	497	89.5
06 山　形　県　Yamagata-ken	1,055	511	544	93.8	1,048	508	540	94.1
07 福　島　県　Fukushima-ken	1,812	894	918	97.4	1,799	888	911	97.5
08 茨　城　県　Ibaraki-ken	2,852	1,423	1,428	99.6	2,785	1,389	1,396	99.5
09 栃　木　県　Tochigi-ken	1,921	958	963	99.5	1,880	938	942	99.6
10 群　馬　県　Gumma-ken	1,927	953	974	97.9	1,866	922	944	97.6
11 埼　玉　県　Saitama-ken	7,340	3,646	3,694	98.7	7,152	3,552	3,599	98.7
12 千　葉　県　Chiba-ken	6,275	3,111	3,164	98.3	6,114	3,033	3,081	98.5
13 東　京　都　Tokyo-to	14,010	6,875	7,135	96.4	13,459	6,606	6,853	96.4
14 神　奈　川　県　Kanagawa-ken	9,236	4,584	4,652	98.5	9,007	4,471	4,536	98.6
15 新　潟　県　Niigata-ken	2,177	1,057	1,120	94.4	2,161	1,051	1,110	94.6
16 富　山　県　Toyama-ken	1,025	498	527	94.5	1,008	490	518	94.5
17 石　川　県　Ishikawa-ken	1,125	546	579	94.3	1,111	538	572	94.1
18 福　井　県　Fukui-ken	760	371	389	95.3	746	364	381	95.6
19 山　梨　県　Yamanashi-ken	805	395	410	96.4	789	388	402	96.6
20 長　野　県　Nagano-ken	2,033	994	1,040	95.6	1,999	978	1,021	95.9
21 岐　阜　県　Gifu-ken	1,961	952	1,009	94.3	1,907	926	981	94.3
22 静　岡　県　Shizuoka-ken	3,608	1,778	1,829	97.2	3,515	1,733	1,782	97.2
23 愛　知　県　Aichi-ken	7,517	3,746	3,771	99.3	7,261	3,619	3,642	99.4
24 三　重　県　Mie-ken	1,756	857	898	95.4	1,705	831	873	95.2
25 滋　賀　県　Shiga-ken	1,411	696	715	97.3	1,377	678	699	96.9
26 京　都　府　Kyoto-fu	2,561	1,223	1,339	91.3	2,505	1,195	1,310	91.2
27 大　阪　府　Osaka-fu	8,806	4,216	4,590	91.9	8,565	4,097	4,468	91.7
28 兵　庫　県　Hyogo-ken	5,432	2,582	2,850	90.6	5,324	2,529	2,795	90.5
29 奈　良　県　Nara-ken	1,315	619	696	89.0	1,302	613	689	88.9
30 和　歌　山　県　Wakayama-ken	914	431	483	89.2	907	428	479	89.4
31 鳥　取　県　Tottori-ken	549	262	286	91.6	544	261	283	92.0
32 島　根　県　Shimane-ken	665	322	343	93.7	655	317	338	93.7
33 岡　山　県　Okayama-ken	1,876	902	974	92.6	1,847	888	959	92.6
34 広　島　県　Hiroshima-ken	2,780	1,347	1,432	94.1	2,729	1,322	1,407	93.9
35 山　口　県　Yamaguchi-ken	1,328	630	697	90.5	1,312	623	689	90.4
36 徳　島　県　Tokushima-ken	712	340	372	91.4	706	338	368	91.7
37 香　川　県　Kagawa-ken	942	455	487	93.4	930	449	481	93.3
38 愛　媛　県　Ehime-ken	1,321	627	694	90.2	1,309	621	688	90.2
39 高　知　県　Kochi-ken	684	323	361	89.5	680	321	359	89.4
40 福　岡　県　Fukuoka-ken	5,124	2,425	2,698	89.9	5,045	2,384	2,661	89.6
41 佐　賀　県　Saga-ken	806	382	424	90.1	800	379	420	90.3
42 長　崎　県　Nagasaki-ken	1,297	610	687	88.8	1,288	606	682	88.8
43 熊　本　県　Kumamoto-ken	1,728	818	910	89.9	1,712	811	901	90.0
44 大　分　県　Oita-ken	1,114	529	585	90.4	1,102	523	579	90.4
45 宮　崎　県　Miyazaki-ken	1,061	501	560	89.5	1,054	498	556	89.6
46 鹿　児　島　県　Kagoshima-ken	1,576	743	833	89.3	1,565	739	826	89.5
47 沖　縄　県　Okinawa-ken	1,468	723	745	97.0	1,449	712	737	96.6

注）　＊ 女性100人に対する男性の数　　　　　　　　　　　Note）　＊　Males per 100 females

第5表　都 道 府 県、男 女 別
Table 5.　Population by Sex for Prefectures

（単位　千人）

都　道　府　県 Prefectures			総　人　口 Total population		男　女　計 Both sexes		
			2005年 *	2010年 *	2015年 *	2020年 *	2021年
全	国	Japan	127,768	128,057	127,095	126,146	125,502
01 北　海　道		Hokkaido	5,628	5,506	5,382	5,225	5,183
02 青　森　県		Aomori-ken	1,437	1,373	1,308	1,238	1,221
03 岩　手　県		Iwate-ken	1,385	1,330	1,280	1,211	1,196
04 宮　城　県		Miyagi-ken	2,360	2,348	2,334	2,302	2,290
05 秋　田　県		Akita-ken	1,146	1,086	1,023	960	945
06 山　形　県		Yamagata-ken	1,216	1,169	1,124	1,068	1,055
07 福　島　県		Fukushima-ken	2,091	2,029	1,914	1,833	1,812
08 茨　城　県		Ibaraki-ken	2,975	2,970	2,917	2,867	2,852
09 栃　木　県		Tochigi-ken	2,017	2,008	1,974	1,933	1,921
10 群　馬　県		Gumma-ken	2,024	2,008	1,973	1,939	1,927
11 埼　玉　県		Saitama-ken	7,054	7,195	7,267	7,345	7,340
12 千　葉　県		Chiba-ken	6,056	6,216	6,223	6,284	6,275
13 東　京　都		Tokyo-to	12,577	13,159	13,515	14,048	14,010
14 神　奈　川　県		Kanagawa-ken	8,792	9,048	9,126	9,237	9,236
15 新　潟　県		Niigata-ken	2,431	2,374	2,304	2,201	2,177
16 富　山　県		Toyama-ken	1,112	1,093	1,066	1,035	1,025
17 石　川　県		Ishikawa-ken	1,174	1,170	1,154	1,133	1,125
18 福　井　県		Fukui-ken	822	806	787	767	760
19 山　梨　県		Yamanashi-ken	885	863	835	810	805
20 長　野　県		Nagano-ken	2,196	2,152	2,099	2,048	2,033
21 岐　阜　県		Gifu-ken	2,107	2,081	2,032	1,979	1,961
22 静　岡　県		Shizuoka-ken	3,792	3,765	3,700	3,633	3,608
23 愛　知　県		Aichi-ken	7,255	7,411	7,483	7,542	7,517
24 三　重　県		Mie-ken	1,867	1,855	1,816	1,770	1,756
25 滋　賀　県		Shiga-ken	1,380	1,411	1,413	1,414	1,411
26 京　都　府		Kyoto-fu	2,648	2,636	2,610	2,578	2,561
27 大　阪　府		Osaka-fu	8,817	8,865	8,839	8,838	8,806
28 兵　庫　県		Hyogo-ken	5,591	5,588	5,535	5,465	5,432
29 奈　良　県		Nara-ken	1,421	1,401	1,364	1,324	1,315
30 和　歌　山　県		Wakayama-ken	1,036	1,002	964	923	914
31 鳥　取　県		Tottori-ken	607	589	573	553	549
32 島　根　県		Shimane-ken	742	717	694	671	665
33 岡　山　県		Okayama-ken	1,957	1,945	1,922	1,888	1,876
34 広　島　県		Hiroshima-ken	2,877	2,861	2,844	2,800	2,780
35 山　口　県		Yamaguchi-ken	1,493	1,451	1,405	1,342	1,328
36 徳　島　県		Tokushima-ken	810	785	756	720	712
37 香　川　県		Kagawa-ken	1,012	996	976	950	942
38 愛　媛　県		Ehime-ken	1,468	1,431	1,385	1,335	1,321
39 高　知　県		Kochi-ken	796	764	728	692	684
40 福　岡　県		Fukuoka-ken	5,050	5,072	5,102	5,135	5,124
41 佐　賀　県		Saga-ken	866	850	833	811	806
42 長　崎　県		Nagasaki-ken	1,479	1,427	1,377	1,312	1,297
43 熊　本　県		Kumamoto-ken	1,842	1,817	1,786	1,738	1,728
44 大　分　県		Oita-ken	1,210	1,197	1,166	1,124	1,114
45 宮　崎　県		Miyazaki-ken	1,153	1,135	1,104	1,070	1,061
46 鹿　児　島　県		Kagoshima-ken	1,753	1,706	1,648	1,588	1,576
47 沖　縄　県		Okinawa-ken	1,362	1,393	1,434	1,467	1,468

注)　*　総務省統計局「国勢調査」

人　口－総人口、日本人人口（各年10月１日現在）
- Total population, Japanese population, October 1, Each Year

(Thousand persons)

都　道　府　県 Prefectures		総　人　口 Total population			男 Male	
		2005年 *	2010年 *	2015年 *	2020年 *	2021年
全　　　　　国	Japan	62,349	62,328	61,842	61,350	61,019
01 北　海　道	Hokkaido	2,675	2,603	2,537	2,465	2,446
02 青　森　県	Aomori-ken	679	646	615	583	575
03 岩　手　県	Iwate-ken	664	635	616	583	577
04 宮　城　県	Miyagi-ken	1,149	1,140	1,140	1,123	1,117
05 秋　田　県	Akita-ken	541	510	480	452	446
06 山　形　県	Yamagata-ken	585	561	540	516	511
07 福　島　県	Fukushima-ken	1,017	985	946	904	894
08 茨　城　県	Ibaraki-ken	1,480	1,480	1,454	1,431	1,423
09 栃　木　県	Tochigi-ken	1,002	997	982	965	958
10 群　馬　県	Gumma-ken	996	988	973	959	953
11 埼　玉　県	Saitama-ken	3,555	3,609	3,628	3,652	3,646
12 千　葉　県	Chiba-ken	3,029	3,098	3,096	3,118	3,111
13 東　京　都	Tokyo-to	6,265	6,512	6,667	6,898	6,875
14 神　奈　川　県	Kanagawa-ken	4,445	4,545	4,559	4,588	4,584
15 新　潟　県	Niigata-ken	1,177	1,148	1,115	1,069	1,057
16 富　山　県	Toyama-ken	536	527	515	503	498
17 石　川　県	Ishikawa-ken	567	565	559	550	546
18 福　井　県	Fukui-ken	397	390	381	374	371
19 山　梨　県	Yamanashi-ken	434	423	408	397	395
20 長　野　県	Nagano-ken	1,068	1,046	1,022	1,000	994
21 岐　阜　県	Gifu-ken	1,021	1,006	984	960	952
22 静　岡　県	Shizuoka-ken	1,868	1,854	1,821	1,791	1,778
23 愛　知　県	Aichi-ken	3,639	3,704	3,741	3,762	3,746
24 三　重　県	Mie-ken	907	903	884	864	857
25 滋　賀　県	Shiga-ken	681	697	697	697	696
26 京　都　府	Kyoto-fu	1,273	1,265	1,249	1,231	1,223
27 大　阪　府	Osaka-fu	4,281	4,286	4,256	4,236	4,216
28 兵　庫　県	Hyogo-ken	2,680	2,673	2,642	2,600	2,582
29 奈　良　県	Nara-ken	676	663	644	624	619
30 和　歌　山　県	Wakayama-ken	488	471	453	435	431
31 鳥　取　県	Tottori-ken	290	281	274	264	262
32 島　根　県	Shimane-ken	354	343	333	324	322
33 岡　山　県	Okayama-ken	939	933	922	908	902
34 広　島　県	Hiroshima-ken	1,390	1,381	1,376	1,357	1,347
35 山　口　県	Yamaguchi-ken	704	684	665	637	630
36 徳　島　県	Tokushima-ken	385	373	360	343	340
37 香　川　県	Kagawa-ken	486	480	472	459	455
38 愛　媛　県	Ehime-ken	692	673	654	633	627
39 高　知　県	Kochi-ken	374	359	343	327	323
40 福　岡　県	Fukuoka-ken	2,394	2,394	2,410	2,431	2,425
41 佐　賀　県	Saga-ken	408	400	393	384	382
42 長　崎　県	Nagasaki-ken	691	666	646	617	610
43 熊　本　県	Kumamoto-ken	867	854	841	822	818
44 大　分　県	Oita-ken	570	565	552	533	529
45 宮　崎　県	Miyazaki-ken	542	533	519	505	501
46 鹿　児　島　県	Kagoshima-ken	820	797	773	748	743
47 沖　縄　県	Okinawa-ken	669	683	705	723	723

Note) * Statistics Bureau, Ministry of Internal Affairs and Communications, "Population Census"

第5表　都　道　府　県　、男　女　別
Table 5.　Population by Sex for Prefectures

（単位　千人）

都　道　府　県 Prefectures		総　人　口 Total population			女 Female	
		2005年 *	2010年 *	2015年 *	2020年 *	2021年
全　　　　　国	Japan	65,419	65,730	65,253	64,797	64,483
01 北　海　道	Hokkaido	2,953	2,903	2,845	2,760	2,737
02 青　森　県	Aomori-ken	758	727	694	655	646
03 岩　手　県	Iwate-ken	721	695	664	628	620
04 宮　城　県	Miyagi-ken	1,211	1,209	1,194	1,179	1,174
05 秋　田　県	Akita-ken	605	576	543	507	499
06 山　形　県	Yamagata-ken	631	608	584	552	544
07 福　島　県	Fukushima-ken	1,075	1,044	968	929	918
08 茨　城　県	Ibaraki-ken	1,495	1,490	1,463	1,436	1,428
09 栃　木　県	Tochigi-ken	1,015	1,011	993	968	963
10 群　馬　県	Gumma-ken	1,028	1,020	1,000	980	974
11 埼　玉　県	Saitama-ken	3,499	3,586	3,638	3,693	3,694
12 千　葉　県	Chiba-ken	3,027	3,118	3,127	3,166	3,164
13 東　京　都	Tokyo-to	6,312	6,647	6,849	7,149	7,135
14 神　奈　川　県	Kanagawa-ken	4,347	4,504	4,567	4,649	4,652
15 新　潟　県	Niigata-ken	1,255	1,226	1,189	1,133	1,120
16 富　山　県	Toyama-ken	576	567	551	532	527
17 石　川　県	Ishikawa-ken	607	605	595	583	579
18 福　井　県	Fukui-ken	424	417	405	393	389
19 山　梨　県	Yamanashi-ken	451	441	427	413	410
20 長　野　県	Nagano-ken	1,128	1,106	1,077	1,048	1,040
21 岐　阜　県	Gifu-ken	1,087	1,075	1,048	1,018	1,009
22 静　岡　県	Shizuoka-ken	1,924	1,911	1,879	1,842	1,829
23 愛　知　県	Aichi-ken	3,616	3,706	3,742	3,781	3,771
24 三　重　県	Mie-ken	960	951	932	906	898
25 滋　賀　県	Shiga-ken	699	714	716	716	715
26 京　都　府	Kyoto-fu	1,375	1,371	1,361	1,347	1,339
27 大　阪　府	Osaka-fu	4,537	4,580	4,583	4,602	4,590
28 兵　庫　県	Hyogo-ken	2,910	2,915	2,893	2,865	2,850
29 奈　良　県	Nara-ken	745	737	720	701	696
30 和　歌　山　県	Wakayama-ken	548	531	510	488	483
31 鳥　取　県	Tottori-ken	317	308	300	289	286
32 島　根　県	Shimane-ken	389	374	361	347	343
33 岡　山　県	Okayama-ken	1,019	1,012	999	980	974
34 広　島　県	Hiroshima-ken	1,486	1,480	1,468	1,443	1,432
35 山　口　県	Yamaguchi-ken	789	767	740	705	697
36 徳　島　県	Tokushima-ken	425	413	396	376	372
37 香　川　県	Kagawa-ken	526	516	504	491	487
38 愛　媛　県	Ehime-ken	776	758	731	702	694
39 高　知　県	Kochi-ken	422	405	386	365	361
40 福　岡　県	Fukuoka-ken	2,656	2,678	2,691	2,704	2,698
41 佐　賀　県	Saga-ken	458	450	440	427	424
42 長　崎　県	Nagasaki-ken	787	761	731	695	687
43 熊　本　県	Kumamoto-ken	975	964	945	916	910
44 大　分　県	Oita-ken	640	632	614	590	585
45 宮　崎　県	Miyazaki-ken	611	602	585	565	560
46 鹿　児　島　県	Kagoshima-ken	934	909	875	840	833
47 沖　縄　県	Okinawa-ken	693	709	729	745	745

注）　＊ 総務省統計局「国勢調査」　　　Note)　＊　Statistics Bureau, Ministry of Internal Affairs and Communications, "Population Census"

人　口－総人口、日本人人口（各年10月１日現在）（続き）
- Total population, Japanese population, October 1, Each Year - Continued

(Thousand persons)

都　道　府　県 Prefectures	日 本 人 人 口 Japanese population			男 女 計 Both sexes	
	2005年 1)	2010年 1)	2015年 1)	2020年 2)	2021年
全　　　　　国　Japan	126,205	126,382	125,319	123,399	122,780
01 北　海　道　Hokkaido	5,612	5,488	5,360	5,188	5,147
02 青　森　県　Aomori-ken	1,433	1,370	1,305	1,232	1,216
03 岩　手　県　Iwate-ken	1,380	1,325	1,275	1,203	1,189
04 宮　城　県　Miyagi-ken	2,348	2,336	2,320	2,280	2,269
05 秋　田　県　Akita-ken	1,142	1,083	1,020	956	941
06 山　形　県　Yamagata-ken	1,210	1,163	1,118	1,061	1,048
07 福　島　県　Fukushima-ken	2,081	2,020	1,905	1,819	1,799
08 茨　城　県　Ibaraki-ken	2,938	2,929	2,875	2,802	2,785
09 栃　木　県　Tochigi-ken	1,990	1,981	1,948	1,891	1,880
10 群　馬　県　Gumma-ken	1,989	1,972	1,936	1,880	1,866
11 埼　玉　県　Saitama-ken	6,974	7,105	7,160	7,159	7,152
12 千　葉　県　Chiba-ken	5,983	6,135	6,131	6,122	6,114
13 東　京　都　Tokyo-to	12,325	12,834	13,131	13,484	13,459
14 神　奈　川　県　Kanagawa-ken	8,676	8,921	8,979	9,007	9,007
15 新　潟　県　Niigata-ken	2,421	2,362	2,293	2,185	2,161
16 富　山　県　Toyama-ken	1,101	1,082	1,056	1,017	1,008
17 石　川　県　Ishikawa-ken	1,166	1,160	1,145	1,117	1,111
18 福　井　県　Fukui-ken	811	795	777	752	746
19 山　梨　県　Yamanashi-ken	871	851	824	794	789
20 長　野　県　Nagano-ken	2,161	2,123	2,072	2,014	1,999
21 岐　阜　県　Gifu-ken	2,070	2,043	1,996	1,925	1,907
22 静　岡　県　Shizuoka-ken	3,722	3,703	3,640	3,541	3,515
23 愛　知　県　Aichi-ken	7,104	7,247	7,315	7,283	7,261
24 三　重　県　Mie-ken	1,833	1,822	1,784	1,719	1,705
25 滋　賀　県　Shiga-ken	1,358	1,389	1,393	1,380	1,377
26 京　都　府　Kyoto-fu	2,601	2,593	2,566	2,520	2,505
27 大　阪　府　Osaka-fu	8,640	8,698	8,684	8,595	8,565
28 兵　庫　県　Hyogo-ken	5,504	5,508	5,456	5,357	5,324
29 奈　良　県　Nara-ken	1,412	1,391	1,356	1,312	1,302
30 和　歌　山　県　Wakayama-ken	1,031	997	959	916	907
31 鳥　取　県　Tottori-ken	603	585	570	549	544
32 島　根　県　Shimane-ken	738	713	689	662	655
33 岡　山　県　Okayama-ken	1,942	1,926	1,904	1,859	1,847
34 広　島　県　Hiroshima-ken	2,849	2,828	2,809	2,747	2,729
35 山　口　県　Yamaguchi-ken	1,480	1,439	1,393	1,326	1,312
36 徳　島　県　Tokushima-ken	806	781	752	714	706
37 香　川　県　Kagawa-ken	1,006	989	969	937	930
38 愛　媛　県　Ehime-ken	1,461	1,423	1,377	1,322	1,309
39 高　知　県　Kochi-ken	793	761	725	687	680
40 福　岡　県　Fukuoka-ken	5,011	5,031	5,054	5,055	5,045
41 佐　賀　県　Saga-ken	863	846	829	805	800
42 長　崎　県　Nagasaki-ken	1,473	1,420	1,369	1,303	1,288
43 熊　本　県　Kumamoto-ken	1,836	1,810	1,778	1,722	1,712
44 大　分　県　Oita-ken	1,203	1,188	1,158	1,112	1,102
45 宮　崎　県　Miyazaki-ken	1,150	1,131	1,100	1,063	1,054
46 鹿　児　島　県　Kagoshima-ken	1,748	1,701	1,642	1,577	1,565
47 沖　縄　県　Okinawa-ken	1,355	1,385	1,422	1,447	1,449

注　1) 総務省統計局「国勢調査」
　　　（国籍不祥をあん分した人口）
　　2) 総務省統計局「国勢調査」
　　　（不詳補完値）

Note　1) Statistics Bureau, Ministry of Internal Affairs and Communications, "Population Census"
　　　(Unknown nationality population is included after being prorated to each nationality population.)
　　2) Statistics Bureau, Ministry of Internal Affairs and Communications, "Population Census"
　　　(Result with Imputation)

（単位　千人）

都 道 府 県 Prefectures		日 本 人 人 口 Japanese population			男 Male	
		2005年 1)	2010年 1)	2015年 1)	2020年 2)	2021年
全　　　　　　国	Japan	61,618	61,572	61,023	60,003	59,687
01 北 海 道	Hokkaido	2,668	2,596	2,528	2,449	2,429
02 青 森 県	Aomori-ken	678	645	613	581	573
03 岩 手 県	Iwate-ken	662	634	614	580	574
04 宮 城 県	Miyagi-ken	1,145	1,135	1,134	1,112	1,107
05 秋 田 県	Akita-ken	540	509	479	451	444
06 山 形 県	Yamagata-ken	584	559	539	514	508
07 福 島 県	Fukushima-ken	1,013	982	943	898	888
08 茨 城 県	Ibaraki-ken	1,462	1,461	1,434	1,397	1,389
09 栃 木 県	Tochigi-ken	990	985	970	944	938
10 群 馬 県	Gumma-ken	979	972	955	929	922
11 埼 玉 県	Saitama-ken	3,517	3,569	3,580	3,560	3,552
12 千 葉 県	Chiba-ken	2,997	3,064	3,056	3,039	3,033
13 東 京 都	Tokyo-to	6,144	6,360	6,482	6,624	6,606
14 神 奈 川 県	Kanagawa-ken	4,388	4,486	4,490	4,475	4,471
15 新 潟 県	Niigata-ken	1,173	1,144	1,111	1,062	1,051
16 富 山 県	Toyama-ken	531	522	511	494	490
17 石 川 県	Ishikawa-ken	563	560	554	542	538
18 福 井 県	Fukui-ken	393	385	378	367	364
19 山 梨 県	Yamanashi-ken	427	417	404	390	388
20 長 野 県	Nagano-ken	1,053	1,034	1,011	985	978
21 岐 阜 県	Gifu-ken	1,004	990	968	934	926
22 静 岡 県	Shizuoka-ken	1,832	1,824	1,793	1,746	1,733
23 愛 知 県	Aichi-ken	3,563	3,628	3,662	3,633	3,619
24 三 重 県	Mie-ken	890	887	869	838	831
25 滋 賀 県	Shiga-ken	670	686	687	680	678
26 京 都 府	Kyoto-fu	1,251	1,245	1,228	1,203	1,195
27 大 阪 府	Osaka-fu	4,196	4,208	4,183	4,117	4,097
28 兵 庫 県	Hyogo-ken	2,639	2,636	2,605	2,547	2,529
29 奈 良 県	Nara-ken	672	659	640	618	613
30 和 歌 山 県	Wakayama-ken	486	470	452	432	428
31 鳥 取 県	Tottori-ken	289	280	273	263	261
32 島 根 県	Shimane-ken	352	341	331	320	317
33 岡 山 県	Okayama-ken	932	925	915	894	888
34 広 島 県	Hiroshima-ken	1,378	1,365	1,360	1,330	1,322
35 山 口 県	Yamaguchi-ken	698	679	660	629	623
36 徳 島 県	Tokushima-ken	383	371	359	341	338
37 香 川 県	Kagawa-ken	484	477	469	452	449
38 愛 媛 県	Ehime-ken	689	670	651	627	621
39 高 知 県	Kochi-ken	373	358	341	324	321
40 福 岡 県	Fukuoka-ken	2,376	2,375	2,387	2,389	2,384
41 佐 賀 県	Saga-ken	407	399	392	382	379
42 長 崎 県	Nagasaki-ken	689	663	642	612	606
43 熊 本 県	Kumamoto-ken	865	851	838	815	811
44 大 分 県	Oita-ken	567	561	548	528	523
45 宮 崎 県	Miyazaki-ken	541	531	518	502	498
46 鹿 児 島 県	Kagoshima-ken	818	795	771	744	739
47 沖 縄 県	Okinawa-ken	665	679	698	711	712

注　1)　総務省統計局「国勢調査」（国籍不祥をあん分した人口）
　　2)　総務省統計局「国勢調査」（不詳補完値）

人　口－総人口、日本人人口（各年10月１日現在）（続き）
- Total population, Japanese population, October 1, Each Year - Continued

(Thousand persons)

都　道　府　県 Prefectures	日 本 人 人 口 Japanese population 女 Female				
	2005年 1)	2010年 1)	2015年 1)	2020年 2)	2021年
全　　　　　国　Japan	64,587	64,810	64,297	63,396	63,094
01 北　海　道　Hokkaido	2,944	2,892	2,832	2,740	2,717
02 青　森　県　Aomori-ken	755	725	691	651	642
03 岩　手　県　Iwate-ken	718	691	661	623	615
04 宮　城　県　Miyagi-ken	1,204	1,201	1,186	1,168	1,162
05 秋　田　県　Akita-ken	602	574	541	505	497
06 山　形　県　Yamagata-ken	626	603	579	547	540
07 福　島　県　Fukushima-ken	1,068	1,038	963	921	911
08 茨　城　県　Ibaraki-ken	1,475	1,468	1,442	1,405	1,396
09 栃　木　県　Tochigi-ken	1,001	996	978	948	942
10 群　馬　県　Gumma-ken	1,010	1,001	981	951	944
11 埼　玉　県　Saitama-ken	3,457	3,536	3,580	3,599	3,599
12 千　葉　県　Chiba-ken	2,986	3,072	3,075	3,083	3,081
13 東　京　都　Tokyo-to	6,182	6,474	6,649	6,860	6,853
14 神　奈　川　県　Kanagawa-ken	4,287	4,435	4,489	4,532	4,536
15 新　潟　県　Niigata-ken	1,248	1,219	1,181	1,123	1,110
16 富　山　県　Toyama-ken	570	560	545	523	518
17 石　川　県　Ishikawa-ken	603	599	590	576	572
18 福　井　県　Fukui-ken	418	410	399	385	381
19 山　梨　県　Yamanashi-ken	444	433	420	404	402
20 長　野　県　Nagano-ken	1,108	1,089	1,061	1,028	1,021
21 岐　阜　県　Gifu-ken	1,066	1,053	1,028	990	981
22 静　岡　県　Shizuoka-ken	1,889	1,878	1,847	1,795	1,782
23 愛　知　県　Aichi-ken	3,541	3,619	3,653	3,651	3,642
24 三　重　県　Mie-ken	942	934	916	881	873
25 滋　賀　県　Shiga-ken	688	703	706	701	699
26 京　都　府　Kyoto-fu	1,351	1,348	1,338	1,317	1,310
27 大　阪　府　Osaka-fu	4,444	4,490	4,501	4,479	4,468
28 兵　庫　県　Hyogo-ken	2,865	2,872	2,851	2,810	2,795
29 奈　良　県　Nara-ken	740	732	716	694	689
30 和　歌　山　県　Wakayama-ken	545	528	507	484	479
31 鳥　取　県　Tottori-ken	314	305	297	286	283
32 島　根　県　Shimane-ken	385	371	358	342	338
33 岡　山　県　Okayama-ken	1,010	1,001	989	965	959
34 広　島　県　Hiroshima-ken	1,472	1,463	1,449	1,417	1,407
35 山　口　県　Yamaguchi-ken	782	760	733	697	689
36 徳　島　県　Tokushima-ken	422	410	393	373	368
37 香　川　県　Kagawa-ken	523	512	500	485	481
38 愛　媛　県　Ehime-ken	772	754	727	696	688
39 高　知　県　Kochi-ken	420	404	384	363	359
40 福　岡　県　Fukuoka-ken	2,636	2,656	2,667	2,666	2,661
41 佐　賀　県　Saga-ken	456	447	437	423	420
42 長　崎　県　Nagasaki-ken	784	757	728	691	682
43 熊　本　県　Kumamoto-ken	971	959	940	907	901
44 大　分　県　Oita-ken	636	626	610	584	579
45 宮　崎　県　Miyazaki-ken	609	600	583	561	556
46 鹿　児　島　県　Kagoshima-ken	930	905	871	833	826
47 沖　縄　県　Okinawa-ken	690	706	724	736	737

Note 1) Statistics Bureau, Ministry of Internal Affairs and Communications, "Population Census"
　　　　(Unknown nationality population is included after being prorated to each nationality population.)
　　　2) Statistics Bureau, Ministry of Internal Affairs and Communications, "Population Census" (Result with Imputation)

第6表 都道府県別人口の割合―総人口（各年10月1日現在）
Table 6. Percentage of Population by Prefectures - Total population, October 1, Each Year

(%)

都　道　府　県 Prefectures	2005年 *	2010年 *	2015年 *	2020年 *	2021年
全　　　　　　国　Japan	100. 00	100. 00	100. 00	100. 00	100. 00
01 北　海　道　Hokkaido	4. 40	4. 30	4. 23	4. 14	4. 13
02 青　森　県　Aomori-ken	1. 12	1. 07	1. 03	0. 98	0. 97
03 岩　手　県　Iwate-ken	1. 08	1. 04	1. 01	0. 96	0. 95
04 宮　城　県　Miyagi-ken	1. 85	1. 83	1. 84	1. 82	1. 82
05 秋　田　県　Akita-ken	0. 90	0. 85	0. 81	0. 76	0. 75
06 山　形　県　Yamagata-ken	0. 95	0. 91	0. 88	0. 85	0. 84
07 福　島　県　Fukushima-ken	1. 64	1. 58	1. 51	1. 45	1. 44
08 茨　城　県　Ibaraki-ken	2. 33	2. 32	2. 30	2. 27	2. 27
09 栃　木　県　Tochigi-ken	1. 58	1. 57	1. 55	1. 53	1. 53
10 群　馬　県　Gumma-ken	1. 58	1. 57	1. 55	1. 54	1. 54
11 埼　玉　県　Saitama-ken	5. 52	5. 62	5. 72	5. 82	5. 85
12 千　葉　県　Chiba-ken	4. 74	4. 85	4. 90	4. 98	5. 00
13 東　京　都　Tokyo-to	9. 84	10. 28	10. 63	11. 14	11. 16
14 神　奈　川　県　Kanagawa-ken	6. 88	7. 07	7. 18	7. 32	7. 36
15 新　潟　県　Niigata-ken	1. 90	1. 85	1. 81	1. 75	1. 73
16 富　山　県　Toyama-ken	0. 87	0. 85	0. 84	0. 82	0. 82
17 石　川　県　Ishikawa-ken	0. 92	0. 91	0. 91	0. 90	0. 90
18 福　井　県　Fukui-ken	0. 64	0. 63	0. 62	0. 61	0. 61
19 山　梨　県　Yamanashi-ken	0. 69	0. 67	0. 66	0. 64	0. 64
20 長　野　県　Nagano-ken	1. 72	1. 68	1. 65	1. 62	1. 62
21 岐　阜　県　Gifu-ken	1. 65	1. 62	1. 60	1. 57	1. 56
22 静　岡　県　Shizuoka-ken	2. 97	2. 94	2. 91	2. 88	2. 87
23 愛　知　県　Aichi-ken	5. 68	5. 79	5. 89	5. 98	5. 99
24 三　重　県　Mie-ken	1. 46	1. 45	1. 43	1. 40	1. 40
25 滋　賀　県　Shiga-ken	1. 08	1. 10	1. 11	1. 12	1. 12
26 京　都　府　Kyoto-fu	2. 07	2. 06	2. 05	2. 04	2. 04
27 大　阪　府　Osaka-fu	6. 90	6. 92	6. 96	7. 01	7. 02
28 兵　庫　県　Hyogo-ken	4. 38	4. 36	4. 35	4. 33	4. 33
29 奈　良　県　Nara-ken	1. 11	1. 09	1. 07	1. 05	1. 05
30 和　歌　山　県　Wakayama-ken	0. 81	0. 78	0. 76	0. 73	0. 73
31 鳥　取　県　Tottori-ken	0. 48	0. 46	0. 45	0. 44	0. 44
32 島　根　県　Shimane-ken	0. 58	0. 56	0. 55	0. 53	0. 53
33 岡　山　県　Okayama-ken	1. 53	1. 52	1. 51	1. 50	1. 50
34 広　島　県　Hiroshima-ken	2. 25	2. 23	2. 24	2. 22	2. 21
35 山　口　県　Yamaguchi-ken	1. 17	1. 13	1. 11	1. 06	1. 06
36 徳　島　県　Tokushima-ken	0. 63	0. 61	0. 59	0. 57	0. 57
37 香　川　県　Kagawa-ken	0. 79	0. 78	0. 77	0. 75	0. 75
38 愛　媛　県　Ehime-ken	1. 15	1. 12	1. 09	1. 06	1. 05
39 高　知　県　Kochi-ken	0. 62	0. 60	0. 57	0. 55	0. 55
40 福　岡　県　Fukuoka-ken	3. 95	3. 96	4. 01	4. 07	4. 08
41 佐　賀　県　Saga-ken	0. 68	0. 66	0. 66	0. 64	0. 64
42 長　崎　県　Nagasaki-ken	1. 16	1. 11	1. 08	1. 04	1. 03
43 熊　本　県　Kumamoto-ken	1. 44	1. 42	1. 41	1. 38	1. 38
44 大　分　県　Oita-ken	0. 95	0. 93	0. 92	0. 89	0. 89
45 宮　崎　県　Miyazaki-ken	0. 90	0. 89	0. 87	0. 85	0. 85
46 鹿　児　島　県　Kagoshima-ken	1. 37	1. 33	1. 30	1. 26	1. 26
47 沖　縄　県　Okinawa-ken	1. 07	1. 09	1. 13	1. 16	1. 17

注）　＊ 総務省統計局「国勢調査」　　　　Note)　＊　Statistics Bureau, Ministry of Internal Affairs and Communications, "Population Census"

第7表　都道府県別人口増減率[1]－総人口
Table 7. Rates of Population Change by Prefectures[1] – Total population

(‰)

都　道　府　県 Prefectures	2016年10月 ～2017年9月 October 2016 to September 2017 2)	2017年10月 ～2018年9月 October 2017 to September 2018 2)	2018年10月 ～2019年9月 October 2018 to September 2019 2)	2019年10月 ～2020年9月 October 2019 to September 2020 2)	2020年10月 ～2021年9月 October 2020 to September 2021
全　　　　　国　Japan	-1.0	-1.3	-1.5	-3.2	-5.1
01 北　海　道　Hokkaido	-5.5	-6.0	-6.4	-6.6	-8.0
02 青　森　県　Aomori-ken	-10.3	-11.0	-11.9	-11.6	-13.5
03 岩　手　県　Iwate-ken	-10.6	-11.5	-11.6	-12.3	-11.6
04 宮　城　県　Miyagi-ken	-2.3	-2.8	-3.5	-4.2	-5.1
05 秋　田　県　Akita-ken	-12.6	-13.3	-13.4	-13.0	-15.2
06 山　形　県　Yamagata-ken	-9.8	-9.9	-11.1	-10.9	-12.3
07 福　島　県　Fukushima-ken	-8.8	-9.0	-9.1	-10.1	-11.6
08 茨　城　県　Ibaraki-ken	-2.6	-3.6	-4.4	-4.2	-5.3
09 栃　木　県　Tochigi-ken	-3.4	-4.4	-5.1	-5.2	-6.1
10 群　馬　県　Gumma-ken	-2.9	-3.2	-4.3	-5.0	-6.5
11 埼　玉　県　Saitama-ken	2.6	2.5	2.3	0.4	-0.6
12 千　葉　県　Chiba-ken	2.5	2.4	1.6	0.3	-1.5
13 東　京　都　Tokyo-to	8.9	8.7	8.6	2.9	-2.7
14 神　奈　川　県　Kanagawa-ken	2.3	2.6	3.0	1.4	-0.1
15 新　潟　県　Niigata-ken	-8.4	-9.1	-10.0	-10.2	-11.0
16 富　山　県　Toyama-ken	-5.0	-5.3	-6.8	-8.1	-9.1
17 石　川　県　Ishikawa-ken	-2.5	-3.2	-4.8	-6.0	-6.5
18 福　井　県　Fukui-ken	-3.7	-4.8	-6.8	-5.9	-8.4
19 山　梨　県　Yamanashi-ken	-6.4	-5.8	-6.8	-6.3	-5.7
20 長　野　県　Nagano-ken	-4.3	-4.6	-5.6	-6.3	-7.2
21 岐　阜　県　Gifu-ken	-5.9	-5.1	-4.5	-6.9	-9.0
22 静　岡　県　Shizuoka-ken	-2.6	-3.8	-3.7	-5.4	-7.0
23 愛　知　県　Aichi-ken	2.6	1.7	2.1	-1.9	-3.4
24 三　重　県　Mie-ken	-4.5	-4.4	-5.7	-6.9	-8.2
25 滋　賀　県　Shiga-ken	0.3	0.3	1.3	-1.7	-2.2
26 京　都　府　Kyoto-fu	-1.5	-2.4	-2.3	-5.2	-6.5
27 大　阪　府　Osaka-fu	-0.1	-0.3	0.4	-0.5	-3.6
28 兵　庫　県　Hyogo-ken	-2.0	-2.5	-2.5	-4.1	-6.0
29 奈　良　県　Nara-ken	-5.8	-5.8	-6.2	-6.5	-6.9
30 和　歌　山　県　Wakayama-ken	-7.8	-9.1	-8.8	-9.3	-9.7
31 鳥　取　県　Tottori-ken	-6.9	-7.6	-7.9	-7.1	-8.6
32 島　根　県　Shimane-ken	-6.1	-6.0	-7.3	-9.3	-9.3
33 岡　山　県　Okayama-ken	-2.9	-3.9	-3.6	-4.4	-6.4
34 広　島　県　Hiroshima-ken	-2.3	-3.4	-4.0	-4.6	-7.2
35 山　口　県　Yamaguchi-ken	-8.5	-9.4	-9.3	-10.7	-10.8
36 徳　島　県　Tokushima-ken	-9.1	-10.0	-11.3	-11.3	-10.5
37 香　川　県　Kagawa-ken	-4.4	-5.3	-5.7	-7.8	-8.4
38 愛　媛　県　Ehime-ken	-6.5	-7.8	-8.1	-8.5	-10.4
39 高　知　県　Kochi-ken	-9.6	-10.2	-11.1	-11.1	-10.8
40 福　岡　県　Fukuoka-ken	2.0	1.6	0.6	0.2	-2.2
41 佐　賀　県　Saga-ken	-4.9	-5.0	-5.1	-6.3	-6.7
42 長　崎　県　Nagasaki-ken	-9.2	-9.9	-10.6	-11.1	-11.8
43 熊　本　県　Kumamoto-ken	-4.6	-4.5	-5.2	-6.4	-5.8
44 大　分　県　Oita-ken	-6.6	-7.8	-7.4	-9.4	-8.4
45 宮　崎　県　Miyazaki-ken	-5.8	-6.6	-6.1	-7.0	-7.8
46 鹿　児　島　県　Kagoshima-ken	-7.0	-7.1	-7.7	-8.5	-7.5
47 沖　縄　県　Okinawa-ken	4.1	4.5	5.1	4.1	0.7

注　1）増減数を期首人口で除したもの（千人比、‰）
　　2）期首人口は平成27年及び令和2年国勢調査結果
　　　による補間補正人口

Note 1) Obtained by dividing the number of the net change by the population
　　　　as of the beginning of the period concerned.
　　2) The population as of the beginning of the period concerned is the intercensal
　　　adjustment by the results of the 2015 and 2020 Population Censuses.

第8表 都 道 府 県 別 自 然 増 減 率[1] —総人口

Table 8. Rates of Natural Change by Prefectures [1] – Total population

(‰)

都 道 府 県 Prefectures	2016年10月 ～2017年9月 October 2016 to September 2017 2)	2017年10月 ～2018年9月 October 2017 to September 2018 2)	2018年10月 ～2019年9月 October 2018 to September 2019 2)	2019年10月 ～2020年9月 October 2019 to September 2020 2)	2020年10月 ～2021年9月 October 2020 to September 2021
全　　　　　　　国　Japan	-3.0	-3.3	-3.8	-4.0	-4.8
01 北　海　道　Hokkaido	-5.4	-5.7	-6.4	-6.5	-7.7
02 青　森　県　Aomori-ken	-7.3	-7.8	-8.6	-8.7	-9.9
03 岩　手　県　Iwate-ken	-7.2	-7.7	-8.4	-8.5	-9.2
04 宮　城　県　Miyagi-ken	-3.1	-3.4	-4.2	-4.3	-5.1
05 秋　田　県　Akita-ken	-9.9	-10.3	-11.0	-11.3	-12.1
06 山　形　県　Yamagata-ken	-7.3	-7.6	-8.3	-8.2	-9.4
07 福　島　県　Fukushima-ken	-6.0	-6.4	-7.0	-7.1	-8.0
08 茨　城　県　Ibaraki-ken	-3.9	-4.4	-5.2	-5.1	-5.8
09 栃　木　県　Tochigi-ken	-3.8	-4.1	-4.6	-4.9	-5.6
10 群　馬　県　Gumma-ken	-4.5	-4.8	-5.4	-5.5	-6.5
11 埼　玉　県　Saitama-ken	-1.5	-2.0	-2.5	-2.7	-3.8
12 千　葉　県　Chiba-ken	-2.1	-2.4	-3.0	-3.2	-4.1
13 東　京　都　Tokyo-to	-0.3	-0.7	-1.1	-1.2	-2.1
14 神　奈　川　県　Kanagawa-ken	-1.2	-1.5	-2.0	-2.2	-3.2
15 新　潟　県　Niigata-ken	-6.2	-6.8	-7.3	-7.4	-8.2
16 富　山　県　Toyama-ken	-5.5	-5.8	-6.1	-6.2	-7.2
17 石　川　県　Ishikawa-ken	-3.4	-3.7	-4.2	-4.3	-5.1
18 福　井　県　Fukui-ken	-4.4	-4.6	-5.0	-5.0	-5.8
19 山　梨　県　Yamanashi-ken	-4.7	-5.0	-5.8	-5.7	-6.1
20 長　野　県　Nagano-ken	-5.2	-5.4	-5.8	-6.0	-6.6
21 岐　阜　県　Gifu-ken	-4.2	-4.3	-5.1	-5.0	-6.0
22 静　岡　県　Shizuoka-ken	-3.7	-4.4	-4.9	-5.0	-5.8
23 愛　知　県　Aichi-ken	-0.3	-0.8	-1.3	-1.6	-2.3
24 三　重　県　Mie-ken	-4.1	-4.4	-4.9	-5.0	-5.8
25 滋　賀　県　Shiga-ken	-0.8	-1.3	-1.6	-1.6	-2.4
26 京　都　府　Kyoto-fu	-3.0	-3.4	-3.7	-4.1	-4.7
27 大　阪　府　Osaka-fu	-2.3	-2.7	-3.1	-3.2	-4.3
28 兵　庫　県　Hyogo-ken	-2.7	-3.2	-3.6	-3.7	-4.9
29 奈　良　県　Nara-ken	-3.9	-4.2	-4.7	-4.9	-5.8
30 和　歌　山　県　Wakayama-ken	-6.6	-7.2	-7.5	-7.2	-7.8
31 鳥　取　県　Tottori-ken	-5.6	-5.3	-6.4	-6.0	-6.8
32 島　根　県　Shimane-ken	-6.5	-7.1	-7.1	-7.5	-7.9
33 岡　山　県　Okayama-ken	-3.4	-4.0	-4.3	-4.2	-5.0
34 広　島　県　Hiroshima-ken	-2.9	-3.4	-3.8	-3.7	-4.4
35 山　口　県　Yamaguchi-ken	-6.6	-7.0	-7.4	-7.6	-8.3
36 徳　島　県　Tokushima-ken	-6.7	-6.7	-7.3	-7.3	-8.2
37 香　川　県　Kagawa-ken	-4.6	-5.2	-5.6	-6.0	-6.4
38 愛　媛　県　Ehime-ken	-6.1	-6.5	-7.0	-7.3	-8.0
39 高　知　県　Kochi-ken	-7.6	-7.9	-8.4	-8.5	-8.9
40 福　岡　県　Fukuoka-ken	-1.8	-2.0	-2.6	-2.7	-3.5
41 佐　賀　県　Saga-ken	-4.0	-4.2	-4.6	-4.6	-5.2
42 長　崎　県　Nagasaki-ken	-4.9	-5.6	-5.7	-6.2	-7.0
43 熊　本　県　Kumamoto-ken	-3.9	-4.0	-4.5	-4.7	-5.2
44 大　分　県　Oita-ken	-5.0	-5.4	-5.8	-5.9	-6.9
45 宮　崎　県　Miyazaki-ken	-4.5	-5.0	-5.1	-5.7	6.4
46 鹿　児　島　県　Kagoshima-ken	-5.2	-5.6	-5.9	-6.1	-6.6
47 沖　縄　県　Okinawa-ken	2.9	2.6	2.0	1.9	0.9

注) 1) 増減数を期首人口で除したもの（千人比、‰）
　　2) 期首人口は平成27年及び令和2年国勢調査結果
　　　による補間補正人口

Note) 1) Obtained by dividing the number of the net change by the population
　　　　as of the beginning of the period concerned.
　　2) The population as of the beginning of the period concerned is the intercensal
　　　　adjustment by the results of the 2015 and 2020 Population Censuses.

第9表　都道府県別社会増減率 [1] －総人口
Table 9.　Rates of Net Migration by Prefectures [1] – Total population

(‰)

都道府県 Prefectures	2016年10月 ～2017年9月 October 2016 to September 2017 2)	2017年10月 ～2018年9月 October 2017 to September 2018 2)	2018年10月 ～2019年9月 October 2018 to September 2019 2)	2019年10月 ～2020年9月 October 2019 to September 2020 2)	2020年10月 ～2021年9月 October 2020 to September 2021
全　　　　　国　Japan	1.2	1.3	1.6	0.3	-0.3
01 北　海　道　Hokkaido	-0.6	-0.7	-0.4	-0.4	-0.3
02 青　森　県　Aomori-ken	-4.3	-4.4	-4.4	-3.8	-3.6
03 岩　手　県　Iwate-ken	-3.2	-3.5	-2.8	-3.3	-2.5
04 宮　城　県　Miyagi-ken	0.1	0.1	0.2	-0.2	-0.0
05 秋　田　県　Akita-ken	-4.1	-4.4	-3.7	-3.0	-3.1
06 山　形　県　Yamagata-ken	-3.0	-2.7	-3.2	-3.0	-2.9
07 福　島　県　Fukushima-ken	-3.7	-3.4	-2.7	-3.4	-3.6
08 茨　城　県　Ibaraki-ken	-0.4	-0.8	-0.7	-0.3	0.4
09 栃　木　県　Tochigi-ken	-0.9	-1.4	-1.5	-1.0	-0.5
10 群　馬　県　Gumma-ken	0.8	0.9	0.5	0.1	-0.0
11 埼　玉　県　Saitama-ken	4.3	4.7	5.2	3.8	3.2
12 千　葉　県　Chiba-ken	3.7	3.8	3.8	3.0	2.6
13 東　京　都　Tokyo-to	7.7	7.8	8.2	2.8	-0.5
14 神　奈　川　県　Kanagawa-ken	2.7	3.5	4.4	3.3	3.1
15 新　潟　県　Niigata-ken	-2.3	-2.4	-2.7	-2.6	-2.8
16 富　山　県　Toyama-ken	0.5	0.6	-0.5	-1.6	-1.9
17 石　川　県　Ishikawa-ken	0.4	0.2	-0.8	-1.7	-1.4
18 福　井　県　Fukui-ken	-0.4	-1.3	-2.8	-1.6	-2.5
19 山　梨　県　Yamanashi-ken	-3.0	-2.1	-2.2	-1.5	0.4
20 長　野　県　Nagano-ken	-0.7	-0.6	-1.2	-1.5	-0.7
21 岐　阜　県　Gifu-ken	-2.5	-1.5	-0.0	-2.1	-3.0
22 静　岡　県　Shizuoka-ken	0.4	-0.1	0.6	-0.8	-1.3
23 愛　知　県　Aichi-ken	2.7	2.4	3.4	-0.1	-1.1
24 三　重　県　Mie-ken	-0.8	-0.2	-1.0	-1.8	-2.5
25 滋　賀　県　Shiga-ken	0.6	1.3	2.6	0.0	0.2
26 京　都　府　Kyoto-fu	0.7	0.2	0.7	-1.5	-1.8
27 大　阪　府　Osaka-fu	1.2	1.5	2.7	2.2	0.7
28 兵　庫　県　Hyogo-ken	-0.4	-0.2	0.3	-0.9	-1.1
29 奈　良　県　Nara-ken	-2.5	-2.1	-1.9	-1.7	-1.1
30 和　歌　山　県　Wakayama-ken	-3.0	-3.5	-2.9	-3.4	-2.0
31 鳥　取　県　Tottori-ken	-2.1	-3.0	-2.2	-1.7	-1.8
32 島　根　県　Shimane-ken	-0.7	0.1	-1.2	-2.5	-1.4
33 岡　山　県　Okayama-ken	-0.5	-0.8	-0.2	-0.8	-1.4
34 広　島　県　Hiroshima-ken	-0.1	-0.7	-0.8	-1.3	-2.7
35 山　口　県　Yamaguchi-ken	-1.7	-2.0	-1.5	-2.3	-2.5
36 徳　島　県　Tokushima-ken	-2.5	-3.2	-3.5	-3.1	-2.4
37 香　川　県　Kagawa-ken	-0.2	-0.4	-0.3	-1.6	-2.0
38 愛　媛　県　Ehime-ken	-1.8	-2.5	-2.3	-2.0	-2.4
39 高　知　県　Kochi-ken	-2.5	-2.7	-3.1	-2.7	-2.0
40 福　岡　県　Fukuoka-ken	2.2	2.1	1.9	1.8	1.2
41 佐　賀　県　Saga-ken	-1.5	-1.3	-0.9	-1.8	-1.6
42 長　崎　県　Nagasaki-ken	-4.5	-4.3	-4.8	-4.6	-4.8
43 熊　本　県　Kumamoto-ken	-1.0	-0.8	-0.9	-1.6	-0.5
44 大　分　県　Oita-ken	-1.4	-2.2	-1.3	-2.9	-1.5
45 宮　崎　県　Miyazaki-ken	-2.2	-2.3	-1.7	-1.8	-1.4
46 鹿　児　島　県　Kagoshima-ken	-1.9	-1.5	-1.5	-1.8	-0.9
47 沖　縄　県　Okinawa-ken	-0.3	0.5	1.9	1.2	-0.2

注) 1) 増減数を期首人口で除したもの（千人比、‰）
　　2) 期首人口は平成27年及び令和2年国勢調査結果
　　　による補間補正人口

Note) 1) Obtained by dividing the number of the net change by the population
　　　as of the beginning of the period concerned.
　　2) The population as of the beginning of the period concerned is the intercensal
　　　adjustment by the results of the 2015 and 2020 Population Censuses.

第10表　都 道 府 県 、年 齢 （5 歳 階 級）、
Table 10.　Population by Age (Five-Year Groups) and Sex

（単位　千人）

都　道　府　県 Prefectures	総 人 口　　男 女 計							
	総　　数 Total	0～4歳 years old	5～9	10～14	15～19	20～24	25～29	30～34
全　　　　　　　国　Japan	125,502	4,389	5,038	5,357	5,580	6,263	6,379	6,556
01 北　海　道　Hokkaido	5,183	156	186	202	218	227	228	245
02 青　森　県　Aomori-ken	1,221	36	43	48	52	45	46	52
03 岩　手　県　Iwate-ken	1,196	36	44	49	52	45	47	53
04 宮　城　県　Miyagi-ken	2,290	76	91	97	105	122	114	121
05 秋　田　県　Akita-ken	945	24	30	35	37	29	32	37
06 山　形　県　Yamagata-ken	1,055	33	40	44	47	41	41	47
07 福　島　県　Fukushima-ken	1,812	58	69	75	81	71	78	87
08 茨　城　県　Ibaraki-ken	2,852	93	112	123	131	134	132	143
09 栃　木　県　Tochigi-ken	1,921	64	76	83	88	84	90	99
10 群　馬　県　Gumma-ken	1,927	63	74	84	91	90	89	93
11 埼　玉　県　Saitama-ken	7,340	256	293	312	326	388	391	397
12 千　葉　県　Chiba-ken	6,275	216	247	264	277	330	330	336
13 東　京　都　Tokyo-to	14,010	499	533	520	532	848	994	940
14 神　奈　川　県　Kanagawa-ken	9,236	321	365	385	404	515	520	506
15 新　潟　県　Niigata-ken	2,177	68	83	91	96	88	89	100
16 富　山　県　Toyama-ken	1,025	33	38	42	46	43	45	46
17 石　川　県　Ishikawa-ken	1,125	40	46	49	54	59	53	54
18 福　井　県　Fukui-ken	760	27	31	35	36	32	34	37
19 山　梨　県　Yamanashi-ken	805	27	31	34	39	38	35	37
20 長　野　県　Nagano-ken	2,033	68	81	90	94	79	86	92
21 岐　阜　県　Gifu-ken	1,961	66	81	90	95	91	85	91
22 静　岡　県　Shizuoka-ken	3,608	121	147	161	164	151	163	178
23 愛　知　県　Aichi-ken	7,517	292	328	345	352	412	424	427
24 三　重　県　Mie-ken	1,756	60	71	78	82	79	82	86
25 滋　賀　県　Shiga-ken	1,411	55	65	69	71	76	70	74
26 京　都　府　Kyoto-fu	2,561	85	98	106	119	156	134	125
27 大　阪　府　Osaka-fu	8,806	311	342	365	390	493	490	477
28 兵　庫　県　Hyogo-ken	5,432	192	223	240	249	262	249	264
29 奈　良　県　Nara-ken	1,315	43	52	57	63	63	53	58
30 和　歌　山　県　Wakayama-ken	914	30	35	38	40	35	36	41
31 鳥　取　県　Tottori-ken	549	20	23	24	25	23	22	25
32 島　根　県　Shimane-ken	665	24	28	29	30	25	27	30
33 岡　山　県　Okayama-ken	1,876	69	78	83	88	98	91	93
34 広　島　県　Hiroshima-ken	2,780	102	119	127	128	134	133	140
35 山　口　県　Yamaguchi-ken	1,328	43	51	57	58	56	53	57
36 徳　島　県　Tokushima-ken	712	22	26	28	30	31	28	31
37 香　川　県　Kagawa-ken	942	33	39	41	43	39	40	44
38 愛　媛　県　Ehime-ken	1,321	43	52	57	58	52	53	60
39 高　知　県　Kochi-ken	684	21	25	27	29	26	25	28
40 福　岡　県　Fukuoka-ken	5,124	201	227	234	234	278	264	270
41 佐　賀　県　Saga-ken	806	32	36	40	40	35	34	38
42 長　崎　県　Nagasaki-ken	1,297	47	55	58	59	48	50	57
43 熊　本　県　Kumamoto-ken	1,728	68	78	81	80	73	74	82
44 大　分　県　Oita-ken	1,114	39	46	49	50	46	45	50
45 宮　崎　県　Miyazaki-ken	1,061	40	47	51	48	39	42	47
46 鹿　児　島　県　Kagoshima-ken	1,576	60	70	74	71	60	61	72
47 沖　縄　県　Okinawa-ken	1,468	76	83	83	78	72	76	83

男　女　別　人　口－総人口、日本人人口（2021年10月１日現在）
for Prefectures - Total population, Japanese population, October 1, 2021

(Thousand persons)

					Total population	Both sexes				
35～39	40～44	45～49	50～54	55～59	60～64	65～69	70～74	75～79	80～84	85歳以上 and over
7,354	8,173	9,732	9,252	7,824	7,391	7,869	9,672	6,712	5,563	6,398
284	326	390	367	333	335	378	443	304	255	305
64	74	86	86	82	89	98	110	72	63	77
64	73	84	80	77	84	94	101	68	63	82
139	155	172	158	139	145	159	174	110	95	117
47	56	63	61	61	72	81	91	58	55	75
57	65	71	67	66	74	83	91	58	54	76
101	112	127	121	117	131	143	152	94	84	111
164	184	219	207	175	176	202	234	161	126	137
114	128	149	137	118	122	138	157	101	79	93
106	122	150	142	118	116	131	159	111	87	102
440	493	605	577	459	405	434	553	409	315	288
376	417	508	489	388	348	376	480	352	273	267
989	1,037	1,164	1,122	904	724	670	832	612	510	578
562	631	767	766	613	505	496	633	472	380	395
118	137	158	149	135	143	162	190	121	108	143
54	63	81	74	61	62	68	93	62	49	64
61	70	88	80	67	67	71	95	62	48	62
42	47	56	52	47	48	51	64	40	34	47
42	48	58	59	54	52	56	65	45	38	48
106	126	153	146	127	126	135	167	120	100	135
105	121	149	141	122	119	129	164	113	93	106
204	229	276	266	226	223	239	293	206	170	192
463	503	609	575	464	402	406	521	383	305	304
96	109	135	128	112	107	113	141	99	82	95
84	95	111	101	85	80	84	104	70	54	64
139	159	198	186	156	141	149	209	147	118	135
508	561	709	694	556	467	484	662	493	407	396
301	341	426	411	346	320	339	435	306	248	280
68	78	99	96	83	80	88	115	82	66	71
47	52	67	65	59	59	64	82	56	48	59
31	34	39	34	32	36	41	47	29	26	37
35	40	46	41	38	43	48	60	37	33	51
104	114	141	126	107	109	118	152	107	87	111
157	175	216	198	163	160	173	223	157	123	150
68	78	96	89	76	82	96	124	84	71	90
38	43	51	47	43	47	55	67	41	36	48
52	60	72	64	54	57	64	84	53	44	59
70	80	97	89	81	86	96	118	77	67	86
35	41	50	45	41	45	50	64	43	36	52
311	340	381	346	294	299	330	394	253	214	254
45	50	54	50	48	53	60	65	41	36	49
68	75	87	84	81	91	103	113	70	65	84
97	106	115	107	104	114	128	140	89	82	112
60	68	78	71	64	72	83	99	64	56	74
58	65	72	65	63	72	82	92	56	52	70
86	94	101	96	96	112	127	130	81	77	107
95	98	108	98	87	91	95	88	47	49	60

第10表　都 道 府 県 、年 齢 （ 5 歳 階 級 ）、

Table 10.　Population by Age (Five-Year Groups) and Sex

（単位　千人）

都　道　府　県 Prefectures	総　人　口　　　男							
	総　数 Total	0〜4歳 years old	5〜9	10〜14	15〜19	20〜24	25〜29	30〜34
全　　　　　国　Japan	61,019	2,246	2,581	2,746	2,864	3,205	3,276	3,352
01 北　海　道　Hokkaido	2,446	80	95	103	112	117	116	123
02 青　森　県　Aomori-ken	575	18	22	24	27	24	24	27
03 岩　手　県　Iwate-ken	577	18	23	25	27	24	25	27
04 宮　城　県　Miyagi-ken	1,117	39	47	50	54	63	58	62
05 秋　田　県　Akita-ken	446	12	16	18	19	16	17	19
06 山　形　県　Yamagata-ken	511	17	20	23	24	22	22	24
07 福　島　県　Fukushima-ken	894	30	35	38	42	39	42	46
08 茨　城　県　Ibaraki-ken	1,423	48	57	63	68	71	72	77
09 栃　木　県　Tochigi-ken	958	33	39	43	45	44	49	53
10 群　馬　県　Gumma-ken	953	32	38	43	47	48	48	50
11 埼　玉　県　Saitama-ken	3,646	131	150	160	167	198	201	206
12 千　葉　県　Chiba-ken	3,111	110	127	136	142	170	170	175
13 東　京　都　Tokyo-to	6,875	255	272	267	271	422	501	475
14 神　奈　川　県　Kanagawa-ken	4,584	165	187	197	207	264	271	263
15 新　潟　県　Niigata-ken	1,057	35	42	47	49	47	47	52
16 富　山　県　Toyama-ken	498	17	20	22	24	23	24	25
17 石　川　県　Ishikawa-ken	546	20	24	25	28	32	28	28
18 福　井　県　Fukui-ken	371	14	16	18	19	17	18	19
19 山　梨　県　Yamanashi-ken	395	14	16	17	20	20	19	19
20 長　野　県　Nagano-ken	994	35	42	46	48	42	45	48
21 岐　阜　県　Gifu-ken	952	34	41	46	48	46	44	47
22 静　岡　県　Shizuoka-ken	1,778	62	76	82	85	79	87	94
23 愛　知　県　Aichi-ken	3,746	150	168	177	181	214	224	226
24 三　重　県　Mie-ken	857	31	36	40	42	41	44	45
25 滋　賀　県　Shiga-ken	696	29	33	35	37	40	37	39
26 京　都　府　Kyoto-fu	1,223	43	50	54	61	79	68	63
27 大　阪　府　Osaka-fu	4,216	159	175	187	198	245	243	237
28 兵　庫　県　Hyogo-ken	2,582	98	114	123	127	129	123	131
29 奈　良　県　Nara-ken	619	22	27	29	32	31	26	29
30 和　歌　山　県　Wakayama-ken	431	15	18	20	21	18	19	20
31 鳥　取　県　Tottori-ken	262	10	12	12	13	12	11	13
32 島　根　県　Shimane-ken	322	12	14	15	16	13	14	15
33 岡　山　県　Okayama-ken	902	35	40	43	46	50	46	47
34 広　島　県　Hiroshima-ken	1,347	52	61	65	66	70	69	73
35 山　口　県　Yamaguchi-ken	630	22	26	29	30	29	28	30
36 徳　島　県　Tokushima-ken	340	11	14	14	15	16	15	16
37 香　川　県　Kagawa-ken	455	17	20	21	22	20	21	23
38 愛　媛　県　Ehime-ken	627	22	26	29	30	27	28	30
39 高　知　県　Kochi-ken	323	11	13	14	15	14	13	14
40 福　岡　県　Fukuoka-ken	2,425	102	116	120	119	140	130	132
41 佐　賀　県　Saga-ken	382	16	19	20	20	18	17	19
42 長　崎　県　Nagasaki-ken	610	24	28	30	30	25	25	28
43 熊　本　県　Kumamoto-ken	818	34	40	42	41	37	37	40
44 大　分　県　Oita-ken	529	20	23	25	20	24	23	26
45 宮　崎　県　Miyazaki-ken	501	21	24	26	25	20	21	23
46 鹿　児　島　県　Kagoshima-ken	743	31	36	38	36	30	30	34
47 沖　縄　県　Okinawa-ken	723	39	43	42	40	37	38	42

男　女　別　人　口－総人口、日本人人口（2021年10月1日現在）（続き）
for Prefectures - Total population, Japanese population, October 1, 2021 – Continued

(Thousand persons)

					Total population		Male			
35～39	40～44	45～49	50～54	55～59	60～64	65～69	70～74	75～79	80～84	85歳以上 and over
3,736	4,144	4,927	4,658	3,908	3,654	3,824	4,565	2,991	2,310	2,032
141	162	193	178	159	161	178	201	128	100	97
32	38	43	42	40	43	46	51	30	24	22
33	37	43	41	39	42	46	49	29	25	25
70	78	88	80	69	71	77	83	50	39	37
24	29	32	30	30	35	39	43	25	21	22
29	33	36	34	33	37	41	45	26	22	23
53	59	66	62	60	66	72	75	43	34	34
86	96	114	107	89	88	99	112	75	56	45
60	67	78	71	60	61	68	77	47	34	29
55	64	77	73	60	58	65	76	51	37	33
227	255	314	298	235	205	214	261	187	139	99
194	215	262	252	199	176	184	227	160	120	91
504	529	590	571	466	369	331	395	268	205	184
290	324	392	395	319	258	244	300	212	162	133
61	70	80	76	68	71	80	92	54	44	43
28	33	42	37	31	30	33	44	28	20	19
31	36	45	40	33	32	34	45	28	20	18
21	24	29	26	23	24	25	31	18	14	14
22	24	30	30	27	26	28	31	21	16	15
54	65	78	74	64	63	67	81	55	43	45
54	62	76	71	60	58	62	78	51	40	35
106	118	142	136	115	111	117	140	94	73	62
242	261	315	297	238	202	199	246	175	131	101
50	56	69	65	55	52	55	67	45	35	31
43	48	56	51	42	39	41	50	32	24	21
69	79	97	92	76	68	70	96	65	49	43
252	277	350	344	275	229	232	305	215	168	127
149	167	209	200	166	154	162	202	135	103	89
33	37	48	46	39	37	41	53	37	29	24
23	26	33	31	28	28	31	38	24	19	18
16	17	20	17	16	18	20	22	13	10	11
18	21	24	21	19	21	24	29	17	13	15
52	57	71	63	53	53	57	72	48	36	35
80	88	109	99	80	78	84	105	70	51	47
34	39	49	43	37	39	46	57	37	28	27
19	22	25	23	21	23	27	32	18	15	15
26	30	37	32	27	28	31	40	24	18	19
35	40	49	43	39	41	45	56	33	27	26
17	21	25	22	20	22	24	30	19	14	15
153	167	188	168	141	144	157	182	109	84	74
22	25	27	24	23	26	29	31	17	14	14
34	37	43	40	39	44	49	53	30	25	25
48	52	57	51	50	55	62	67	39	33	35
30	34	39	35	31	34	40	46	28	23	23
28	32	35	31	30	34	39	43	25	21	22
42	46	49	46	46	55	62	63	36	31	32
47	49	55	49	43	46	47	43	22	21	19

第10表　都 道 府 県 、年 齢 （ 5 歳 階 級 ）、
Table 10.　Population by Age (Five-Year Groups) and Sex

（単位　千人）

都 道 府 県 Prefectures	総 人 口　　女							
	総　数 Total	0〜4歳 years old	5〜9	10〜14	15〜19	20〜24	25〜29	30〜34
全　　　　　　国　Japan	64,483	2,144	2,457	2,611	2,716	3,058	3,103	3,204
01 北　海　道　Hokkaido	2,737	76	91	99	106	110	112	121
02 青　森　県　Aomori-ken	646	18	21	23	25	21	22	25
03 岩　手　県　Iwate-ken	620	18	21	24	25	21	22	25
04 宮　城　県　Miyagi-ken	1,174	37	44	47	51	59	56	60
05 秋　田　県　Akita-ken	499	12	15	17	18	13	15	18
06 山　形　県　Yamagata-ken	544	16	19	22	23	19	19	23
07 福　島　県　Fukushima-ken	918	29	34	36	39	32	36	41
08 茨　城　県　Ibaraki-ken	1,428	45	54	60	63	63	60	66
09 栃　木　県　Tochigi-ken	963	31	37	40	43	40	41	46
10 群　馬　県　Gumma-ken	974	31	36	41	44	42	41	44
11 埼　玉　県　Saitama-ken	3,694	125	143	152	159	190	190	191
12 千　葉　県　Chiba-ken	3,164	106	120	129	135	160	160	162
13 東　京　都　Tokyo-to	7,135	244	261	253	262	425	493	465
14 神　奈　川　県　Kanagawa-ken	4,652	157	178	188	197	251	249	243
15 新　潟　県　Niigata-ken	1,120	33	40	44	46	42	43	49
16 富　山　県　Toyama-ken	527	16	19	21	22	20	21	22
17 石　川　県　Ishikawa-ken	579	19	22	24	26	27	25	27
18 福　井　県　Fukui-ken	389	13	15	17	17	15	16	18
19 山　梨　県　Yamanashi-ken	410	13	15	16	19	18	16	18
20 長　野　県　Nagano-ken	1,040	33	40	44	45	37	40	44
21 岐　阜　県　Gifu-ken	1,009	32	39	44	46	45	41	44
22 静　岡　県　Shizuoka-ken	1,829	59	71	79	79	72	76	85
23 愛　知　県　Aichi-ken	3,771	143	160	168	171	199	200	202
24 三　重　県　Mie-ken	898	29	35	38	40	39	38	41
25 滋　賀　県　Shiga-ken	715	27	32	34	34	36	32	36
26 京　都　府　Kyoto-fu	1,339	41	48	51	58	77	67	63
27 大　阪　府　Osaka-fu	4,590	152	167	178	191	248	248	240
28 兵　庫　県　Hyogo-ken	2,850	94	109	117	122	133	125	132
29 奈　良　県　Nara-ken	696	21	25	28	31	32	28	30
30 和　歌　山　県　Wakayama-ken	483	14	17	19	20	17	18	20
31 鳥　取　県　Tottori-ken	286	10	11	12	12	11	11	13
32 島　根　県　Shimane-ken	343	11	13	14	14	12	13	15
33 岡　山　県　Okayama-ken	974	34	38	40	43	49	44	46
34 広　島　県　Hiroshima-ken	1,432	50	58	62	62	64	64	68
35 山　口　県　Yamaguchi-ken	697	21	25	28	28	26	25	27
36 徳　島　県　Tokushima-ken	372	11	13	14	15	15	13	15
37 香　川　県　Kagawa-ken	487	16	19	20	21	19	19	22
38 愛　媛　県　Ehime-ken	694	21	25	28	28	25	26	29
39 高　知　県　Kochi-ken	361	11	12	13	14	12	12	14
40 福　岡　県　Fukuoka-ken	2,698	99	110	115	115	138	134	137
41 佐　賀　県　Saga-ken	424	15	18	19	19	18	17	19
42 長　崎　県　Nagasaki-ken	687	23	27	28	28	24	25	29
43 熊　本　県　Kumamoto-ken	910	33	38	40	39	36	37	41
44 大　分　県　Oita-ken	505	19	22	24	24	22	22	25
45 宮　崎　県　Miyazaki-ken	560	20	23	25	24	19	21	24
46 鹿　児　島　県　Kagoshima-ken	833	29	34	36	35	30	31	37
47 沖　縄　県　Okinawa-ken	745	37	41	41	38	35	38	42

男　女　別　人　口－総人口、日本人人口（2021年10月1日現在）（続き）
for Prefectures - Total population, Japanese population, October 1, 2021 – Continued

(Thousand persons)

					Total population	Female				
35～39	40～44	45～49	50～54	55～59	60～64	65～69	70～74	75～79	80～84	85歳以上 and over
3,618	4,029	4,804	4,594	3,916	3,737	4,045	5,106	3,722	3,253	4,366
143	164	197	189	174	174	200	242	175	155	208
32	37	43	44	42	47	52	59	42	39	55
31	36	41	39	38	42	48	53	39	38	58
69	77	85	78	70	73	81	91	60	56	81
23	27	31	31	31	37	42	48	33	34	53
28	32	35	33	33	38	42	46	32	32	53
48	54	60	58	57	65	72	77	51	50	78
78	88	105	99	86	88	102	122	85	70	93
54	61	71	66	58	61	69	81	54	45	63
50	59	73	69	58	58	66	82	60	49	69
213	238	291	278	224	200	220	292	222	177	189
182	202	245	236	189	173	192	253	192	153	175
485	509	574	551	438	355	338	437	345	306	394
272	307	374	371	295	247	251	334	260	218	262
58	66	77	73	67	71	82	98	66	63	99
26	31	39	36	31	31	36	49	34	29	45
30	35	43	40	34	34	37	50	34	28	43
20	23	27	26	23	25	26	33	22	20	32
20	23	29	29	27	26	29	34	24	22	32
52	62	75	72	63	64	69	87	65	57	90
52	59	73	71	62	62	67	86	61	54	71
98	111	134	130	111	111	122	153	112	97	130
221	243	294	278	226	200	207	275	208	174	203
47	53	66	63	56	55	59	75	54	47	64
41	47	55	50	43	41	43	54	37	31	43
71	81	101	95	80	73	79	113	82	69	92
256	284	359	351	282	238	252	357	278	239	270
153	174	217	211	179	166	177	233	171	145	191
35	40	51	51	44	42	47	62	45	37	48
23	26	34	34	32	31	34	44	32	28	41
15	17	19	17	17	18	21	24	16	16	27
17	19	22	20	19	22	24	31	21	20	36
52	57	70	64	55	56	61	81	59	51	76
77	87	107	99	83	82	89	118	87	72	104
34	39	47	45	39	43	50	66	48	43	63
19	21	26	24	23	24	28	35	22	21	34
26	30	36	32	28	29	33	44	29	26	40
35	40	48	46	42	45	50	63	43	40	60
17	20	25	23	21	23	26	34	24	22	36
158	173	193	178	154	155	173	212	144	130	180
23	25	27	26	25	28	31	34	23	22	34
34	38	44	44	43	47	53	60	40	40	59
49	53	58	55	54	59	66	73	50	50	78
30	34	39	37	33	38	43	52	36	34	51
30	33	37	34	33	38	42	49	31	31	48
45	49	51	50	50	58	65	67	45	46	74
48	49	53	49	43	45	47	45	25	28	40

46

第10表　都　道　府　県、年　齢　（５　歳　階　級）、
Table 10.　Population by Age (Five-Year Groups) and Sex

（単位　千人）

都　道　府　県 Prefectures	日 本 人 人 口　　男 女 計							
	総　数 Total	0～4歳 years old	5～9	10～14	15～19	20～24	25～29	30～34
全　　　　　　国　Japan	122,780	4,307	4,959	5,294	5,507	5,890	5,950	6,205
01 北　海　道 Hokkaido	5,147	156	185	202	218	219	220	239
02 青　森　県 Aomori-ken	1,216	36	43	48	52	44	45	51
03 岩　手　県 Iwate-ken	1,189	36	44	49	52	44	46	52
04 宮　城　県 Miyagi-ken	2,269	76	91	97	105	118	110	119
05 秋　田　県 Akita-ken	941	24	30	35	37	29	31	37
06 山　形　県 Yamagata-ken	1,048	33	40	44	47	40	40	47
07 福　島　県 Fukushima-ken	1,799	58	69	74	81	69	76	86
08 茨　城　県 Ibaraki-ken	2,785	91	110	121	129	124	121	134
09 栃　木　県 Tochigi-ken	1,880	62	75	82	87	79	83	94
10 群　馬　県 Gumma-ken	1,866	61	72	82	89	82	79	86
11 埼　玉　県 Saitama-ken	7,152	248	286	307	321	365	363	370
12 千　葉　県 Chiba-ken	6,114	210	241	260	274	310	306	315
13 東　京　都 Tokyo-to	13,459	483	517	508	517	779	908	862
14 神　奈　川　県 Kanagawa-ken	9,007	313	356	379	398	493	487	475
15 新　潟　県 Niigata-ken	2,161	68	82	91	95	86	87	98
16 富　山　県 Toyama-ken	1,008	33	38	42	45	40	42	44
17 石　川　県 Ishikawa-ken	1,111	39	46	49	54	56	50	52
18 福　井　県 Fukui-ken	746	27	31	35	36	30	32	35
19 山　梨　県 Yamanashi-ken	789	26	30	33	38	36	33	36
20 長　野　県 Nagano-ken	1,999	68	81	89	93	75	81	89
21 岐　阜　県 Gifu-ken	1,907	64	79	88	93	83	77	84
22 静　岡　県 Shizuoka-ken	3,515	118	143	158	161	139	150	168
23 愛　知　県 Aichi-ken	7,261	282	318	337	343	381	387	396
24 三　重　県 Mie-ken	1,705	58	69	76	80	72	74	80
25 滋　賀　県 Shiga-ken	1,377	54	64	68	70	71	64	70
26 京　都　府 Kyoto-fu	2,505	84	97	105	117	147	126	120
27 大　阪　府 Osaka-fu	8,565	305	336	361	384	463	456	450
28 兵　庫　県 Hyogo-ken	5,324	190	221	238	247	248	234	253
29 奈　良　県 Nara-ken	1,302	43	52	57	62	61	51	57
30 和　歌　山　県 Wakayama-ken	907	30	35	38	40	34	35	40
31 鳥　取　県 Tottori-ken	544	20	23	24	25	22	21	25
32 島　根　県 Shimane-ken	655	23	28	29	30	24	25	29
33 岡　山　県 Okayama-ken	1,847	68	78	83	88	92	85	89
34 広　島　県 Hiroshima-ken	2,729	101	118	126	127	126	124	133
35 山　口　県 Yamaguchi-ken	1,312	43	51	56	58	53	50	56
36 徳　島　県 Tokushima-ken	706	22	26	28	30	29	27	30
37 香　川　県 Kagawa-ken	930	33	38	41	43	36	37	43
38 愛　媛　県 Ehime-ken	1,309	42	52	57	58	50	51	58
39 高　知　県 Kochi-ken	680	21	25	27	29	25	24	27
40 福　岡　県 Fukuoka-ken	5,045	199	225	233	232	261	248	260
41 佐　賀　県 Saga-ken	800	32	36	39	39	33	33	37
42 長　崎　県 Nagasaki-ken	1,288	47	55	58	58	46	48	56
43 熊　本　県 Kumamoto-ken	1,712	67	78	81	80	69	70	79
44 大　分　県 Oita-ken	1,102	39	45	49	49	43	43	49
45 宮　崎　県 Miyazaki-ken	1,054	40	47	51	48	37	40	46
46 鹿　児　島　県 Kagoshima-ken	1,565	60	70	74	71	57	59	70
47 沖　縄　県 Okinawa-ken	1,449	75	83	83	78	69	73	81

男　女　別　人　口－総人口、日本人人口（2021年10月1日現在）（続き）
for Prefectures - Total population, Japanese population, October 1, 2021 – Continued

(Thousand persons)

				Japanese population		Both sexes				
35～39	40～44	45～49	50～54	55～59	60～64	65～69	70～74	75～79	80～84	85歳以上 and over
7,085	7,953	9,546	9,079	7,688	7,299	7,800	9,620	6,679	5,540	6,381
280	324	388	365	332	335	378	443	304	255	305
64	74	86	85	82	89	98	110	71	63	77
63	73	83	80	77	84	94	101	68	63	82
138	154	171	157	138	144	158	174	110	95	117
47	56	63	61	61	72	81	91	58	55	75
56	64	70	66	65	74	83	91	58	54	76
100	111	126	120	116	130	143	152	94	84	111
158	179	214	202	171	174	200	233	160	126	137
110	124	146	134	116	120	137	157	101	79	92
100	118	146	137	115	114	130	158	111	86	101
419	477	592	564	450	399	430	551	408	315	288
359	404	496	477	379	343	373	478	351	273	266
927	988	1,125	1,087	877	707	658	825	608	507	575
537	611	749	750	601	497	490	630	470	379	394
117	135	156	148	134	142	162	190	121	107	143
52	62	80	73	61	61	68	93	62	49	64
59	69	87	79	66	66	71	95	62	48	62
40	46	55	51	46	48	51	63	40	34	47
40	46	57	58	52	52	56	65	45	38	48
103	123	150	143	124	125	134	167	119	100	135
100	116	145	138	119	118	128	163	112	93	105
195	220	269	259	221	219	237	292	205	169	192
437	481	591	559	452	395	400	517	380	303	303
91	105	132	125	109	105	112	141	99	82	95
81	92	109	99	83	79	84	103	69	54	63
135	156	195	183	154	138	147	207	145	117	134
488	544	695	680	543	455	473	652	485	402	392
293	333	419	404	340	315	333	430	303	245	278
67	77	98	96	83	79	88	115	81	66	71
46	52	66	64	59	59	64	81	56	48	59
30	34	38	34	32	36	41	46	29	26	37
34	39	45	40	37	43	48	60	37	33	51
102	112	139	125	106	108	117	151	107	86	111
152	172	214	196	161	159	171	222	156	123	150
67	77	95	88	75	82	95	123	84	71	89
37	42	50	47	43	47	55	67	41	36	48
51	59	72	64	54	57	64	84	53	44	59
69	79	96	89	81	86	96	118	77	67	86
34	40	50	44	41	45	50	64	43	36	52
305	335	377	343	292	297	328	393	251	213	253
45	50	54	50	48	53	60	65	40	36	49
67	75	87	84	81	90	102	113	70	65	84
95	105	114	106	103	114	128	140	89	82	112
59	68	77	71	64	72	82	99	64	56	74
57	64	72	65	63	72	82	92	56	52	70
86	94	100	95	96	112	127	130	81	77	107
93	96	107	97	86	90	94	88	47	49	60

第10表　都　道　府　県　、年　齢　（　5　歳　階　級　）、
Table 10.　Population by Age (Five-Year Groups) and Sex

（単位　千人）

都　道　府　県 Prefectures	日　本　人　人　口　　男							
	総　数 Total	0～4歳 years old	5～9	10～14	15～19	20～24	25～29	30～34
全　　　　　国　Japan	59,687	2,203	2,540	2,714	2,827	3,006	3,036	3,163
01 北　海　道　Hokkaido	2,429	80	95	103	112	114	112	121
02 青　森　県　Aomori-ken	573	18	22	24	27	23	24	26
03 岩　手　県　Iwate-ken	574	18	23	25	27	23	24	27
04 宮　城　県　Miyagi-ken	1,107	39	47	50	54	61	56	60
05 秋　田　県　Akita-ken	444	12	15	18	19	15	17	19
06 山　形　県　Yamagata-ken	508	17	20	23	24	21	21	24
07 福　島　県　Fukushima-ken	888	29	35	38	42	37	40	45
08 茨　城　県　Ibaraki-ken	1,389	47	56	62	67	66	65	71
09 栃　木　県　Tochigi-ken	938	32	38	42	45	41	45	50
10 群　馬　県　Gumma-ken	922	31	37	42	46	43	42	45
11 埼　玉　県　Saitama-ken	3,552	126	146	157	164	184	184	191
12 千　葉　県　Chiba-ken	3,033	107	124	134	141	159	156	162
13 東　京　都　Tokyo-to	6,606	247	264	260	263	386	456	436
14 神　奈　川　県　Kanagawa-ken	4,471	160	183	194	204	252	252	246
15 新　潟　県　Niigata-ken	1,051	35	42	47	49	45	45	51
16 富　山　県　Toyama-ken	490	17	19	22	24	22	22	23
17 石　川　県　Ishikawa-ken	538	20	23	25	28	30	26	27
18 福　井　県　Fukui-ken	364	14	16	18	19	16	17	18
19 山　梨　県　Yamanashi-ken	388	13	15	17	20	19	18	19
20 長　野　県　Nagano-ken	978	35	41	46	48	40	42	46
21 岐　阜　県　Gifu-ken	926	33	40	45	47	42	40	44
22 静　岡　県　Shizuoka-ken	1,733	60	74	81	83	73	80	88
23 愛　知　県　Aichi-ken	3,619	145	163	173	176	197	202	209
24 三　重　県　Mie-ken	831	30	35	39	41	37	39	42
25 滋　賀　県　Shiga-ken	678	28	33	35	36	37	34	36
26 京　都　府　Kyoto-fu	1,195	43	50	54	60	75	63	60
27 大　阪　府　Osaka-fu	4,097	156	172	184	196	229	223	222
28 兵　庫　県　Hyogo-ken	2,529	97	113	122	126	122	115	126
29 奈　良　県　Nara-ken	613	22	26	29	32	30	25	28
30 和　歌　山　県　Wakayama-ken	428	15	18	20	21	17	18	20
31 鳥　取　県　Tottori-ken	261	10	12	12	13	12	11	13
32 島　根　県　Shimane-ken	317	12	14	15	16	13	13	15
33 岡　山　県　Okayama-ken	888	35	40	43	45	46	43	45
34 広　島　県　Hiroshima-ken	1,322	52	60	64	65	66	64	68
35 山　口　県　Yamaguchi-ken	623	22	26	29	30	28	26	29
36 徳　島　県　Tokushima-ken	338	11	14	14	15	15	14	15
37 香　川　県　Kagawa-ken	449	17	20	21	22	19	19	22
38 愛　媛　県　Ehime-ken	621	22	26	29	30	26	26	29
39 高　知　県　Kochi-ken	321	11	13	14	15	13	13	14
40 福　岡　県　Fukuoka-ken	2,384	101	115	119	118	130	121	127
41 佐　賀　県　Saga-ken	379	16	19	20	20	17	17	18
42 長　崎　県　Nagasaki-ken	606	24	28	30	30	24	24	28
43 熊　本　県　Kumamoto-ken	811	34	40	42	41	35	36	39
44 大　分　県　Oita-ken	523	20	23	25	26	22	22	25
45 宮　崎　県　Miyazaki-ken	498	21	24	26	25	19	20	23
46 鹿　児　島　県　Kagoshima-ken	739	31	36	38	36	29	29	34
47 沖　縄　県　Okinawa-ken	712	38	42	42	40	35	36	40

男　女　別　人　口－総人口、日本人人口（2021年10月１日現在）（続き）
for Prefectures - Total population, Japanese population, October 1, 2021 – Continued

(Thousand persons)

					Japanese population		Male			
35～39	40～44	45～49	50～54	55～59	60～64	65～69	70～74	75～79	80～84	85歳以上 and over
3,604	4,046	4,849	4,590	3,853	3,616	3,794	4,541	2,976	2,301	2,027
140	161	193	177	158	161	178	201	128	100	97
32	37	43	42	40	43	46	51	30	24	22
32	37	43	41	39	42	46	48	29	25	25
69	78	87	80	69	71	77	83	50	39	37
24	29	32	30	30	35	39	43	24	21	22
29	33	36	34	33	37	41	45	26	22	23
52	58	66	62	60	66	71	75	43	34	34
82	94	112	106	87	87	99	112	75	56	45
58	65	77	70	59	61	68	76	47	34	29
52	61	75	71	58	57	64	76	51	37	33
217	248	308	294	232	203	212	261	186	138	99
185	209	258	249	196	174	183	226	160	120	91
473	505	572	556	455	362	326	392	266	204	184
278	315	385	389	313	254	242	298	211	162	133
60	70	80	76	67	71	79	91	54	44	43
27	32	41	37	30	30	33	44	28	20	19
30	35	45	40	33	32	34	45	28	20	18
21	24	28	26	23	24	25	30	18	14	14
21	24	29	30	27	26	28	31	20	16	15
53	63	77	73	63	62	66	80	55	43	45
51	60	74	69	59	57	62	77	51	40	34
101	114	139	133	112	110	116	140	94	73	62
229	251	307	290	232	199	196	244	174	131	101
47	54	67	63	54	51	54	66	45	35	31
41	46	55	50	41	39	41	49	32	23	21
67	77	96	90	75	67	69	95	64	49	43
242	269	343	337	269	224	227	300	212	166	125
145	163	206	197	164	151	159	200	134	102	88
32	37	48	46	39	37	41	53	36	29	24
23	26	33	31	28	28	30	38	24	19	18
15	17	20	17	16	18	20	22	13	10	11
17	20	23	20	19	21	24	29	17	13	15
51	57	70	62	52	53	57	71	48	36	35
77	87	108	98	80	77	83	105	70	51	47
34	39	48	43	36	39	46	57	36	28	27
19	21	25	23	21	23	27	32	18	15	15
26	30	36	32	27	28	31	40	24	18	19
34	40	48	43	39	41	45	56	33	27	26
17	21	25	22	20	22	24	30	19	14	15
150	165	186	167	139	143	156	181	108	84	73
22	25	27	24	23	26	29	31	17	14	14
33	37	42	40	38	43	49	53	30	25	25
47	52	57	51	49	55	62	66	39	33	35
30	34	39	35	30	34	39	46	28	23	23
28	32	35	31	30	34	39	43	25	21	22
41	46	49	46	46	54	62	63	36	31	32
46	48	54	49	43	45	47	43	21	21	19

第10表　都　道　府　県、年　齢（5　歳　階　級）、

Table 10. Population by Age (Five-Year Groups) and Sex

（単位　千人）

都　道　府　県 Prefectures	日 本 人 人 口　　　女							
	総　　数 Total	0〜4歳 years old	5〜9	10〜14	15〜19	20〜24	25〜29	30〜34
全　　　　　　国 Japan	63,094	2,104	2,419	2,580	2,681	2,884	2,914	3,041
01 北　海　道 Hokkaido	2,717	76	91	99	105	106	108	118
02 青　森　県 Aomori-ken	642	18	21	23	25	21	21	25
03 岩　手　県 Iwate-ken	615	18	21	24	25	20	22	25
04 宮　城　県 Miyagi-ken	1,162	37	44	47	51	57	54	58
05 秋　田　県 Akita-ken	497	12	15	17	18	13	15	18
06 山　形　県 Yamagata-ken	540	16	19	22	23	19	19	23
07 福　島　県 Fukushima-ken	911	29	34	36	39	31	35	41
08 茨　城　県 Ibaraki-ken	1,396	44	54	59	62	59	56	63
09 栃　木　県 Tochigi-ken	942	30	36	40	43	38	38	44
10 群　馬　県 Gumma-ken	944	30	35	40	43	39	38	40
11 埼　玉　県 Saitama-ken	3,599	121	140	150	157	180	179	179
12 千　葉　県 Chiba-ken	3,081	103	117	127	133	151	149	152
13 東　京　都 Tokyo-to	6,853	236	253	247	254	393	451	427
14 神　奈　川　県 Kanagawa-ken	4,536	153	174	185	194	241	234	229
15 新　潟　県 Niigata-ken	1,110	33	40	44	46	40	41	48
16 富　山　県 Toyama-ken	518	16	18	20	22	19	19	21
17 石　川　県 Ishikawa-ken	572	19	22	24	26	26	24	26
18 福　井　県 Fukui-ken	381	13	15	17	17	14	15	17
19 山　梨　県 Yamanashi-ken	402	13	15	16	18	17	16	17
20 長　野　県 Nagano-ken	1,021	33	39	43	45	35	39	43
21 岐　阜　県 Gifu-ken	981	32	39	43	45	41	38	41
22 静　岡　県 Shizuoka-ken	1,782	57	69	77	77	66	71	80
23 愛　知　県 Aichi-ken	3,642	138	155	164	167	184	184	187
24 三　重　県 Mie-ken	873	28	34	37	39	35	35	38
25 滋　賀　県 Shiga-ken	699	26	31	33	34	34	31	34
26 京　都　府 Kyoto-fu	1,310	41	47	51	57	73	63	60
27 大　阪　府 Osaka-fu	4,468	149	165	177	189	234	233	228
28 兵　庫　県 Hyogo-ken	2,795	93	108	116	121	127	119	127
29 奈　良　県 Nara-ken	689	21	25	28	30	31	26	29
30 和　歌　山　県 Wakayama-ken	479	14	17	19	19	16	17	20
31 鳥　取　県 Tottori-ken	283	10	11	12	12	10	11	12
32 島　根　県 Shimane-ken	338	11	13	14	14	11	12	14
33 岡　山　県 Okayama-ken	959	33	38	40	43	46	42	44
34 広　島　県 Hiroshima-ken	1,407	49	58	61	62	60	60	65
35 山　口　県 Yamaguchi-ken	689	21	25	28	28	25	24	26
36 徳　島　県 Tokushima-ken	368	11	13	14	14	14	13	15
37 香　川　県 Kagawa-ken	481	16	19	20	21	17	18	21
38 愛　媛　県 Ehime-ken	688	21	25	28	28	24	25	29
39 高　知　県 Kochi-ken	359	10	12	13	14	12	12	14
40 福　岡　県 Fukuoka-ken	2,661	98	110	114	114	131	128	133
41 佐　賀　県 Saga-ken	420	15	18	19	19	17	16	19
42 長　崎　県 Nagasaki-ken	682	23	27	28	28	23	24	28
43 熊　本　県 Kumamoto-ken	901	33	38	40	39	34	35	40
44 大　分　県 Oita-ken	570	19	22	24	24	20	21	24
45 宮　崎　県 Miyazaki-ken	556	20	23	25	23	18	20	24
46 鹿　児　島　県 Kagoshima-ken	826	29	34	36	34	28	30	36
47 沖　縄　県 Okinawa-ken	737	37	41	41	38	34	36	41

男　女　別　人　口－総人口、日本人人口（2021年10月 1 日現在）（続き）
for Prefectures - Total population, Japanese population, October 1, 2021 – Continued

(Thousand persons)

	Japanese population		Female							
35～39	40～44	45～49	50～54	55～59	60～64	65～69	70～74	75～79	80～84	85歳以上 and over
3,481	3,907	4,697	4,488	3,835	3,683	4,006	5,079	3,703	3,239	4,354
141	163	196	188	174	174	200	242	175	154	208
32	36	43	43	42	46	52	59	41	39	55
31	35	40	39	38	42	48	53	39	38	58
68	76	84	77	69	73	81	91	60	56	80
23	27	31	31	31	37	42	48	33	34	53
27	31	34	33	33	37	42	46	32	32	53
47	53	60	58	57	64	72	77	51	50	78
75	85	102	96	83	86	101	121	85	70	92
52	59	69	64	56	60	69	81	54	45	63
48	56	70	66	57	57	66	82	60	49	69
202	229	283	270	218	196	218	291	222	176	189
174	195	238	229	183	169	190	251	191	153	175
454	483	553	531	422	345	331	433	342	304	392
259	296	364	361	287	242	248	332	259	217	262
57	66	76	72	67	71	82	98	66	63	99
25	30	39	36	30	31	35	49	34	29	45
29	34	43	39	34	34	37	50	34	28	43
19	22	27	25	23	24	26	33	22	20	32
19	23	28	28	26	26	28	34	24	22	32
50	60	73	69	61	63	68	86	65	57	90
49	56	71	69	61	61	67	86	61	53	71
93	106	130	126	109	110	121	152	112	97	130
207	230	284	269	219	196	204	273	206	173	202
44	51	64	61	55	54	58	74	54	47	64
40	46	53	49	42	40	43	54	37	31	43
69	79	99	93	79	71	77	112	81	68	91
246	275	351	343	275	231	246	352	273	236	267
148	170	214	207	176	164	174	230	169	144	190
34	40	50	50	44	42	47	62	45	37	48
23	26	33	33	31	31	33	44	32	28	41
15	17	19	17	17	18	21	24	16	16	27
16	19	22	20	19	21	24	31	21	20	36
50	56	69	63	54	56	60	80	59	50	76
75	85	106	98	82	81	88	117	86	72	104
33	38	47	45	39	43	49	66	47	43	63
18	21	25	24	22	24	28	35	22	21	34
25	29	36	32	27	29	33	44	29	26	40
35	39	48	45	42	44	50	63	43	40	60
17	20	25	23	21	23	26	34	24	22	36
155	170	191	176	152	154	172	211	143	130	180
23	25	27	26	25	28	31	34	23	22	34
34	38	44	44	42	47	53	60	40	40	59
48	53	58	55	54	59	66	73	50	50	78
29	33	39	36	33	37	43	52	36	34	51
29	32	36	34	33	38	42	49	31	31	48
44	48	51	49	50	58	64	67	45	46	74
47	48	53	48	43	45	47	45	25	28	40

第11表　都　道　府　県　、年　齢　（　3　区　分）、

Table 11. Population by Age (3 Groups) and Sex

（単位　千人）

都　道　府　県 Prefectures	総 人 口							
	男 女 計　Both sexes						総　数 Total	15歳未満 Under
	総　数 Total	15歳未満 Under	15〜64	65歳以上 and over				
					65〜74歳 years old	75歳以上 and over		
全　　　　国　Japan	125,502	14,784	74,504	36,214	17,541	18,674	61,019	7,573
01 北　海　道　Hokkaido	5,183	544	2,953	1,686	821	864	2,446	278
02 青　森　県　Aomori-ken	1,221	127	676	419	208	211	575	65
03 岩　手　県　Iwate-ken	1,196	129	659	409	195	213	577	66
04 宮　城　県　Miyagi-ken	2,290	264	1,371	655	333	322	1,117	135
05 秋　田　県　Akita-ken	945	90	495	360	172	188	446	46
06 山　形　県　Yamagata-ken	1,055	117	576	362	174	188	511	60
07 福　島　県　Fukushima-ken	1,812	202	1,025	585	295	289	894	103
08 茨　城　県　Ibaraki-ken	2,852	328	1,664	860	436	424	1,423	168
09 栃　木　県　Tochigi-ken	1,921	223	1,130	569	295	273	958	115
10 群　馬　県　Gumma-ken	1,927	221	1,117	589	290	299	953	113
11 埼　玉　県　Saitama-ken	7,340	860	4,480	2,000	987	1,013	3,646	440
12 千　葉　県　Chiba-ken	6,275	727	3,800	1,748	856	892	3,111	373
13 東　京　都　Tokyo-to	14,010	1,553	9,255	3,202	1,502	1,701	6,875	795
14 神　奈　川　県　Kanagawa-ken	9,236	1,071	5,789	2,376	1,129	1,248	4,584	549
15 新　潟　県　Niigata-ken	2,177	242	1,213	723	352	371	1,057	124
16 富　山　県　Toyama-ken	1,025	114	575	337	161	176	498	58
17 石　川　県　Ishikawa-ken	1,125	135	652	338	167	172	546	69
18 福　井　県　Fukui-ken	760	94	431	236	115	121	371	48
19 山　梨　県　Yamanashi-ken	805	91	463	252	122	130	395	46
20 長　野　県　Nagano-ken	2,033	240	1,136	657	303	355	994	123
21 岐　阜　県　Gifu-ken	1,961	237	1,120	605	293	312	952	121
22 静　岡　県　Shizuoka-ken	3,608	429	2,079	1,099	532	568	1,778	220
23 愛　知　県　Aichi-ken	7,517	966	4,633	1,918	927	992	3,746	495
24 三　重　県　Mie-ken	1,756	209	1,016	531	255	276	857	107
25 滋　賀　県　Shiga-ken	1,411	189	845	376	188	187	696	97
26 京　都　府　Kyoto-fu	2,561	289	1,515	758	358	400	1,223	148
27 大　阪　府　Osaka-fu	8,806	1,018	5,346	2,442	1,146	1,296	4,216	521
28 兵　庫　県　Hyogo-ken	5,432	655	3,169	1,608	774	835	2,582	336
29 奈　良　県　Nara-ken	1,315	152	741	423	204	219	619	77
30 和　歌　山　県　Wakayama-ken	914	104	502	308	146	163	431	53
31 鳥　取　県　Tottori-ken	549	67	302	180	87	92	262	35
32 島　根　県　Shimane-ken	665	81	355	229	108	121	322	42
33 岡　山　県　Okayama-ken	1,876	230	1,071	575	270	305	902	118
34 広　島　県　Hiroshima-ken	2,780	347	1,605	827	396	431	1,347	178
35 山　口　県　Yamaguchi-ken	1,328	151	712	465	220	245	630	77
36 徳　島　県　Tokushima-ken	712	77	388	247	122	125	340	39
37 香　川　県　Kagawa-ken	942	113	526	303	148	155	455	58
38 愛　媛　県　Ehime-ken	1,321	151	726	444	214	230	627	77
39 高　知　県　Kochi-ken	684	74	365	245	115	131	323	38
40 福　岡　県　Fukuoka-ken	5,124	661	3,017	1,445	724	721	2,425	338
41 佐　賀　県　Saga-ken	806	108	448	251	125	126	382	55
42 長　崎　県　Nagasaki-ken	1,297	161	700	435	216	219	610	83
43 熊　本　県　Kumamoto-ken	1,728	227	951	551	267	283	818	116
44 大　分　県　Oita-ken	1,114	134	605	376	181	195	529	68
45 宮　崎　県　Miyazaki-ken	1,061	138	571	351	173	178	501	71
46 鹿　児　島　県　Kagoshima-ken	1,576	205	850	521	257	265	743	105
47 沖　縄　県　Okinawa-ken	1,468	242	887	339	183	156	723	124

男　女　別　人　口－総人口、日本人人口（2021年10月１日現在）
for Prefectures - Total population, Japanese population, October 1, 2021

(Thousand persons)

Total population									
男 Male				女 Female					
15～64	65歳以上 and over			総　数 Total	15歳未満 Under	15～64	65歳以上 and over		
		65～74歳 years old	75歳以上 and over					65～74歳 years old	75歳以上 and over
37,724	15,722	8,389	7,334	64,483	7,212	36,780	20,492	9,152	11,340
1,463	705	379	326	2,737	266	1,490	981	442	538
338	172	97	75	646	62	337	247	111	136
337	173	95	79	620	63	322	235	101	134
695	287	161	126	1,174	129	677	368	172	196
251	149	82	67	499	44	245	210	90	120
294	157	86	71	544	57	282	205	88	117
534	257	146	110	918	99	492	328	149	179
867	388	212	176	1,428	160	797	472	224	248
588	255	145	110	963	108	542	313	150	163
578	262	141	121	974	108	539	327	149	178
2,306	900	475	425	3,694	420	2,174	1,100	512	588
1,956	782	411	372	3,164	354	1,844	966	445	521
4,697	1,384	727	657	7,135	758	4,558	1,819	775	1,044
2,983	1,052	544	508	4,652	522	2,806	1,325	585	740
620	313	171	142	1,120	118	593	409	181	229
296	144	77	67	527	55	279	193	84	109
332	145	79	66	579	66	320	193	87	106
221	102	56	47	389	46	210	133	59	74
238	111	59	52	410	45	225	141	62	78
581	290	147	142	1,040	117	555	368	155	212
565	265	140	126	1,009	115	554	339	153	186
1,072	486	258	229	1,829	209	1,008	613	274	339
2,398	852	445	408	3,771	470	2,235	1,066	482	584
518	232	121	111	898	102	498	299	134	166
431	167	91	77	715	92	414	208	98	111
751	323	166	157	1,339	141	764	434	192	243
2,649	1,046	537	510	4,590	498	2,696	1,396	609	787
1,556	691	364	327	2,850	320	1,613	918	410	508
359	183	94	89	696	74	382	239	109	130
248	130	69	62	483	51	254	178	77	101
152	76	42	34	286	33	150	104	45	58
182	98	53	45	343	39	173	131	55	76
537	248	129	119	974	112	535	327	141	186
812	357	189	168	1,432	170	793	470	207	263
358	195	104	92	697	73	354	269	116	153
194	107	59	47	372	37	194	140	63	77
266	131	71	61	487	55	260	172	77	95
362	188	101	86	694	74	364	257	113	143
183	103	54	48	361	36	182	142	60	82
1,482	605	339	266	2,698	323	1,535	840	386	454
221	106	60	46	424	52	227	145	65	80
344	183	103	81	687	79	356	252	113	139
468	234	128	106	910	111	483	317	139	178
302	159	86	73	585	65	303	217	95	121
281	150	82	67	560	68	291	202	91	111
414	225	126	99	833	100	436	297	131	165
447	153	91	62	745	119	440	186	92	94

第11表　都　道　府　県　、年　齢　（ 3　区　分 ）、
Table 11. Population by Age (3 Groups) and Sex

（単位　千人）

都　道　府　県	日本人人口							
	男　女　計　　　　Both sexes							
	総　数	15歳未満	15〜64	65歳以上			総　数	15歳未満
Prefectures					65〜74歳	75歳以上		
	Total	Under		and over	years old	and over	Total	Under
全　　　　　　国　Japan	122,780	14,559	72,202	36,019	17,420	18,599	59,687	7,457
01 北　海　道　Hokkaido	5,147	543	2,920	1,684	820	863	2,429	277
02 青　森　県　Aomori-ken	1,216	126	671	419	208	211	573	65
03 岩　手　県　Iwate-ken	1,189	129	652	408	195	213	574	66
04 宮　城　県　Miyagi-ken	2,269	263	1,353	654	332	322	1,107	135
05 秋　田　県　Akita-ken	941	90	492	359	172	187	444	46
06 山　形　県　Yamagata-ken	1,048	117	569	362	174	188	508	60
07 福　島　県　Fukushima-ken	1,799	201	1,013	584	295	289	888	103
08 茨　城　県　Ibaraki-ken	2,785	322	1,606	857	433	423	1,389	165
09 栃　木　県　Tochigi-ken	1,880	219	1,094	567	294	273	938	113
10 群　馬　県　Gumma-ken	1,866	215	1,065	586	288	298	922	110
11 埼　玉　県　Saitama-ken	7,152	841	4,319	1,992	981	1,011	3,552	430
12 千　葉　県　Chiba-ken	6,114	712	3,662	1,740	850	890	3,033	365
13 東　京　都　Tokyo-to	13,459	1,508	8,778	3,173	1,483	1,691	6,606	771
14 神　奈　川　県　Kanagawa-ken	9,007	1,049	5,596	2,363	1,120	1,243	4,471	537
15 新　潟　県　Niigata-ken	2,161	241	1,198	722	351	371	1,051	124
16 富　山　県　Toyama-ken	1,008	112	560	336	161	175	490	58
17 石　川　県　Ishikawa-ken	1,111	134	639	338	166	172	538	69
18 福　井　県　Fukui-ken	746	93	418	235	114	120	364	48
19 山　梨　県　Yamanashi-ken	789	90	449	251	121	130	388	46
20 長　野　県　Nagano-ken	1,999	237	1,107	655	301	354	978	122
21 岐　阜　県　Gifu-ken	1,907	231	1,074	602	291	311	926	118
22 静　岡　県　Shizuoka-ken	3,515	418	2,001	1,095	529	566	1,733	215
23 愛　知　県　Aichi-ken	7,261	937	4,421	1,903	917	986	3,619	481
24 三　重　県　Mie-ken	1,705	203	973	529	253	275	831	104
25 滋　賀　県　Shiga-ken	1,377	186	817	373	187	187	678	96
26 京　都　府　Kyoto-fu	2,505	286	1,470	748	353	395	1,195	147
27 大　阪　府　Osaka-fu	8,565	1,002	5,158	2,404	1,125	1,279	4,097	512
28 兵　庫　県　Hyogo-ken	5,324	649	3,085	1,590	764	826	2,529	332
29 奈　良　県　Nara-ken	1,302	151	730	421	203	218	613	77
30 和　歌　山　県　Wakayama-ken	907	103	496	308	145	162	428	53
31 鳥　取　県　Tottori-ken	544	67	298	179	87	92	261	34
32 島　根　県　Shimane-ken	655	80	346	229	108	121	317	41
33 岡　山　県　Okayama-ken	1,847	228	1,046	573	269	304	888	117
34 広　島　県　Hiroshima-ken	2,729	344	1,563	823	394	429	1,322	176
35 山　口　県　Yamaguchi-ken	1,312	150	700	462	218	244	623	77
36 徳　島　県　Tokushima-ken	706	77	383	247	122	125	338	39
37 香　川　県　Kagawa-ken	930	112	515	303	147	155	449	57
38 愛　媛　県　Ehime-ken	1,309	151	715	444	214	230	621	77
39 高　知　県　Kochi-ken	680	74	361	245	114	131	321	38
40 福　岡　県　Fukuoka-ken	5,045	657	2,950	1,439	721	718	2,384	335
41 佐　賀　県　Saga-ken	800	107	442	250	125	126	379	55
42 長　崎　県　Nagasaki-ken	1,288	161	692	435	216	219	606	83
43 熊　本　県　Kumamoto-ken	1,712	226	935	550	267	283	811	116
44 大　分　県　Oita-ken	1,102	133	594	375	181	194	523	68
45 宮　崎　県　Miyazaki-ken	1,054	138	565	351	173	178	498	71
46 鹿　児　島　県　Kagoshima-ken	1,565	205	839	521	257	264	739	105
47 沖　縄　県　Okinawa-ken	1,449	241	870	338	182	155	712	123

男　女　別　人　口－総人口、日本人人口（2021年10月1日現在）（続き）
for Prefectures － Total population, Japanese population, October 1, 2021 - Continued

(Thousand persons)

| | | | | Japanese population | | | | | |
| 男 Male | | | | 女 Female | | | | | |
15～64	65歳以上 and over	65～74歳 years old	75歳以上 and over	総　数 Total	15歳未満 Under	15～64	65歳以上 and over	65～74歳 years old	75歳以上 and over
36,591	15,639	8,335	7,304	63,094	7,103	35,611	20,380	9,085	11,295
1,448	704	379	325	2,717	265	1,472	980	442	538
337	172	97	75	642	62	334	246	111	136
335	173	94	79	615	63	318	235	101	134
686	286	161	126	1,162	128	667	368	172	196
249	149	82	67	497	44	243	210	90	120
291	157	86	71	540	57	278	205	88	117
529	257	146	110	911	99	485	327	149	179
837	387	211	176	1,396	157	769	470	223	248
570	255	144	110	942	106	524	312	149	163
551	261	140	121	944	105	514	325	148	178
2,226	897	473	424	3,599	410	2,094	1,095	509	587
1,889	779	409	371	3,081	347	1,773	961	442	519
4,464	1,371	718	653	6,853	737	4,314	1,802	764	1,038
2,888	1,046	540	506	4,536	511	2,707	1,317	580	737
614	313	171	142	1,110	117	584	409	180	229
289	143	77	67	518	55	271	193	84	109
325	145	79	66	572	65	314	193	87	106
215	102	55	46	381	45	203	133	59	74
231	111	59	52	402	44	217	140	62	78
568	289	147	142	1,021	116	539	366	154	212
543	264	139	125	981	113	531	338	152	186
1,034	484	256	228	1,782	204	968	611	273	338
2,293	846	440	405	3,642	456	2,128	1,057	477	580
496	231	120	110	873	99	477	298	133	165
416	166	90	76	699	91	401	207	97	110
729	319	164	155	1,310	139	742	429	189	240
2,555	1,031	527	504	4,468	490	2,604	1,374	598	776
1,514	683	359	324	2,795	316	1,571	907	405	503
353	183	94	89	689	74	377	238	109	130
245	130	68	62	479	50	251	178	77	101
151	76	42	34	283	33	147	103	45	58
178	98	53	45	338	39	168	131	55	76
524	247	128	118	959	111	522	326	140	186
791	355	188	167	1,407	168	772	468	206	262
352	194	103	91	689	73	348	268	115	153
192	107	59	47	368	37	191	140	63	77
260	131	71	61	481	55	255	172	77	95
356	187	101	86	688	73	359	256	113	143
181	103	54	48	359	36	180	142	60	82
1,446	602	337	265	2,661	321	1,503	837	384	453
219	106	60	46	420	52	223	145	65	80
340	183	103	80	682	78	352	252	113	139
461	234	128	106	901	111	474	316	139	177
297	159	86	73	579	65	297	216	95	121
278	150	82	67	556	68	287	202	91	111
409	224	125	99	826	100	430	297	131	165
437	152	90	62	737	118	433	186	92	94

第12表　都道府県、年齢（3区分）、
Table 12.　Percentage of Population by Age (3 Groups) and Sex

都道府県 Prefectures	総数 Total	15歳未満 Under	15～64	65歳以上 and over	65～74歳 years old	75歳以上 and over	総数 Total	15歳未満 Under
全　　　　国　Japan	100.0	11.8	59.4	28.9	14.0	14.9	100.0	12.4
01 北　海　道　Hokkaido	100.0	10.5	57.0	32.5	15.9	16.7	100.0	11.4
02 青　森　県　Aomori-ken	100.0	10.4	55.3	34.3	17.0	17.3	100.0	11.2
03 岩　手　県　Iwate-ken	100.0	10.8	55.1	34.2	16.3	17.8	100.0	11.5
04 宮　城　県　Miyagi-ken	100.0	11.5	59.9	28.6	14.5	14.1	100.0	12.1
05 秋　田　県　Akita-ken	100.0	9.5	52.4	38.1	18.2	19.9	100.0	10.3
06 山　形　県　Yamagata-ken	100.0	11.1	54.6	34.3	16.5	17.8	100.0	11.7
07 福　島　県　Fukushima-ken	100.0	11.2	56.6	32.3	16.3	16.0	100.0	11.5
08 茨　城　県　Ibaraki-ken	100.0	11.5	58.4	30.1	15.3	14.9	100.0	11.8
09 栃　木　県　Tochigi-ken	100.0	11.6	58.8	29.6	15.4	14.2	100.0	12.0
10 群　馬　県　Gumma-ken	100.0	11.5	58.0	30.5	15.0	15.5	100.0	11.9
11 埼　玉　県　Saitama-ken	100.0	11.7	61.0	27.2	13.4	13.8	100.0	12.1
12 千　葉　県　Chiba-ken	100.0	11.6	60.6	27.9	13.6	14.2	100.0	12.0
13 東　京　都　Tokyo-to	100.0	11.1	66.1	22.9	10.7	12.1	100.0	11.6
14 神　奈　川　県　Kanagawa-ken	100.0	11.6	62.7	25.7	12.2	13.5	100.0	12.0
15 新　潟　県　Niigata-ken	100.0	11.1	55.7	33.2	16.2	17.0	100.0	11.7
16 富　山　県　Toyama-ken	100.0	11.1	56.1	32.8	15.7	17.1	100.0	11.7
17 石　川　県　Ishikawa-ken	100.0	12.0	57.9	30.1	14.8	15.3	100.0	12.6
18 福　井　県　Fukui-ken	100.0	12.3	56.7	31.0	15.1	15.9	100.0	13.0
19 山　梨　県　Yamanashi-ken	100.0	11.3	57.4	31.3	15.1	16.2	100.0	11.7
20 長　野　県　Nagano-ken	100.0	11.8	55.9	32.3	14.9	17.4	100.0	12.4
21 岐　阜　県　Gifu-ken	100.0	12.1	57.1	30.8	14.9	15.9	100.0	12.8
22 静　岡　県　Shizuoka-ken	100.0	11.9	57.6	30.5	14.7	15.7	100.0	12.4
23 愛　知　県　Aichi-ken	100.0	12.8	61.6	25.5	12.3	13.2	100.0	13.2
24 三　重　県　Mie-ken	100.0	11.9	57.8	30.3	14.5	15.7	100.0	12.5
25 滋　賀　県　Shiga-ken	100.0	13.4	59.9	26.6	13.3	13.3	100.0	14.0
26 京　都　府　Kyoto-fu	100.0	11.3	59.1	29.6	14.0	15.6	100.0	12.1
27 大　阪　府　Osaka-fu	100.0	11.6	60.7	27.7	13.0	14.7	100.0	12.3
28 兵　庫　県　Hyogo-ken	100.0	12.1	58.3	29.6	14.2	15.4	100.0	13.0
29 奈　良　県　Nara-ken	100.0	11.5	56.3	32.1	15.5	16.7	100.0	12.5
30 和　歌　山　県　Wakayama-ken	100.0	11.3	54.9	33.8	16.0	17.8	100.0	12.3
31 鳥　取　県　Tottori-ken	100.0	12.3	55.0	32.7	15.9	16.8	100.0	13.2
32 島　根　県　Shimane-ken	100.0	12.1	53.4	34.5	16.3	18.3	100.0	12.9
33 岡　山　県　Okayama-ken	100.0	12.2	57.1	30.6	14.4	16.3	100.0	13.1
34 広　島　県　Hiroshima-ken	100.0	12.5	57.8	29.7	14.2	15.5	100.0	13.2
35 山　口　県　Yamaguchi-ken	100.0	11.3	53.6	35.0	16.5	18.5	100.0	12.2
36 徳　島　県　Tokushima-ken	100.0	10.8	54.5	34.7	17.2	17.5	100.0	11.6
37 香　川　県　Kagawa-ken	100.0	12.0	55.9	32.2	15.7	16.5	100.0	12.7
38 愛　媛　県　Ehime-ken	100.0	11.4	54.9	33.6	16.2	17.4	100.0	12.4
39 高　知　県　Kochi-ken	100.0	10.8	53.4	35.9	16.7	19.1	100.0	11.7
40 福　岡　県　Fukuoka-ken	100.0	12.9	58.9	28.2	14.1	14.1	100.0	13.9
41 佐　賀　県　Saga-ken	100.0	13.3	55.5	31.1	15.5	15.6	100.0	14.4
42 長　崎　県　Nagasaki-ken	100.0	12.4	54.0	33.6	16.7	16.9	100.0	13.6
43 熊　本　県　Kumamoto-ken	100.0	13.1	55.0	31.9	15.5	16.4	100.0	14.2
44 大　分　県　Oita-ken	100.0	12.0	54.3	33.7	16.3	17.5	100.0	12.9
45 宮　崎　県　Miyazaki-ken	100.0	13.0	53.8	33.1	16.3	16.8	100.0	14.1
46 鹿　児　島　県　Kagoshima-ken	100.0	13.0	53.9	33.1	16.3	16.8	100.0	14.2
47 沖　縄　県　Okinawa-ken	100.0	16.5	60.4	23.1	12.5	10.6	100.0	17.1

男　女　別　人　口　の　割　合－総人口、日本人人口（2021年10月1日現在）
for Prefectures - Total population, Japanese population, October 1, 2021

(%)

				Total population					
男		Male			女		Female		
15～64	65歳以上 and over	65～74歳 years old	75歳以上 and over	総　数 Total	15歳未満 Under	15～64	65歳以上 and over	65～74歳 years old	75歳以上 and over
61.8	25.8	13.7	12.0	100.0	11.2	57.0	31.8	14.2	17.6
59.8	28.8	15.5	13.3	100.0	9.7	54.4	35.8	16.2	19.7
58.8	29.9	16.8	13.1	100.0	9.6	52.2	38.2	17.2	21.0
58.5	30.1	16.4	13.7	100.0	10.2	51.9	37.9	16.3	21.7
62.2	25.7	14.4	11.3	100.0	11.0	57.7	31.4	14.7	16.7
56.2	33.5	18.4	15.1	100.0	8.8	49.0	42.1	18.0	24.1
57.5	30.8	16.8	14.0	100.0	10.5	51.9	37.7	16.2	21.5
59.7	28.7	16.4	12.4	100.0	10.8	53.6	35.7	16.2	19.5
60.9	27.2	14.9	12.4	100.0	11.2	55.8	33.0	15.7	17.4
61.4	26.6	15.1	11.5	100.0	11.2	56.3	32.5	15.6	16.9
60.6	27.5	14.8	12.7	100.0	11.1	55.4	33.6	15.3	18.3
63.2	24.7	13.0	11.7	100.0	11.4	58.9	29.8	13.9	15.9
62.9	25.1	13.2	11.9	100.0	11.2	58.3	30.5	14.1	16.5
68.3	20.1	10.6	9.6	100.0	10.6	63.9	25.5	10.9	14.6
65.1	22.9	11.9	11.1	100.0	11.2	60.3	28.5	12.6	15.9
58.6	29.6	16.2	13.4	100.0	10.5	52.9	36.6	16.1	20.4
59.4	28.8	15.4	13.4	100.0	10.5	52.9	36.6	16.0	20.6
60.8	26.6	14.5	12.1	100.0	11.4	55.3	33.4	15.1	18.3
59.5	27.5	15.0	12.5	100.0	11.7	54.0	34.3	15.3	19.0
60.2	28.1	15.0	13.1	100.0	10.9	54.8	34.3	15.2	19.1
58.5	29.2	14.8	14.3	100.0	11.3	53.4	35.4	15.0	20.4
59.4	27.9	14.7	13.2	100.0	11.4	54.9	33.6	15.2	18.4
60.3	27.3	14.5	12.9	100.0	11.4	55.1	33.5	15.0	18.5
64.0	22.8	11.9	10.9	100.0	12.5	59.3	28.3	12.8	15.5
60.4	27.1	14.2	12.9	100.0	11.3	55.4	33.3	14.9	18.4
62.0	24.0	13.0	11.0	100.0	12.9	58.0	29.1	13.6	15.5
61.4	26.5	13.6	12.8	100.0	10.5	57.1	32.4	14.3	18.1
62.8	24.8	12.7	12.1	100.0	10.8	58.7	30.4	13.3	17.1
60.3	26.7	14.1	12.7	100.0	11.2	56.6	32.2	14.4	17.8
57.9	29.6	15.2	14.4	100.0	10.7	54.9	34.4	15.7	18.7
57.5	30.2	15.9	14.3	100.0	10.5	52.6	36.9	16.0	20.9
57.9	28.9	16.1	12.9	100.0	11.5	52.3	36.2	15.8	20.4
56.6	30.5	16.5	14.0	100.0	11.4	50.4	38.3	16.0	22.3
59.5	27.4	14.3	13.2	100.0	11.5	54.9	33.6	14.5	19.1
60.3	26.5	14.0	12.5	100.0	11.8	55.4	32.8	14.5	18.3
56.8	31.0	16.4	14.6	100.0	10.5	50.8	38.7	16.6	22.0
57.0	31.4	17.4	14.0	100.0	10.1	52.2	37.8	17.0	20.8
58.5	28.8	15.5	13.3	100.0	11.3	53.4	35.3	15.8	19.5
57.7	29.9	16.1	13.8	100.0	10.6	52.5	37.0	16.3	20.7
56.5	31.8	16.8	15.0	100.0	10.0	50.5	39.5	16.7	22.8
61.1	24.9	14.0	11.0	100.0	12.0	56.9	31.1	14.3	16.8
57.9	27.7	15.7	12.0	100.0	12.4	53.5	34.2	15.4	18.8
56.4	30.1	16.9	13.2	100.0	11.4	51.9	36.7	16.5	20.2
57.2	28.6	15.7	12.9	100.0	12.2	53.0	34.8	15.3	19.5
57.0	30.1	16.2	13.8	100.0	11.2	51.8	37.0	16.3	20.7
56.0	29.9	16.4	13.4	100.0	12.1	51.9	36.0	16.3	19.8
55.6	30.2	16.9	13.3	100.0	12.0	52.4	35.6	15.8	19.9
61.8	21.1	12.6	8.6	100.0	15.9	59.1	25.0	12.4	12.6

第12表　都 道 府 県 、年 齢 （3 区 分）、

Table 12. Percentage of Population by Age (3 Groups) and Sex

都　道　府　県 Prefectures	日 本 人 人 口							
	男　女　計 Both sexes						総　数 Total	15歳未満 Under
	総　数 Total	15歳未満 Under	15〜64	65歳以上 and over				
					65〜74歳 years old	75歳以上 and over		
全　　　　　　　　国 Japan	100. 0	11. 9	58. 8	29. 3	14. 2	15. 1	100. 0	12. 5
01 北　海　道 Hokkaido	100. 0	10. 5	56. 7	32. 7	15. 9	16. 8	100. 0	11. 4
02 青　森　県 Aomori-ken	100. 0	10. 4	55. 2	34. 4	17. 1	17. 4	100. 0	11. 3
03 岩　手　県 Iwate-ken	100. 0	10. 8	54. 8	34. 3	16. 4	17. 9	100. 0	11. 5
04 宮　城　県 Miyagi-ken	100. 0	11. 6	59. 6	28. 8	14. 6	14. 2	100. 0	12. 2
05 秋　田　県 Akita-ken	100. 0	9. 5	52. 3	38. 2	18. 3	19. 9	100. 0	10. 3
06 山　形　県 Yamagata-ken	100. 0	11. 1	54. 3	34. 5	16. 6	17. 9	100. 0	11. 8
07 福　島　県 Fukushima-ken	100. 0	11. 2	56. 3	32. 5	16. 4	16. 1	100. 0	11. 6
08 茨　城　県 Ibaraki-ken	100. 0	11. 6	57. 7	30. 8	15. 6	15. 2	100. 0	11. 9
09 栃　木　県 Tochigi-ken	100. 0	11. 7	58. 2	30. 1	15. 6	14. 5	100. 0	12. 1
10 群　馬　県 Gumma-ken	100. 0	11. 5	57. 1	31. 4	15. 4	16. 0	100. 0	11. 9
11 埼　玉　県 Saitama-ken	100. 0	11. 8	60. 4	27. 9	13. 7	14. 1	100. 0	12. 1
12 千　葉　県 Chiba-ken	100. 0	11. 6	59. 9	28. 5	13. 9	14. 6	100. 0	12. 0
13 東　京　都 Tokyo-to	100. 0	11. 2	65. 2	23. 6	11. 0	12. 6	100. 0	11. 7
14 神　奈　川　県 Kanagawa-ken	100. 0	11. 6	62. 1	26. 2	12. 4	13. 8	100. 0	12. 0
15 新　潟　県 Niigata-ken	100. 0	11. 2	55. 4	33. 4	16. 3	17. 1	100. 0	11. 8
16 富　山　県 Toyama-ken	100. 0	11. 1	55. 5	33. 3	15. 9	17. 4	100. 0	11. 8
17 石　川　県 Ishikawa-ken	100. 0	12. 1	57. 5	30. 4	15. 0	15. 4	100. 0	12. 7
18 福　井　県 Fukui-ken	100. 0	12. 5	56. 1	31. 5	15. 3	16. 1	100. 0	13. 1
19 山　梨　県 Yamanashi-ken	100. 0	11. 4	56. 8	31. 8	15. 3	16. 5	100. 0	11. 8
20 長　野　県 Nagano-ken	100. 0	11. 9	55. 4	32. 8	15. 1	17. 7	100. 0	12. 4
21 岐　阜　県 Gifu-ken	100. 0	12. 1	56. 3	31. 6	15. 3	16. 3	100. 0	12. 8
22 静　岡　県 Shizuoka-ken	100. 0	11. 9	56. 9	31. 2	15. 0	16. 1	100. 0	12. 4
23 愛　知　県 Aichi-ken	100. 0	12. 9	60. 9	26. 2	12. 6	13. 6	100. 0	13. 3
24 三　重　県 Mie-ken	100. 0	11. 9	57. 1	31. 0	14. 8	16. 2	100. 0	12. 5
25 滋　賀　県 Shiga-ken	100. 0	13. 5	59. 4	27. 1	13. 6	13. 5	100. 0	14. 1
26 京　都　府 Kyoto-fu	100. 0	11. 4	58. 7	29. 9	14. 1	15. 8	100. 0	12. 3
27 大　阪　府 Osaka-fu	100. 0	11. 7	60. 2	28. 1	13. 1	14. 9	100. 0	12. 5
28 兵　庫　県 Hyogo-ken	100. 0	12. 2	57. 9	29. 9	14. 3	15. 5	100. 0	13. 1
29 奈　良　県 Nara-ken	100. 0	11. 6	56. 1	32. 3	15. 6	16. 8	100. 0	12. 6
30 和　歌　山　県 Wakayama-ken	100. 0	11. 4	54. 7	33. 9	16. 0	17. 9	100. 0	12. 4
31 鳥　取　県 Tottori-ken	100. 0	12. 3	54. 8	32. 9	16. 0	16. 9	100. 0	13. 2
32 島　根　県 Shimane-ken	100. 0	12. 2	52. 8	35. 0	16. 5	18. 5	100. 0	13. 0
33 岡　山　県 Okayama-ken	100. 0	12. 4	56. 6	31. 0	14. 5	16. 5	100. 0	13. 2
34 広　島　県 Hiroshima-ken	100. 0	12. 6	57. 3	30. 1	14. 4	15. 7	100. 0	13. 3
35 山　口　県 Yamaguchi-ken	100. 0	11. 4	53. 3	35. 2	16. 6	18. 6	100. 0	12. 3
36 徳　島　県 Tokushima-ken	100. 0	10. 9	54. 2	35. 0	17. 3	17. 7	100. 0	11. 7
37 香　川　県 Kagawa-ken	100. 0	12. 0	55. 4	32. 6	15. 9	16. 7	100. 0	12. 8
38 愛　媛　県 Ehime-ken	100. 0	11. 5	54. 6	33. 9	16. 3	17. 5	100. 0	12. 5
39 高　知　県 Kochi-ken	100. 0	10. 8	53. 1	36. 1	16. 8	19. 2	100. 0	11. 7
40 福　岡　県 Fukuoka-ken	100. 0	13. 0	58. 5	28. 5	14. 3	14. 2	100. 0	14. 1
41 佐　賀　県 Saga-ken	100. 0	13. 4	55. 3	31. 3	15. 6	15. 7	100. 0	14. 5
42 長　崎　県 Nagasaki-ken	100. 0	12. 5	53. 8	33. 8	16. 7	17. 0	100. 0	13. 6
43 熊　本　県 Kumamoto-ken	100. 0	13. 2	54. 6	32. 1	15. 6	16. 5	100. 0	14. 3
44 大　分　県 Oita-ken	100. 0	12. 1	53. 9	34. 0	16. 4	17. 6	100. 0	13. 0
45 宮　崎　県 Miyazaki-ken	100. 0	13. 1	53. 6	33. 3	16. 4	16. 9	100. 0	14. 2
46 鹿　児　島　県 Kagoshima-ken	100. 0	13. 1	53. 6	33. 3	16. 4	16. 9	100. 0	14. 2
47 沖　縄　県 Okinawa-ken	100. 0	16. 6	60. 1	23. 3	12. 6	10. 7	100. 0	17. 3

男 女 別 人 口 の 割 合－総人口、日本人人口（2021年10月1日現在）（続き）
for Prefectures － Total population, Japanese population, October 1, 2021 - Continued

(%)

	Japanese population								
男 Male				女 Female					
15～64	65歳以上 and over	65～74歳 years old	75歳以上 and over	総 数 Total	15歳未満 Under	15～64	65歳以上 and over	65～74歳 years old	75歳以上 and over
61.3	26.2	14.0	12.2	100.0	11.3	56.4	32.3	14.4	17.9
59.6	29.0	15.6	13.4	100.0	9.8	54.2	36.1	16.3	19.8
58.7	30.0	16.9	13.2	100.0	9.6	52.0	38.4	17.3	21.1
58.3	30.2	16.4	13.7	100.0	10.2	51.6	38.2	16.3	21.8
62.0	25.9	14.5	11.3	100.0	11.0	57.4	31.6	14.8	16.9
56.1	33.6	18.4	15.1	100.0	8.8	48.8	42.3	18.1	24.2
57.3	30.9	16.9	14.0	100.0	10.5	51.5	37.9	16.3	21.6
59.5	28.9	16.5	12.4	100.0	10.8	53.2	35.9	16.3	19.6
60.3	27.8	15.2	12.7	100.0	11.2	55.1	33.7	15.9	17.7
60.8	27.1	15.4	11.8	100.0	11.3	55.6	33.1	15.9	17.3
59.8	28.3	15.2	13.1	100.0	11.1	54.4	34.5	15.6	18.8
62.7	25.2	13.3	11.9	100.0	11.4	58.2	30.4	14.1	16.3
62.3	25.7	13.5	12.2	100.0	11.3	57.6	31.2	14.3	16.9
67.6	20.8	10.9	9.9	100.0	10.8	63.0	26.3	11.2	15.1
64.6	23.4	12.1	11.3	100.0	11.3	59.7	29.0	12.8	16.3
58.4	29.8	16.3	13.5	100.0	10.6	52.6	36.8	16.2	20.6
59.0	29.3	15.6	13.6	100.0	10.5	52.3	37.2	16.3	20.9
60.4	26.9	14.7	12.2	100.0	11.4	54.9	33.7	15.2	18.5
59.0	27.9	15.2	12.7	100.0	11.9	53.3	34.9	15.5	19.4
59.7	28.5	15.2	13.3	100.0	10.9	54.1	34.9	15.5	19.5
58.1	29.5	15.0	14.5	100.0	11.3	52.8	35.9	15.1	20.7
58.7	28.5	15.0	13.5	100.0	11.5	54.1	34.4	15.5	18.9
59.7	28.0	14.8	13.2	100.0	11.4	54.3	34.3	15.3	19.0
63.4	23.4	12.2	11.2	100.0	12.5	58.4	29.0	13.1	15.9
59.7	27.8	14.5	13.3	100.0	11.3	54.6	34.1	15.2	18.9
61.4	24.5	13.3	11.3	100.0	13.0	57.4	29.6	13.8	15.8
61.0	26.7	13.7	13.0	100.0	10.6	56.6	32.7	14.4	18.3
62.3	25.2	12.9	12.3	100.0	11.0	58.3	30.7	13.4	17.4
59.9	27.0	14.2	12.8	100.0	11.3	56.2	32.5	14.5	18.0
57.6	29.8	15.3	14.5	100.0	10.7	54.7	34.6	15.8	18.8
57.3	30.4	16.0	14.4	100.0	10.5	52.4	37.1	16.1	21.0
57.8	29.0	16.1	12.9	100.0	11.5	52.0	36.5	15.9	20.5
56.1	30.9	16.7	14.2	100.0	11.5	49.8	38.7	16.2	22.5
59.0	27.8	14.4	13.3	100.0	11.6	54.4	34.0	14.6	19.4
59.8	26.9	14.2	12.7	100.0	11.9	54.8	33.2	14.6	18.6
56.5	31.2	16.5	14.7	100.0	10.6	50.5	38.9	16.7	22.2
56.8	31.5	17.5	14.0	100.0	10.1	51.8	38.1	17.1	21.0
58.0	29.2	15.7	13.5	100.0	11.4	53.0	35.7	16.0	19.7
57.4	30.2	16.3	13.9	100.0	10.7	52.1	37.2	16.4	20.8
56.3	32.0	16.9	15.1	100.0	10.0	50.3	39.7	16.7	22.9
60.7	25.3	14.1	11.1	100.0	12.1	56.5	31.4	14.4	17.0
57.6	27.9	15.8	12.1	100.0	12.5	53.1	34.4	15.5	18.9
56.2	30.2	16.9	13.3	100.0	11.5	51.6	36.9	16.6	20.3
56.9	28.8	15.8	13.1	100.0	12.3	52.6	35.1	15.4	19.7
56.6	30.3	16.4	14.0	100.0	11.3	51.4	37.4	16.5	20.9
55.8	30.0	16.5	13.5	100.0	12.2	51.6	36.3	16.4	19.9
55.4	30.4	17.0	13.4	100.0	12.1	52.0	35.9	15.9	20.0
61.4	21.4	12.7	8.7	100.0	16.0	58.8	25.2	12.5	12.7

第13表　都　道　府　県　、男　女　別
Table 13.　Indices of Age Composition

都　道　府　県 Prefectures	男　女　計　　　　Both sexes				
	年少人口指数[1] Child dependency ratio	老年人口指数[2] Aged dependency ratio	従属人口指数[3] Dependency ratio	老年化指数[4] Aging index	年少人口指数[1] Child dependency ratio
全　　　　　　　国　Japan	19.8	48.6	68.5	245.0	20.1
01 北　海　道　Hokkaido	18.4	57.1	75.5	309.7	19.0
02 青　森　県　Aomori-ken	18.7	62.0	80.7	330.9	19.1
03 岩　手　県　Iwate-ken	19.6	62.0	81.6	316.4	19.6
04 宮　城　県　Miyagi-ken	19.2	47.8	67.0	248.2	19.5
05 秋　田　県　Akita-ken	18.1	72.6	90.7	400.1	18.3
06 山　形　県　Yamagata-ken	20.3	62.9	83.2	309.9	20.4
07 福　島　県　Fukushima-ken	19.7	57.0	76.7	289.3	19.3
08 茨　城　県　Ibaraki-ken	19.7	51.7	71.4	262.3	19.4
09 栃　木　県　Tochigi-ken	19.7	50.3	70.0	255.2	19.5
10 群　馬　県　Gumma-ken	19.8	52.7	72.5	265.9	19.6
11 埼　玉　県　Saitama-ken	19.2	44.6	63.8	232.4	19.1
12 千　葉　県　Chiba-ken	19.1	46.0	65.1	240.5	19.1
13 東　京　都　Tokyo-to	16.8	34.6	51.4	206.2	16.9
14 神　奈　川　県　Kanagawa-ken	18.5	41.0	59.5	221.9	18.4
15 新　潟　県　Niigata-ken	20.0	59.6	79.5	298.7	20.0
16 富　山　県　Toyama-ken	19.8	58.6	78.4	296.0	19.7
17 石　川　県　Ishikawa-ken	20.7	51.9	72.6	251.0	20.8
18 福　井　県　Fukui-ken	21.8	54.7	76.5	251.1	21.9
19 山　梨　県　Yamanashi-ken	19.7	54.4	74.1	276.6	19.5
20 長　野　県　Nagano-ken	21.1	57.9	79.0	274.1	21.1
21 岐　阜　県　Gifu-ken	21.2	54.0	75.2	255.2	21.5
22 静　岡　県　Shizuoka-ken	20.6	52.9	73.5	256.2	20.6
23 愛　知　県　Aichi-ken	20.8	41.4	62.3	198.6	20.7
24 三　重　県　Mie-ken	20.5	52.3	72.9	254.6	20.6
25 滋　賀　県　Shiga-ken	22.4	44.4	66.8	198.2	22.6
26 京　都　府　Kyoto-fu	19.1	50.0	69.1	262.5	19.7
27 大　阪　府　Osaka-fu	19.0	45.7	64.7	239.9	19.6
28 兵　庫　県　Hyogo-ken	20.7	50.8	71.4	245.4	21.6
29 奈　良　県　Nara-ken	20.5	57.1	77.5	278.9	21.6
30 和　歌　山　県　Wakayama-ken	20.6	61.5	82.1	297.9	21.4
31 鳥　取　県　Tottori-ken	22.3	59.5	81.8	266.7	22.7
32 島　根　県　Shimane-ken	22.7	64.7	87.4	284.8	22.8
33 岡　山　県　Okayama-ken	21.4	53.7	75.1	250.2	22.0
34 広　島　県　Hiroshima-ken	21.6	51.5	73.1	238.0	21.9
35 山　口　県　Yamaguchi-ken	21.1	65.3	86.4	308.7	21.6
36 徳　島　県　Tokushima-ken	19.8	63.7	83.5	321.3	20.4
37 香　川　県　Kagawa-ken	21.4	57.6	79.0	269.0	21.7
38 愛　媛　県　Ehime-ken	20.8	61.2	82.0	294.0	21.4
39 高　知　県　Kochi-ken	20.2	67.2	87.4	332.9	20.6
40 福　岡　県　Fukuoka-ken	21.9	47.9	69.8	218.5	22.8
41 佐　賀　県　Saga-ken	24.0	56.0	80.0	233.1	24.9
42 長　崎　県　Nagasaki-ken	23.0	62.2	85.2	270.0	24.0
43 熊　本　県　Kumamoto-ken	23.8	57.9	81.8	243.1	24.8
44 大　分　県　Oita-ken	22.1	62.2	84.3	280.9	22.7
45 宮　崎　県　Miyazaki-ken	24.2	61.5	85.7	254.0	25.2
46 鹿　児　島　県　Kagoshima-ken	24.1	61.3	85.5	254.3	25.5
47 沖　縄　県　Okinawa-ken	27.3	38.2	65.5	139.8	27.7

注)
1) 年少人口指数 = $\frac{15歳未満人口}{15～64歳人口} \times 100$　　2) 老年人口指数 = $\frac{65歳以上人口}{15～64歳人口} \times 100$

3) 従属人口指数 = $\frac{15歳未満人口＋65歳以上人口}{15～64歳人口} \times 100$　　4) 老年化指数 = $\frac{65歳以上人口}{15歳未満人口} \times 100$

年 齢 構 造 指 数－総人口（2021年10月１日現在）
by Sex for Prefectures － Total population, October 1, 2021

男	Male		女	Female		
老年人口指数[2] Aged dependency ratio	従属人口指数[3] Dependency ratio	老年化指数[4] Aging index	年少人口指数[1] Child dependency ratio	老年人口指数[2] Aged dependency ratio	従属人口指数[3] Dependency ratio	老年化指数[4] Aging index
41.7	61.8	207.6	19.6	55.7	75.3	284.2
48.2	67.2	253.3	17.8	65.8	83.7	368.8
50.9	70.0	266.3	18.3	73.1	91.5	398.6
51.4	71.1	262.0	19.6	73.1	92.7	373.4
41.2	60.7	211.9	19.0	54.4	73.5	286.4
59.6	77.9	325.1	18.0	85.9	103.9	478.4
53.5	73.9	262.2	20.2	72.7	92.9	360.0
48.1	67.5	249.0	20.1	66.6	86.7	331.4
44.7	64.1	230.4	20.0	59.2	79.2	295.9
43.4	63.0	222.2	19.9	57.8	77.7	290.4
45.3	65.0	230.8	20.0	60.6	80.6	302.7
39.0	58.1	204.3	19.3	50.6	69.9	261.9
40.0	59.1	209.9	19.2	52.4	71.6	272.7
29.5	46.4	174.1	16.6	39.9	56.5	239.8
35.2	53.6	191.6	18.6	47.2	65.8	253.8
50.5	70.5	252.6	19.9	69.1	89.0	347.3
48.5	68.2	245.6	19.9	69.3	89.2	349.3
43.7	64.5	210.4	20.6	60.4	81.0	293.6
46.3	68.2	211.9	21.7	63.5	85.2	292.6
46.7	66.2	239.2	19.8	62.6	82.5	315.6
49.9	71.0	236.0	21.1	66.2	87.3	314.1
47.0	68.5	218.5	20.8	61.2	82.0	293.9
45.4	65.9	220.7	20.7	60.8	81.6	293.6
35.5	56.2	172.0	21.0	47.7	68.7	226.7
44.8	65.5	217.1	20.5	60.1	80.6	294.0
38.8	61.3	172.0	22.3	50.3	72.6	225.9
43.1	62.8	218.5	18.4	56.9	75.3	308.8
39.5	59.1	201.0	18.5	51.8	70.2	280.5
44.4	66.0	205.7	19.8	56.9	76.7	287.1
51.1	72.7	236.9	19.4	62.6	82.0	322.6
52.6	74.1	245.8	19.9	70.1	90.0	352.5
49.9	72.7	219.8	21.9	69.2	91.0	316.0
54.0	76.8	236.6	22.6	76.0	98.6	336.0
46.2	68.2	209.7	20.9	61.2	82.1	293.1
43.9	65.8	200.7	21.4	59.3	80.6	277.1
54.6	76.1	253.0	20.7	76.1	96.8	367.3
55.0	75.4	270.0	19.3	72.4	91.7	375.4
49.3	71.0	227.3	21.1	66.0	87.1	312.9
51.9	73.3	242.1	20.2	70.4	90.7	348.6
56.3	76.9	272.9	19.7	78.1	97.9	395.6
40.8	63.6	179.1	21.1	54.7	75.8	259.7
47.9	72.8	192.3	23.1	63.9	87.0	276.0
53.3	77.4	221.7	22.0	70.8	92.8	320.9
50.0	74.8	202.1	22.9	65.6	88.6	285.9
52.7	75.4	232.5	21.6	71.5	93.1	331.7
53.3	78.4	211.7	23.3	69.4	92.7	298.1
54.3	79.8	213.4	22.9	68.0	90.8	297.5
34.2	61.9	123.5	27.0	42.3	69.2	156.8

Note)

1) Child dependency ratio $= \dfrac{\text{Population under 15}}{\text{Population aged 15 to 64}} \times 100$

2) Aged dependency ratio $= \dfrac{\text{Population aged 65 and over}}{\text{Population aged 15 to 64}} \times 100$

3) Dependency ratio $= \dfrac{\text{Population under 15 + Population aged 65 and over}}{\text{Population aged 15 to 64}} \times 100$

4) Aging index $= \dfrac{\text{Population aged 65 and over}}{\text{Population under 15}} \times 100$

参　考　表

REFERENCE　TABLES

〔注　意〕

・参考表は、人口割合の計算等の利用ニーズを踏まえ、参考のために提供しているものである。
・参考表の値は、人口の算出過程における計算値である。

Note
・The reference tables are provided to meet the users' needs for computing the population distribution, etc.
・The figures in the reference tables are the basis for computing the estimated population.

参考表1 男女別人口の計算表 －総人口、日本人人口、外国人人口
Reference Table 1. Computation of Population by Sex－Total population, Japanese population, Foreign population

人 口 及 び 人 口 増 減 Population and Population change		男 女 計 Both sexes	男 Male	女 Female
総 人 口	Total population			
2020 年 10 月 1 日 現 在 人 口	Population, Oct.1, 2020 [1]	126,146,099	61,349,581	64,796,518
2020年10月～2021年9月	Oct. 2020 to Sept. 2021			
出 生 児 数	Live births	831,304	425,438	405,866
死 亡 者 数	Deaths	1,439,925	739,646	700,279
自 然 増 減	Natural change	-608,621	-314,208	-294,413
入 国 者 数	Entries	631,946	344,453	287,493
出 国 者 数	Exits	667,134	360,767	306,367
入 国 超 過	Net migration	-35,188	-16,314	-18,874
増 減 の 計	Net population change	-643,809	-330,522	-313,287
2021 年 10 月 1 日 現 在 人 口	Population, Oct. 1, 2021	125,502,290	61,019,059	64,483,231
日 本 人 人 口	Japanese population			
2020 年 10 月 1 日 現 在 人 口	Population, Oct.1, 2020 [1]	123,398,962	60,002,838	63,396,124
2020年10月～2021年9月	Oct. 2020 to Sept. 2021			
出 生 児 数	Live births	812,798	415,807	396,991
死 亡 者 数	Deaths	1,431,874	735,335	696,539
自 然 増 減	Natural change	-619,076	-319,528	-299,548
入 国 者 数	Entries	282,585	160,016	122,569
出 国 者 数	Exits	289,292	160,446	128,846
入 国 超 過	Entries minus exits	-6,707	-430	-6,277
国籍の異動による純増減	Net increase or decrease by change of nationality	7,308	3,763	3,545
増 減 の 計	Net population change	-618,475	-316,195	-302,280
2021 年 10 月 1 日 現 在 人 口	Population, Oct. 1, 2021	122,780,487	59,686,643	63,093,844
外 国 人 人 口	Foreign population [2]			
2020 年 10 月 1 日 現 在 人 口	Population, Oct.1, 2020	2,747,137	1,346,743	1,400,394
2020年10月～2021年9月	Oct. 2020 to Sept. 2021			
出 生 児 数	Live births	18,506	9,631	8,875
死 亡 者 数	Deaths	8,051	4,311	3,740
自 然 増 減	Natural change	10,455	5,320	5,135
入 国 者 数	Entries	349,361	184,437	164,924
出 国 者 数	Exits	377,842	200,321	177,521
入 国 超 過	Entries minus exits	-28,481	-15,884	-12,597
国籍の異動による純増減	Net increase or decrease by change of nationality	-7,308	-3,763	-3,545
増 減 の 計	Net population change	-25,334	-14,327	-11,007
2021 年 10 月 1 日 現 在 人 口	Population, Oct. 1, 2021	2,721,803	1,332,416	1,389,387

注 1) 総務省統計局「国勢調査」（不詳補完値）
2) 外国人人口＝総人口－日本人人口

Note 1) Statistics Bureau, Ministry of Internal Affairs and Communications,
"Population Census" (Result with Imputation)
2) Foreign population = Total population - Japanese population

参考表2　年　齢　（各　歳）、男　女　別
Reference Table 2. Computation of Population by Age

年　　　齢 Age	男　女　計								
	総 人 口　Total population				日 本 人 人 口　Japanese population				
	2020 年 10月1日 現在人口 Population Oct. 1, 2020 1)	2020年10月1日～2021年9月30日 Oct. 1, 2020 to Sept. 30, 2021		2021 年 10月1日 現在人口 Population Oct. 1, 2021	2020 年 10月1日 現在人口 Population Oct. 1, 2020 1)	2020年10月1日～2021年9月30日 Oct. 1, 2020 to Sept. 30, 2021			2021 年 10月1日 現在人口 Population Oct. 1, 2021
		死亡者数 Deaths	入国超過 Net migration			死亡者数 Deaths	入国超過 Net migration	国籍の異動による純増減 (a)	
総　数 Total	126,146,099	1,439,925	−35,188	125,502,290	123,398,962	1,431,874	−6,707	7,308	122,780,487
<0 2)	831,304	1,071	−342	–	812,798	1,045	270	9	–
0 歳 years old	837,131	467	−1,068	829,891	820,767	457	−458	65	812,032
1	871,558	163	−511	835,596	854,691	159	−346	76	819,917
2	915,067	104	−415	870,884	898,601	102	−230	72	854,262
3	938,911	68	−420	914,548	922,359	67	−232	93	898,341
4	978,693	77	−317	938,423	961,834	74	−129	60	922,153
5	1,003,732	75	−313	978,299	987,652	72	−120	71	961,691
6	1,001,512	72	−117	1,003,344	985,171	70	−28	98	987,531
7	1,025,673	62	−17	1,001,323	1,010,153	62	76	97	985,171
8	1,029,265	57	33	1,025,594	1,014,091	54	28	89	1,010,264
9	1,053,993	59	92	1,029,241	1,040,393	59	120	79	1,014,154
10	1,062,884	58	379	1,054,026	1,050,067	58	322	115	1,040,533
11	1,068,205	68	516	1,063,205	1,055,835	65	451	92	1,050,446
12	1,088,310	100	294	1,068,653	1,075,736	99	189	112	1,056,313
13	1,082,483	131	396	1,088,504	1,070,411	128	288	123	1,075,938
14	1,074,185	140	675	1,082,748	1,062,728	140	467	112	1,070,694
15	1,076,720	176	−173	1,074,720	1,064,529	173	−419	69	1,063,167
16	1,119,802	227	−186	1,076,371	1,107,637	224	−645	77	1,064,006
17	1,130,274	248	1,120	1,119,389	1,118,116	244	182	79	1,106,845
18	1,172,007	355	6,428	1,131,146	1,156,813	348	−1,373	83	1,118,133
19	1,207,503	361	13,460	1,178,080	1,171,853	356	−2,135	104	1,155,175
20	1,242,006	410	3,042	1,220,602	1,176,222	401	−3,192	104	1,169,466
21	1,247,083	497	521	1,244,638	1,174,490	480	−1,827	124	1,172,733
22	1,272,084	484	2,348	1,247,107	1,190,390	475	−1,012	103	1,172,307
23	1,276,918	489	221	1,273,948	1,187,105	473	−566	107	1,189,006
24	1,281,868	485	−3,233	1,276,650	1,187,686	463	−583	79	1,186,173
25	1,298,010	497	−4,551	1,278,150	1,203,331	471	−674	134	1,186,719
26	1,292,024	488	−5,202	1,292,962	1,202,096	465	−840	155	1,202,320
27	1,261,465	487	−4,753	1,286,334	1,172,893	472	−841	174	1,200,946
28	1,271,176	502	−4,927	1,256,225	1,189,642	489	−1,012	178	1,171,754
29	1,261,476	529	−4,028	1,265,747	1,183,408	508	−752	160	1,188,319
30	1,285,905	510	−4,496	1,256,919	1,204,119	496	−528	266	1,182,308
31	1,307,091	548	−4,296	1,280,899	1,231,353	528	−392	260	1,203,361
32	1,344,635	598	−3,535	1,302,247	1,276,238	575	−492	250	1,230,693
33	1,379,070	702	−3,316	1,340,502	1,313,832	694	−271	230	1,275,421
34	1,397,072	762	−2,889	1,375,052	1,337,928	743	−354	233	1,313,097
35	1,447,516	798	−2,592	1,393,421	1,391,634	787	−379	196	1,337,064
36	1,495,056	862	−1,956	1,444,126	1,440,420	846	−19	193	1,390,664
37	1,513,896	940	−1,551	1,492,238	1,459,201	914	190	199	1,439,748
38	1,515,283	1,031	−1,565	1,511,405	1,459,404	1,005	57	205	1,458,676
39	1,526,624	1,130	−1,091	1,512,687	1,477,881	1,104	156	142	1,458,661
40	1,593,961	1,257	−1,080	1,524,403	1,546,461	1,228	158	153	1,477,075
41	1,632,653	1,403	−887	1,591,624	1,586,243	1,378	181	160	1,545,544
42	1,693,549	1,592	−559	1,630,363	1,650,769	1,565	369	136	1,585,206
43	1,737,191	1,742	−536	1,691,398	1,696,884	1,708	271	125	1,649,709
44	1,818,890	2,053	−437	1,734,913	1,779,748	2,020	358	111	1,695,572

注　1）総務省統計局「国勢調査」（不詳補完値）
　　2）2020年10月～2021年9月の出生児数

人 口 の 計 算 表－総人口、日本人人口
(Single Years) and Sex - Total population, Japanese population

	Both sexes								
	総 人 口　Total population				日 本 人 人 口　Japanese population				
	2020 年 10月1日 現在人口	2020年10月1日～2021年9月30日 Oct. 1, 2020 to Sept. 30, 2021		2021 年 10月1日 現在人口	2020 年 10月1日 現在人口	2020年10月1日～2021年9月30日 Oct. 1, 2020 to Sept. 30, 2021			2021 年 10月1日 現在人口
年　　齢 Age		死亡者数	入国超過			死亡者数	入国超過	国籍の異動 による純増減	
	Population Oct. 1, 2020 1)	Deaths	Net migration	Population Oct. 1, 2021	Population Oct. 1, 2020 1)	Deaths	Net migration	(a)	Population Oct. 1, 2021
45 歳　years old	1,893,286	2,294	−397	1,816,400	1,855,449	2,258	325	109	1,778,197
46	2,000,599	2,733	−409	1,890,595	1,963,079	2,686	408	109	1,853,625
47	2,035,824	3,137	−448	1,997,457	1,997,914	3,086	335	87	1,960,910
48	1,998,463	3,274	−212	2,032,239	1,960,528	3,229	492	78	1,995,250
49	1,940,282	3,609	−472	1,994,977	1,902,248	3,539	316	72	1,957,869
50	1,880,236	3,907	−82	1,936,201	1,842,615	3,832	494	100	1,899,097
51	1,849,855	4,187	−149	1,876,247	1,813,629	4,112	468	86	1,839,377
52	1,805,010	4,511	−161	1,845,519	1,769,943	4,432	443	77	1,810,071
53	1,799,068	4,776	−108	1,800,338	1,768,404	4,703	355	47	1,766,031
54	1,403,910	4,191	−23	1,794,184	1,374,726	4,118	442	24	1,764,103
55	1,728,173	5,471	−131	1,399,696	1,698,919	5,392	347	82	1,371,074
56	1,618,868	5,693	−221	1,722,571	1,590,429	5,603	250	58	1,693,956
57	1,576,464	5,757	−131	1,612,954	1,548,585	5,690	424	54	1,585,134
58	1,524,344	6,163	−21	1,570,576	1,500,471	6,079	437	46	1,543,373
59	1,492,283	6,505	68	1,518,160	1,470,850	6,412	468	−12	1,494,875
60	1,499,767	7,123	−271	1,485,846	1,479,169	7,025	148	39	1,464,894
61	1,524,405	8,064	−107	1,492,373	1,506,108	7,985	285	37	1,472,331
62	1,478,895	8,363	−15	1,516,234	1,461,147	8,245	327	32	1,498,445
63	1,435,400	8,911	−76	1,470,517	1,418,412	8,829	235	26	1,453,261
64	1,503,925	10,305	−101	1,426,413	1,487,730	10,174	238	6	1,409,844
65	1,546,430	11,536	−77	1,493,519	1,530,878	11,417	216	−5	1,477,800
66	1,541,908	12,680	−146	1,534,817	1,527,918	12,561	111	24	1,519,672
67	1,630,407	15,072	−40	1,529,082	1,617,507	14,910	152	29	1,515,492
68	1,713,642	17,350	15	1,615,295	1,701,174	17,185	148	34	1,602,778
69	1,803,887	19,983	24	1,696,307	1,792,534	19,827	155	20	1,684,171
70	1,923,805	23,713	33	1,783,928	1,912,739	23,547	151	−26	1,772,882
71	2,093,026	28,281	8	1,900,125	2,082,298	28,109	114	14	1,889,317
72	2,053,944	30,449	23	2,064,753	2,043,800	30,252	97	26	2,054,317
73	1,929,907	30,779	48	2,023,518	1,920,429	30,605	122	14	2,013,671
74	1,187,868	21,277	41	1,899,176	1,180,469	21,099	89	15	1,889,960
75	1,258,190	24,860	19	1,166,632	1,250,692	24,678	42	−15	1,159,474
76	1,516,558	32,849	14	1,233,349	1,509,538	32,661	55	12	1,226,041
77	1,443,652	34,571	46	1,483,723	1,437,000	34,361	58	7	1,476,944
78	1,458,338	38,826	7	1,409,127	1,452,118	38,616	50	13	1,402,704
79	1,387,887	41,592	29	1,419,519	1,381,890	41,386	42	10	1,413,565
80	1,229,986	41,633	39	1,346,324	1,224,703	41,395	55	−2	1,340,556
81	1,037,922	39,596	2	1,188,392	1,033,225	39,368	13	9	1,183,361
82	1,069,975	45,488	−10	998,328	1,065,637	45,266	−3	9	993,879
83	1,056,170	50,706	13	1,024,477	1,052,317	50,471	26	1	1,020,377
84	1,009,732	54,802	8	1,005,477	1,006,165	54,558	22	3	1,001,873
85	911,239	56,474	8	954,938	908,179	56,229	23	−2	951,632
86	809,663	56,787	6	854,773	807,029	56,602	14	2	851,971
87	753,819	59,558	3	752,882	751,737	59,351	7	1	750,443
88	675,404	60,354	−6	694,264	673,564	60,153	−1	2	692,394
89				615,044					613,412
	2,983,273	456,800	6		2,976,252	455,494	14	4	
90歳以上　and over				2,526,479					2,520,776

Note　1)　Statistics Bureau, Ministry of Internal Affairs and Communications, "Population Census" (Result with Imputation)
　　　　2)　Live births from Oct. 2020 to Sept. 2021
　　　　(a)　Net increase or decrease by change of nationality

参考表 2　年　齢　（各　歳）、男　女　別
Reference Table 2.　Computation of Population by Age

	男							
	総 人 口　Total population				日 本 人 人 口　Japanese population			
年　　　　齢 Age	2 0 2 0 年 10 月 1 日 現 在 人 口 Population Oct. 1, 2020 1)	2020年10月1日〜2021年9月30日 Oct. 1, 2020 to Sept. 30, 2021		2 0 2 1 年 10 月 1 日 現 在 人 口 Population Oct. 1, 2021	2 0 2 0 年 10 月 1 日 現 在 人 口 Population Oct. 1, 2020 1)	2020年10月1日〜2021年9月30日 Oct. 1, 2020 to Sept. 30, 2021		2 0 2 1 年 10 月 1 日 現 在 人 口 Population Oct. 1, 2021
		死 亡 者 数 Deaths	入 国 超 過 Net migration			死 亡 者 数 Deaths	入 国 超 過 Net migration	国籍の異動 による純増減 (a)	
総　数　Total	61, 349, 581	739, 646	−16, 314	61, 019, 059	60, 002, 838	735, 335	−430	3, 763	59, 686, 643
<0 2)	425, 438	581	−178	−	415, 807	569	157	5	−
0 歳　years old	428, 005	258	−561	424, 679	419, 610	253	−220	33	415, 400
1	446, 054	103	−264	427, 186	437, 350	99	−153	37	419, 170
2	468, 457	61	−272	445, 687	459, 892	59	−155	30	437, 135
3	480, 153	35	−185	468, 124	471, 578	35	−75	42	459, 708
4	501, 907	41	−150	479, 933	493, 300	40	−72	38	471, 510
5	514, 130	48	−142	501, 716	505, 856	46	−52	35	493, 226
6	513, 861	44	−74	513, 940	505, 460	43	−25	45	505, 793
7	524, 747	35	26	513, 743	516, 684	35	56	57	505, 437
8	526, 616	32	21	524, 738	518, 696	30	25	42	516, 762
9	540, 528	34	−28	526, 605	533, 450	34	1	43	518, 733
10	545, 068	31	138	540, 466	538, 384	31	111	59	533, 460
11	547, 643	38	257	545, 175	541, 347	36	213	45	538, 523
12	557, 531	57	149	547, 862	551, 174	56	92	56	541, 569
13	555, 138	66	227	557, 623	548, 904	65	150	60	551, 266
14	550, 198	79	363	555, 299	544, 268	79	274	62	549, 049
15	552, 565	106	59	550, 482	546, 254	105	−106	31	544, 525
16	574, 977	136	44	552, 518	568, 616	134	−202	40	546, 074
17	581, 329	163	593	574, 885	574, 976	160	74	36	568, 320
18	601, 356	234	3, 349	581, 759	593, 447	227	−561	46	574, 926
19	617, 391	254	6, 685	604, 471	599, 737	252	−748	61	592, 705
20	635, 288	246	2, 480	623, 822	602, 194	242	−1, 206	52	598, 798
21	636, 254	327	1, 219	637, 522	598, 624	314	−721	68	600, 798
22	650, 572	325	1, 976	637, 146	606, 258	318	−423	50	597, 657
23	654, 083	331	241	652, 223	603, 728	320	−207	54	605, 567
24	657, 797	309	−1, 585	653, 993	605, 151	291	−234	36	603, 255
25	666, 373	326	−2, 297	655, 903	613, 177	309	−204	72	604, 662
26	664, 013	308	−2, 681	663, 750	613, 663	288	−348	68	612, 736
27	648, 773	315	−2, 693	661, 024	599, 311	305	−407	81	613, 095
28	653, 163	312	−3, 212	645, 765	607, 719	301	−622	84	598, 680
29	646, 827	353	−2, 397	649, 639	603, 650	337	−335	75	606, 880
30	658, 299	330	−2, 710	644, 077	613, 608	319	−261	140	603, 053
31	668, 200	351	−2, 552	655, 259	627, 505	339	−226	133	613, 168
32	687, 872	395	−2, 028	665, 297	651, 368	379	−251	129	627, 073
33	703, 827	453	−1, 855	685, 449	669, 678	449	−97	121	650, 867
34	713, 052	488	−1, 612	701, 519	682, 354	473	−121	115	669, 253
35	736, 009	519	−1, 386	710, 952	707, 889	511	−117	100	681, 875
36	759, 345	548	−1, 143	734, 104	732, 418	540	−23	96	707, 361
37	767, 985	612	−913	757, 654	741, 808	598	103	93	731, 951
38	767, 910	640	−914	766, 460	741, 984	627	−16	100	741, 406
39	774, 703	716	−607	766, 356	752, 150	699	137	78	741, 441
40	808, 361	768	−660	773, 380	786, 883	750	26	67	751, 666
41	828, 439	859	−480	806, 933	807, 976	846	70	77	786, 226
42	858, 203	986	−237	827, 100	839, 417	970	225	59	807, 283
43	880, 994	1, 077	−341	856, 980	863, 365	1, 058	79	58	838, 731
44	922, 678	1, 253	−228	879, 576	905, 741	1, 235	153	65	862, 444

注　1）総務省統計局「国勢調査」（不詳補完値）
　　2）2020年10月〜2021年9月の出生児数

人 口 の 計 算 表－総人口、日本人人口（続き）
(Single Years) and Sex - Total population, Japanese population‐Continued

	Male								
	総 人 口　　Total population				日 本 人 人 口　　Japanese population				
年　　齢 Age	2020 年 10 月 1 日 現在人口 Population Oct. 1, 2020 1)	2020年10月1日～2021年9月30日 Oct. 1, 2020 to Sept. 30, 2021		2021 年 10 月 1 日 現在人口 Population Oct. 1, 2021	2020年 10 月 1 日 現在人口 Population Oct. 1, 2020 1)	2020年10月1日～2021年9月30日 Oct. 1, 2020 to Sept. 30, 2021			2021年 10 月 1 日 現在人口 Population Oct. 1, 2021
		死亡者数 Deaths	入国超過 Net migration			死亡者数 Deaths	入国超過 Net migration	国籍の異動 による純増減 (a)	
45 歳　years old	959,382	1,473	−175	921,197	943,116	1,451	100	62	904,724
46	1,014,419	1,742	−222	957,734	998,504	1,711	162	57	941,827
47	1,028,714	1,925	−230	1,012,455	1,013,054	1,895	122	46	997,012
48	1,011,319	2,095	24	1,026,559	995,877	2,069	294	51	1,011,327
49	980,062	2,287	−175	1,009,248	964,811	2,251	114	32	994,153
50	948,528	2,500	2	977,600	933,725	2,460	242	49	962,706
51	931,255	2,696	−29	946,030	917,272	2,656	252	50	931,556
52	908,002	2,904	17	928,530	894,395	2,867	316	48	914,918
53	904,190	3,085	10	905,115	891,942	3,045	222	25	891,892
54	702,426	2,787	24	901,115	690,806	2,749	257	18	889,144
55	865,574	3,589	−18	699,663	853,680	3,545	209	48	688,332
56	809,982	3,855	−43	861,967	798,390	3,811	170	33	850,392
57	787,524	3,865	114	806,084	776,227	3,826	370	32	794,782
58	760,609	4,199	178	783,773	750,756	4,156	344	35	772,803
59	743,211	4,406	219	756,588	734,420	4,357	417	−6	746,979
60	744,337	4,910	−66	739,024	735,804	4,842	115	15	730,474
61	755,785	5,493	28	739,361	747,990	5,445	227	20	731,092
62	730,040	5,836	70	750,320	722,649	5,759	226	23	742,792
63	707,360	6,173	52	724,274	700,124	6,121	179	18	717,139
64	739,220	7,240	2	701,239	732,348	7,161	193	8	694,200
65	758,861	8,088	2	731,982	752,145	8,018	135	−1	725,388
66	753,073	8,859	−48	750,775	746,912	8,784	84	9	744,261
67	791,277	10,439	23	744,166	785,445	10,326	115	20	738,221
68	828,019	11,972	30	780,861	822,424	11,873	105	19	775,254
69	868,112	13,865	51	816,077	862,752	13,764	118	8	810,675
70	918,371	16,574	58	854,298	913,233	16,463	103	−6	849,114
71	994,845	19,489	39	901,855	989,709	19,374	92	15	896,867
72	968,781	20,627	38	975,395	964,005	20,500	72	12	970,442
73	906,112	20,888	64	948,192	901,650	20,772	103	6	943,589
74	548,814	14,189	37	885,288	545,360	14,065	62	9	880,987
75	571,689	16,355	20	534,662	568,309	16,232	27	−2	531,366
76	681,688	21,331	24	555,354	678,674	21,209	42	7	552,102
77	643,636	22,218	23	660,381	640,767	22,077	37	6	657,514
78	643,418	24,485	28	621,441	640,753	24,359	44	3	618,733
79	605,752	25,851	21	618,961	603,309	25,726	29	3	616,441
80	527,887	25,312	29	579,922	525,836	25,174	35	0	577,615
81	438,311	23,626	5	502,604	436,501	23,500	13	6	500,697
82	441,377	26,266	−10	414,690	439,701	26,146	−8	3	413,020
83	426,809	28,819	13	415,101	425,299	28,705	16	0	413,550
84	397,396	29,824	7	398,003	396,054	29,709	13	3	396,610
85	346,288	29,902	7	367,579	345,231	29,787	18	−1	366,361
86	296,592	28,663	6	316,393	295,653	28,589	11	2	315,461
87	264,598	28,909	−1	267,935	263,927	28,834	1	1	267,077
88	227,782	27,995	−1	235,688	227,257	27,915	−1	2	235,095
89				199,786					199,343
	791,480	146,457	−3		789,440	146,051	9	1	
90歳以上　and over				645,020					643,399

Note　1)　Statistics Bureau, Ministry of Internal Affairs and Communications, "Population Census" (Result with Imputation)
　　　　2)　Live births from Oct. 2020 to Sept. 2021
　　　　(a)　Net increase or decrease by change of nationality

参考表 2 年 齢 （各 歳）、 男 女 別
Reference Table 2. Computation of Population by Age

	女								
	総 人 口　　Total population				日 本 人 人 口　　Japanese population				
年　　　齢 Age	2020 年 10月1日 現在人口 Population Oct. 1, 2020 1)	2020年10月1日～2021年9月30日 Oct. 1, 2020 to Sept. 30, 2021		2021 年 10月1日 現在人口 Population Oct. 1, 2021	2020 年 10月1日 現在人口 Population Oct. 1, 2020 1)	2020年10月1日～2021年9月30日 Oct. 1, 2020 to Sept. 30, 2021			2021 年 10 月 1 日 現在人口 Population Oct. 1, 2021
		死亡者数 Deaths	入国超過 Net migration			死亡者数 Deaths	入国超過 Net migration	国籍の異動 による純増減 (a)	
総　数　Total	64,796,518	700,279	−18,874	64,483,231	63,396,124	696,539	−6,277	3,545	63,093,844
<0 2)	405,866	490	−164	−	396,991	476	113	4	−
0 歳　years old	409,126	209	−507	405,212	401,157	204	−238	32	396,632
1	425,504	60	−247	408,410	417,341	60	−193	39	400,747
2	446,610	43	−143	425,197	438,709	43	−75	42	417,127
3	458,758	33	−235	446,424	450,781	32	−157	51	438,633
4	476,786	36	−167	458,490	468,534	34	−57	22	450,643
5	489,602	27	−171	476,583	481,796	26	−68	36	468,465
6	487,651	28	−43	489,404	479,711	27	−3	53	481,738
7	500,926	27	−43	487,580	493,469	27	20	40	479,734
8	502,649	25	12	500,856	495,395	24	3	47	493,502
9	513,465	25	120	502,636	506,943	25	119	36	495,421
10	517,816	27	241	513,560	511,683	27	211	56	507,073
11	520,562	30	259	518,030	514,488	29	238	47	511,923
12	530,779	43	145	520,791	524,562	43	97	56	514,744
13	527,345	65	169	530,881	521,507	63	138	63	524,672
14	523,987	61	312	527,449	518,460	61	193	50	521,645
15	524,155	70	−232	524,238	518,275	68	−313	38	518,642
16	544,825	91	−230	523,853	539,021	90	−443	37	517,932
17	548,945	85	527	544,504	543,140	84	108	43	538,525
18	570,651	121	3,079	549,387	563,366	121	−812	37	543,207
19	590,112	107	6,775	573,609	572,116	104	−1,387	43	562,470
20	606,718	164	562	596,780	574,028	159	−1,986	52	570,668
21	610,829	170	−698	607,116	575,866	166	−1,106	56	571,935
22	621,512	159	372	609,961	584,132	157	−589	53	574,650
23	622,835	158	−20	621,725	583,377	153	−359	53	583,439
24	624,071	176	−1,648	622,657	582,535	172	−349	43	582,918
25	631,637	171	−2,254	622,247	590,154	162	−470	62	582,057
26	628,011	180	−2,521	629,212	588,433	177	−492	87	589,584
27	612,692	172	−2,060	625,310	573,582	167	−434	93	587,851
28	618,013	190	−1,715	610,460	581,923	188	−390	94	573,074
29	614,649	176	−1,631	616,108	579,758	171	−417	85	581,439
30	627,606	180	−1,786	612,842	590,511	177	−267	126	579,255
31	638,891	197	−1,744	625,640	603,848	189	−166	127	590,193
32	656,763	203	−1,507	636,950	624,870	196	−241	121	603,620
33	675,243	249	−1,461	655,053	644,154	245	−174	109	624,554
34	684,020	274	−1,277	673,533	655,574	270	−233	118	643,844
35	711,507	279	−1,206	682,469	683,745	276	−262	96	655,189
36	735,711	314	−813	710,022	708,002	306	4	97	683,303
37	745,911	328	−638	734,584	717,393	316	87	106	707,797
38	747,373	391	−651	744,945	717,420	378	73	105	717,270
39	751,921	414	−484	746,331	725,731	405	19	64	717,220
40	785,600	489	−420	751,023	759,578	478	132	86	725,409
41	804,214	544	−407	784,691	778,267	532	105	83	759,318
42	835,346	606	−322	803,263	811,352	595	144	77	777,923
43	856,197	665	−195	834,418	833,519	650	192	67	810,978
44	896,212	800	−209	855,337	874,007	785	205	46	833,128

注 1) 総務省統計局「国勢調査」（不詳補完値）
　　2) 2020年10月～2021年9月の出生児数

人 口 の 計 算 表－総人口、日本人人口（続き）
(Single Years) and Sex - Total population, Japanese population‐Continued

年　齢 Age	Female							
	総　人　口　Total population				日　本　人　人　口　Japanese population			
	2020 年 10 月 1 日 現在人口 Population Oct. 1, 2020 1)	2020年10月1日～2021年9月30日 Oct. 1, 2020 to Sept. 30, 2021		2021 年 10 月 1 日 現在人口 Population Oct. 1, 2021	2020 年 10 月 1 日 現在人口 Population Oct. 1, 2020 1)	2020年10月1日～2021年9月30日 Oct. 1, 2020 to Sept. 30, 2021			2021 年 10 月 1 日 現在人口 Population Oct. 1, 2021
		死亡者数 Deaths	入国超過 Net migration			死亡者数 Deaths	入国超過 Net migration	国籍の異動 による純増減 (a)	
45 歳 years old	933,904	821	-222	895,203	912,333	807	225	47	873,473
46	986,180	991	-187	932,861	964,575	975	246	52	911,798
47	1,007,110	1,212	-218	985,002	984,860	1,191	213	41	963,898
48	987,144	1,179	-236	1,005,680	964,651	1,160	198	27	983,923
49	960,220	1,322	-297	985,729	937,437	1,288	202	40	963,716
50	931,708	1,407	-84	958,601	908,890	1,372	252	51	936,391
51	918,600	1,491	-120	930,217	896,357	1,456	216	36	907,821
52	897,008	1,607	-178	916,989	875,548	1,565	127	29	895,153
53	894,878	1,691	-118	895,223	876,462	1,658	133	22	874,139
54	701,484	1,404	-47	893,069	683,920	1,369	185	6	874,959
55	862,599	1,882	-113	700,033	845,239	1,847	138	34	682,742
56	808,886	1,838	-178	860,604	792,039	1,792	80	25	843,564
57	788,940	1,892	-245	806,870	772,358	1,864	54	22	790,352
58	763,735	1,964	-199	786,803	749,715	1,923	93	11	770,570
59	749,072	2,099	-151	761,572	736,430	2,055	51	-6	747,896
60	755,430	2,213	-205	746,822	743,365	2,183	33	24	734,420
61	768,620	2,571	-135	753,012	758,118	2,540	58	17	741,239
62	748,855	2,527	-85	765,914	738,498	2,486	101	9	755,653
63	728,040	2,738	-128	746,243	718,288	2,708	56	8	736,122
64	764,705	3,065	-103	725,174	755,382	3,013	45	-2	715,644
65	787,569	3,448	-79	761,537	778,733	3,399	81	-4	752,412
66	788,835	3,821	-98	784,042	781,006	3,777	27	15	775,411
67	839,130	4,633	-63	784,916	832,062	4,584	37	9	777,271
68	885,623	5,378	-15	834,434	878,750	5,312	43	15	827,524
69	935,775	6,118	-27	880,230	929,782	6,063	37	12	873,496
70	1,005,434	7,139	-25	929,630	999,506	7,084	48	-20	923,768
71	1,098,181	8,792	-31	998,270	1,092,589	8,735	22	-1	992,450
72	1,085,163	9,822	-15	1,089,358	1,079,795	9,752	25	14	1,083,875
73	1,023,795	9,891	-16	1,075,326	1,018,779	9,833	19	8	1,070,082
74	639,054	7,088	4	1,013,888	635,109	7,034	27	6	1,008,973
75	686,501	8,505	-1	631,970	682,383	8,446	15	-13	628,108
76	834,870	11,518	-10	677,995	830,864	11,452	13	5	673,939
77	800,016	12,353	23	823,342	796,233	12,284	21	1	819,430
78	814,920	14,341	-21	787,686	811,365	14,257	6	10	783,971
79	782,135	15,741	8	800,558	778,581	15,660	13	7	797,124
80	702,099	16,321	10	766,402	698,867	16,221	20	-2	762,941
81	599,611	15,970	-3	685,788	596,724	15,868	0	3	682,664
82	628,598	19,222	0	583,638	625,936	19,120	5	6	580,859
83	629,361	21,887	0	609,376	627,018	21,766	10	1	606,827
84	612,336	24,978	1	607,474	610,111	24,849	9	0	605,263
85	564,951	26,572	1	587,359	562,948	26,442	5	-1	585,271
86	513,071	28,124	0	538,380	511,376	28,013	3	0	536,510
87	489,221	30,649	4	484,947	487,810	30,517	6	0	483,366
88	447,622	32,359	-5	458,576	446,307	32,238	0	0	457,299
89				415,258					414,069
90歳以上 and over	2,191,793	310,343	9	1,881,459	2,186,812	309,443	5	3	1,877,377

Note 1) Statistics Bureau, Ministry of Internal Affairs and Communications, "Population Census" (Result with Imputation)
　　2) Live births from Oct. 2020 to Sept. 2021
　　(a) Net increase or decrease by change of nationality

72

参考表3　　年齢（5歳階級）、男女別死亡者数－日本人、外国人（2020年10月～2021年9月）
Reference Table 3. Deaths by Age (Five-Year Groups) and Sex－Japanese, Foreigners
from October 2020 to September 2021

年 齢 階 級 Age groups *	日　本　人　　Japanese			外　国　人　　Foreigners		
	男女計 Both sexes	男 Male	女 Female	男女計 Both sexes	男 Male	女 Female
総　　　　　　数　Total	1,431,874	735,335	696,539	8,051	4,311	3,740
0 ～ 4 歳 years old	1,904	1,055	849	46	24	22
5 ～ 9	317	188	129	8	5	3
10 ～ 14	490	267	223	7	4	3
15 ～ 19	1,345	878	467	22	15	7
20 ～ 24	2,292	1,485	807	73	53	20
25 ～ 29	2,405	1,540	865	98	74	24
30 ～ 34	3,036	1,959	1,077	84	58	26
35 ～ 39	4,656	2,975	1,681	105	60	45
40 ～ 44	7,899	4,859	3,040	148	84	64
45 ～ 49	14,798	9,377	5,421	249	145	104
50 ～ 54	21,197	13,777	7,420	375	195	180
55 ～ 59	29,176	19,695	9,481	413	219	194
60 ～ 64	42,258	29,328	12,930	508	324	184
65 ～ 69	75,900	52,765	23,135	721	458	263
70 ～ 74	133,612	91,174	42,438	887	593	294
75 ～ 79	171,702	109,603	62,099	996	637	359
80 ～ 84	231,058	133,234	97,824	1,167	613	554
85 ～ 89	292,272	141,300	150,972	1,009	412	597
90 歳 以 上 and over	395,557	119,876	275,681	1,135	338	797

資料：厚生労働省「人口動態統計」（概数）
注）　＊ 2020年10月1日現在の年齢
　　　ただし、年齢不詳の死亡者数を各歳別に
　　　あん分して含めた。
　　　なお、0～4歳の数値には2020年10月～
　　　2021年9月の出生児の死亡者数を含む。

Source : Ministry of Health, Labour and Welfare, "Preliminary Results
of the Vital Statistics"
Note)　＊ Age as of October 1, 2020
Unknown age deaths are included after being prorated
to each age population.
Age group 0-4 includes deaths of the babies born
from October 2020 to September 2021.

参考表4　年齢（5歳階級）、男女別出入国者数－日本人、外国人（2020年10月～2021年9月）
Reference Table 4.　Entries and Exits by Age (Five-Year Groups) and Sex‐Japanese, Foreigners
from October 2020 to September 2021

| 年　齢　階　級 Age groups | 日　本　人　　Japanese　　* | | | | | |
| | 男女計　Both sexes | | 男　Male | | 女　Female | |
	入国者数 Entries	出国者数 Exits	入国者数 Entries	出国者数 Exits	入国者数 Entries	出国者数 Exits
総　　　　　数　Total	282,585	289,292	160,016	160,446	122,569	128,846
0 ～ 4 歳　years old	15,000	15,996	7,608	8,054	7,392	7,942
5 ～ 9	17,214	17,387	8,652	8,720	8,562	8,667
10 ～ 14	14,533	13,163	7,275	6,708	7,258	6,455
15 ～ 19	14,543	16,331	6,689	7,210	7,854	9,121
20 ～ 24	18,083	26,815	8,052	11,357	10,031	15,458
25 ～ 29	17,110	21,060	7,997	9,812	9,113	11,248
30 ～ 34	25,227	27,662	13,441	14,611	11,786	13,051
35 ～ 39	30,206	30,711	17,538	17,712	12,668	12,999
40 ～ 44	29,954	28,819	17,522	16,979	12,432	11,840
45 ～ 49	30,744	28,826	18,810	17,979	11,934	10,847
50 ～ 54	27,839	25,763	18,351	17,205	9,488	8,558
55 ～ 59	19,838	17,938	13,312	11,962	6,526	5,976
60 ～ 64	11,412	9,949	7,735	6,571	3,677	3,378
65 ～ 69	5,404	4,539	3,527	2,895	1,877	1,644
70 ～ 74	3,412	2,773	2,241	1,753	1,171	1,020
75 ～ 79	1,306	1,012	841	629	465	383
80 ～ 84	533	400	301	216	232	184
85 ～ 89	187	122	106	64	81	58
90 歳 以 上　and over	40	26	18	9	22	17

資料：出入国在留管理庁「出入国管理統計」　Source : Immigration Services Agency, "Statistics on Legal Migrants"
注)　* 滞在期間が3か月以内の者を除く。　Note) * Excluding persons whose period of stay abroad is less than three months.

参考表4 　年齢（５歳階級）、男女別出入国者数－日本人、外国人（2020年10月～2021年９月）　（続き）
Reference Table 4. Entries and Exits by Age (Five-Year Groups) and Sex‐Japanese, Foreigners
from October 2020 to September 2021‐Continued

年　齢　階　級 Age groups	外　国　人　　　Foreigners　　*					
	男女計　Both sexes		男　　Male		女　　Female	
	入国者数 Entries	出国者数 Exits	入国者数 Entries	出国者数 Exits	入国者数 Entries	出国者数 Exits
総　　　　　　数　Total	349,361	377,842	184,437	200,321	164,924	177,521
0 ～ 4 歳 years old	9,490	11,438	4,792	5,884	4,698	5,554
5 ～ 9	5,917	6,315	3,064	3,266	2,853	3,049
10 ～ 14	4,807	4,264	2,443	2,149	2,364	2,115
15 ～ 19	36,077	11,038	18,007	5,734	18,070	5,304
20 ～ 24	75,084	65,005	40,964	33,842	34,120	31,163
25 ～ 29	58,219	77,561	31,463	42,827	26,756	34,734
30 ～ 34	44,877	61,372	24,333	34,134	20,544	27,238
35 ～ 39	30,770	39,530	16,474	21,521	14,296	18,009
40 ～ 44	23,303	28,139	12,276	14,781	11,027	13,358
45 ～ 49	19,428	23,242	10,114	11,684	9,314	11,558
50 ～ 54	16,584	19,309	8,398	9,663	8,186	9,646
55 ～ 59	11,951	14,313	5,935	6,995	6,016	7,318
60 ～ 64	7,041	8,844	3,334	4,188	3,707	4,656
65 ～ 69	3,533	4,539	1,690	2,189	1,843	2,350
70 ～ 74	1,421	1,841	699	895	722	946
75 ～ 79	525	657	264	327	261	330
80 ～ 84	218	279	114	139	104	140
85 ～ 89	92	123	58	77	34	46
90 歳 以 上 and over	24	33	15	26	9	7

資料：出入国在留管理庁「出入国管理統計」　　　　　Source : Immigration Services Agency, "Statistics on Legal Migrants"
注)　＊滞在期間が３か月以内の者を除く。　　　　　　Note)　＊ Excluding persons whose intended period of stay is less than three months.
　　　2020年10月１日現在の年齢　　　　　　　　　　　　Age as of October 1, 2020
　　　なお、0～4歳の数値には2020年10月～　　　　　Age group 0-4 includes entries and exits of the babies born
　　2021年9月の出生児の出入国者数を含む。　　　　from October 2020 to September 2021.

参考表5 都 道 府 県、男 女 別 人 口 の 計 算 表－総人口、日本人人口
Reference Table 5. Computation of Population by Sex for Prefectures－Total population, Japanese population

都　道　府　県 Prefectures	総 人 口　　男 女 計 Total population　　Both sexes				
	2020 年 10 月 1 日 現　在　人　口 Population Oct. 1, 2020 *	2020 年 10 月 1 日 ～ 2021 年 9 月 30 日 Oct. 1, 2020 to Sept. 30, 2021			2021 年 10 月 1 日 現　在　人　口 Population Oct. 1, 2021
		自 然 増 減 Natural change	社 会 増 減 Net migration	増 減 の 計 Total net change	
全　　　　　国　Japan	126, 146, 099	−608, 621	−35, 188	−643, 809	125, 502, 290
01 北　海　道　Hokkaido	5, 224, 614	−40, 173	−1, 647	−41, 820	5, 182, 794
02 青　森　県　Aomori-ken	1, 237, 984	−12, 202	−4, 458	−16, 660	1, 221, 324
03 岩　手　県　Iwate-ken	1, 210, 534	−11, 131	−2, 970	−14, 101	1, 196, 433
04 宮　城　県　Miyagi-ken	2, 301, 996	−11, 768	−69	−11, 837	2, 290, 159
05 秋　田　県　Akita-ken	959, 502	−11, 640	−2, 960	−14, 600	944, 902
06 山　形　県　Yamagata-ken	1, 068, 027	−10, 025	−3, 112	−13, 137	1, 054, 890
07 福　島　県　Fukushima-ken	1, 833, 152	−14, 622	−6, 590	−21, 212	1, 811, 940
08 茨　城　県　Ibaraki-ken	2, 867, 009	−16, 552	1, 225	−15, 327	2, 851, 682
09 栃　木　県　Tochigi-ken	1, 933, 146	−10, 777	−1, 028	−11, 805	1, 921, 341
10 群　馬　県　Gumma-ken	1, 939, 110	−12, 554	−34	−12, 588	1, 926, 522
11 埼　玉　県　Saitama-ken	7, 344, 765	−28, 015	23, 717	−4, 298	7, 340, 467
12 千　葉　県　Chiba-ken	6, 284, 480	−25, 519	16, 199	−9, 320	6, 275, 160
13 東　京　都　Tokyo-to	14, 047, 594	−29, 890	−7, 605	−37, 495	14, 010, 099
14 神　奈　川　県　Kanagawa-ken	9, 237, 337	−29, 447	28, 432	−1, 015	9, 236, 322
15 新　潟　県　Niigata-ken	2, 201, 272	−18, 105	−6, 120	−24, 225	2, 177, 047
16 富　山　県　Toyama-ken	1, 034, 814	−7, 403	−1, 971	−9, 374	1, 025, 440
17 石　川　県　Ishikawa-ken	1, 132, 526	−5, 767	−1, 620	−7, 387	1, 125, 139
18 福　井　県　Fukui-ken	766, 863	−4, 475	−1, 948	−6, 423	760, 440
19 山　梨　県　Yamanashi-ken	809, 974	−4, 965	344	−4, 621	805, 353
20 長　野　県　Nagano-ken	2, 048, 011	−13, 465	−1, 364	−14, 829	2, 033, 182
21 岐　阜　県　Gifu-ken	1, 978, 742	−11, 914	−5, 887	−17, 801	1, 960, 941
22 静　岡　県　Shizuoka-ken	3, 633, 202	−20, 943	−4, 664	−25, 607	3, 607, 595
23 愛　知　県　Aichi-ken	7, 542, 415	−17, 652	−8, 159	−25, 811	7, 516, 604
24 三　重　県　Mie-ken	1, 770, 254	−10, 191	−4, 374	−14, 565	1, 755, 689
25 滋　賀　県　Shiga-ken	1, 413, 610	−3, 415	314	−3, 101	1, 410, 509
26 京　都　府　Kyoto-fu	2, 578, 087	−12, 089	−4, 599	−16, 688	2, 561, 399
27 大　阪　府　Osaka-fu	8, 837, 685	−37, 562	5, 991	−31, 571	8, 806, 114
28 兵　庫　県　Hyogo-ken	5, 465, 002	−26, 543	−6, 046	−32, 589	5, 432, 413
29 奈　良　県　Nara-ken	1, 324, 473	−7, 666	−1, 468	−9, 134	1, 315, 339
30 和　歌　山　県　Wakayama-ken	922, 584	−7, 183	−1, 802	−8, 985	913, 599
31 鳥　取　県　Tottori-ken	553, 407	−3, 784	−994	−4, 778	548, 629
32 島　根　県　Shimane-ken	671, 126	−5, 314	−925	−6, 239	664, 887
33 岡　山　県　Okayama-ken	1, 888, 432	−9, 522	−2, 645	−12, 167	1, 876, 265
34 広　島　県　Hiroshima-ken	2, 799, 702	−12, 443	−7, 629	−20, 072	2, 779, 630
35 山　口　県　Yamaguchi-ken	1, 342, 059	−11, 157	−3, 384	−14, 541	1, 327, 518
36 徳　島　県　Tokushima-ken	719, 559	−5, 881	−1, 703	−7, 584	711, 975
37 香　川　県　Kagawa-ken	950, 244	−6, 083	−1, 937	−8, 020	942, 224
38 愛　媛　県　Ehime-ken	1, 334, 841	−10, 707	−3, 213	−13, 920	1, 320, 921
39 高　知　県　Kochi-ken	691, 527	−6, 138	−1, 350	−7, 488	684, 039
40 福　岡　県　Fukuoka-ken	5, 135, 214	−17, 783	6, 317	−11, 466	5, 123, 748
41 佐　賀　県　Saga-ken	811, 442	−4, 184	−1, 287	−5, 471	805, 971
42 長　崎　県　Nagasaki-ken	1, 312, 317	−9, 135	−6, 343	−15, 478	1, 296, 839
43 熊　本　県　Kumamoto-ken	1, 738, 301	−9, 106	−932	−10, 038	1, 728, 263
44 大　分　県　Oita-ken	1, 123, 852	−7, 765	−1, 638	−9, 403	1, 114, 449
45 宮　崎　県　Miyazaki-ken	1, 069, 576	−6, 881	−1, 455	−8, 336	1, 061, 240
46 鹿　児　島　県　Kagoshima-ken	1, 588, 256	−10, 434	−1, 431	−11, 865	1, 576, 391
47 沖　縄　県　Okinawa-ken	1, 467, 480	1, 349	−366	983	1, 468, 463

注) ＊　総務省統計局「国勢調査」

Note) ＊　Statistics Bureau, Ministry of Internal Affairs and Communications,
"Population Census"

参考表 5　都 道 府 県 、 男 女 別 人 口
Reference Table 5.　Computation of Population by Sex for Prefectures

都　道　府　県 Prefectures	総　人　口 Total population 2020 年 10 月 1 日 現　在　人　口 Population Oct. 1, 2020 *	男　Male			2021 年 10 月 1 日 現　在　人　口 Population Oct. 1, 2021
		2020 年 10 月 1 日 ～ 2021 年 9 月 30 日 Oct. 1, 2020 to Sept. 30, 2021			
		自　然　増　減 Natural change	社　会　増　減 Net migration	増　減　の　計 Total net change	
全　　　　　　　国　Japan	61, 349, 581	−314, 208	−16, 314	−330, 522	61, 019, 059
01 北　海　道　Hokkaido	2, 465, 088	−19, 899	700	−19, 199	2, 445, 889
02 青　森　県　Aomori-ken	583, 402	−5, 915	−1, 994	−7, 909	575, 493
03 岩　手　県　Iwate-ken	582, 952	−5, 401	−966	−6, 367	576, 585
04 宮　城　県　Miyagi-ken	1, 122, 598	−5, 862	−87	−5, 949	1, 116, 649
05 秋　田　県　Akita-ken	452, 439	−5, 564	−1, 033	−6, 597	445, 842
06 山　形　県　Yamagata-ken	516, 438	−4, 693	−1, 169	−5, 862	510, 576
07 福　島　県　Fukushima-ken	903, 864	−7, 289	−2, 746	−10, 035	893, 829
08 茨　城　県　Ibaraki-ken	1, 430, 976	−8, 958	1, 302	−7, 656	1, 423, 320
09 栃　木　県　Tochigi-ken	964, 930	−5, 670	−775	−6, 445	958, 485
10 群　馬　県　Gumma-ken	959, 411	−6, 696	203	−6, 493	952, 918
11 埼　玉　県　Saitama-ken	3, 652, 169	−16, 912	10, 857	−6, 055	3, 646, 114
12 千　葉　県　Chiba-ken	3, 117, 987	−15, 104	8, 370	−6, 734	3, 111, 253
13 東　京　都　Tokyo-to	6, 898, 388	−16, 753	−6, 403	−23, 156	6, 875, 232
14 神　奈　川　県　Kanagawa-ken	4, 588, 268	−16, 913	12, 519	−4, 394	4, 583, 874
15 新　潟　県　Niigata-ken	1, 068, 670	−8, 837	−2, 579	−11, 416	1, 057, 254
16 富　山　県　Toyama-ken	502, 637	−3, 675	−680	−4, 355	498, 282
17 石　川　県　Ishikawa-ken	549, 771	−2, 749	−861	−3, 610	546, 161
18 福　井　県　Fukui-ken	373, 973	−2, 147	−722	−2, 869	371, 104
19 山　梨　県　Yamanashi-ken	397, 309	−2, 538	466	−2, 072	395, 237
20 長　野　県　Nagano-ken	1, 000, 389	−6, 453	−335	−6, 788	993, 601
21 岐　阜　県　Gifu-ken	960, 436	−6, 091	−2, 515	−8, 606	951, 830
22 静　岡　県　Shizuoka-ken	1, 791, 118	−10, 748	−2, 013	−12, 761	1, 778, 357
23 愛　知　県　Aichi-ken	3, 761, 502	−10, 357	−5, 265	−15, 622	3, 745, 880
24 三　重　県　Mie-ken	864, 475	−5, 145	−2, 073	−7, 218	857, 257
25 滋　賀　県　Shiga-ken	697, 429	−1, 720	−175	−1, 895	695, 534
26 京　都　府　Kyoto-fu	1, 231, 468	−5, 988	−2, 716	−8, 704	1, 222, 764
27 大　阪　府　Osaka-fu	4, 235, 956	−21, 444	1, 519	−19, 925	4, 216, 031
28 兵　庫　県　Hyogo-ken	2, 599, 756	−13, 813	−3, 956	−17, 769	2, 581, 987
29 奈　良　県　Nara-ken	623, 926	−3, 842	−828	−4, 670	619, 256
30 和　歌　山　県　Wakayama-ken	435, 051	−3, 534	−672	−4, 206	430, 845
31 鳥　取　県　Tottori-ken	264, 432	−1, 667	−448	−2, 115	262, 317
32 島　根　県　Shimane-ken	324, 291	−2, 413	−214	−2, 627	321, 664
33 岡　山　県　Okayama-ken	908, 045	−4, 636	−1, 107	−5, 743	902, 302
34 広　島　県　Hiroshima-ken	1, 357, 156	−5, 903	−3, 924	−9, 827	1, 347, 329
35 山　口　県　Yamaguchi-ken	636, 736	−5, 185	−1, 062	−6, 247	630, 489
36 徳　島　県　Tokushima-ken	343, 265	−2, 812	−523	−3, 335	339, 930
37 香　川　県　Kagawa-ken	459, 197	−2, 998	−1, 051	−4, 049	455, 148
38 愛　媛　県　Ehime-ken	633, 062	−5, 047	−1, 456	−6, 503	626, 559
39 高　知　県　Kochi-ken	326, 531	−3, 018	−364	−3, 382	323, 149
40 福　岡　県　Fukuoka-ken	2, 430, 951	−8, 466	3, 008	−5, 458	2, 425, 493
41 佐　賀　県　Saga-ken	384, 451	−1, 882	−496	−2, 378	382, 073
42 長　崎　県　Nagasaki-ken	616, 912	−4, 165	−2, 813	−6, 978	609, 934
43 熊　本　県　Kumamoto-ken	822, 481	−4, 222	−95	−4, 317	818, 164
44 大　分　県　Oita-ken	533, 414	−3, 586	−595	−4, 181	529, 233
45 宮　崎　県　Miyazaki-ken	504, 763	−3, 238	−367	−3, 605	501, 158
46 鹿　児　島　県　Kagoshima-ken	748, 306	−4, 691	−116	−4, 807	743, 499
47 沖　縄　県　Okinawa-ken	722, 812	431	−64	367	723, 179

注) ＊　総務省統計局「国勢調査」

の 計 算 表－総人口、日本人人口（続き）
- Total population, Japanese population - Continued

都 道 府 県 Prefectures	総 人 口 Total population 2020 年 10 月 1 日 現 在 人 口 Population Oct. 1, 2020 *	女 Female 2020 年 10 月 1 日 ～ 2021 年 9 月 30 日 Oct. 1, 2020 to Sept. 30, 2021			2021 年 10 月 1 日 現 在 人 口 Population Oct. 1, 2021
		自 然 増 減 Natural change	社 会 増 減 Net migration	増 減 の 計 Total net change	
全　　　　　　国　Japan	64, 796, 518	−294, 413	−18, 874	−313, 287	64, 483, 231
01 北 海 道　Hokkaido	2, 759, 526	−20, 274	−2, 347	−22, 621	2, 736, 905
02 青 森 県　Aomori-ken	654, 582	−6, 287	−2, 464	−8, 751	645, 831
03 岩 手 県　Iwate-ken	627, 582	−5, 730	−2, 004	−7, 734	619, 848
04 宮 城 県　Miyagi-ken	1, 179, 398	−5, 906	18	−5, 888	1, 173, 510
05 秋 田 県　Akita-ken	507, 063	−6, 076	−1, 927	−8, 003	499, 060
06 山 形 県　Yamagata-ken	551, 589	−5, 332	−1, 943	−7, 275	544, 314
07 福 島 県　Fukushima-ken	929, 288	−7, 333	−3, 844	−11, 177	918, 111
08 茨 城 県　Ibaraki-ken	1, 436, 033	−7, 594	−77	−7, 671	1, 428, 362
09 栃 木 県　Tochigi-ken	968, 216	−5, 107	−253	−5, 360	962, 856
10 群 馬 県　Gumma-ken	979, 699	−5, 858	−237	−6, 095	973, 604
11 埼 玉 県　Saitama-ken	3, 692, 596	−11, 103	12, 860	1, 757	3, 694, 353
12 千 葉 県　Chiba-ken	3, 166, 493	−10, 415	7, 829	−2, 586	3, 163, 907
13 東 京 都　Tokyo-to	7, 149, 206	−13, 137	−1, 202	−14, 339	7, 134, 867
14 神 奈 川 県　Kanagawa-ken	4, 649, 069	−12, 534	15, 913	3, 379	4, 652, 448
15 新 潟 県　Niigata-ken	1, 132, 602	−9, 268	−3, 541	−12, 809	1, 119, 793
16 富 山 県　Toyama-ken	532, 177	−3, 728	−1, 291	−5, 019	527, 158
17 石 川 県　Ishikawa-ken	582, 755	−3, 018	−759	−3, 777	578, 978
18 福 井 県　Fukui-ken	392, 890	−2, 328	−1, 226	−3, 554	389, 336
19 山 梨 県　Yamanashi-ken	412, 665	−2, 427	−122	−2, 549	410, 116
20 長 野 県　Nagano-ken	1, 047, 622	−7, 012	−1, 029	−8, 041	1, 039, 581
21 岐 阜 県　Gifu-ken	1, 018, 306	−5, 823	−3, 372	−9, 195	1, 009, 111
22 静 岡 県　Shizuoka-ken	1, 842, 084	−10, 195	−2, 651	−12, 846	1, 829, 238
23 愛 知 県　Aichi-ken	3, 780, 913	−7, 295	−2, 894	−10, 189	3, 770, 724
24 三 重 県　Mie-ken	905, 779	−5, 046	−2, 301	−7, 347	898, 432
25 滋 賀 県　Shiga-ken	716, 181	−1, 695	489	−1, 206	714, 975
26 京 都 府　Kyoto-fu	1, 346, 619	−6, 101	−1, 883	−7, 984	1, 338, 635
27 大 阪 府　Osaka-fu	4, 601, 729	−16, 118	4, 472	−11, 646	4, 590, 083
28 兵 庫 県　Hyogo-ken	2, 865, 246	−12, 730	−2, 090	−14, 820	2, 850, 426
29 奈 良 県　Nara-ken	700, 547	−3, 824	−640	−4, 464	696, 083
30 和 歌 山 県　Wakayama-ken	487, 533	−3, 649	−1, 130	−4, 779	482, 754
31 鳥 取 県　Tottori-ken	288, 975	−2, 117	−546	−2, 663	286, 312
32 島 根 県　Shimane-ken	346, 835	−2, 901	−711	−3, 612	343, 223
33 岡 山 県　Okayama-ken	980, 387	−4, 886	−1, 538	−6, 424	973, 963
34 広 島 県　Hiroshima-ken	1, 442, 546	−6, 540	−3, 705	−10, 245	1, 432, 301
35 山 口 県　Yamaguchi-ken	705, 323	−5, 972	−2, 322	−8, 294	697, 029
36 徳 島 県　Tokushima-ken	376, 294	−3, 069	−1, 180	−4, 249	372, 045
37 香 川 県　Kagawa-ken	491, 047	−3, 085	−886	−3, 971	487, 076
38 愛 媛 県　Ehime-ken	701, 779	−5, 660	−1, 757	−7, 417	694, 362
39 高 知 県　Kochi-ken	364, 996	−3, 120	−986	−4, 106	360, 890
40 福 岡 県　Fukuoka-ken	2, 704, 263	−9, 317	3, 309	−6, 008	2, 698, 255
41 佐 賀 県　Saga-ken	426, 991	−2, 302	−791	−3, 093	423, 898
42 長 崎 県　Nagasaki-ken	695, 405	−4, 970	−3, 530	−8, 500	686, 905
43 熊 本 県　Kumamoto-ken	915, 820	−4, 884	−837	−5, 721	910, 099
44 大 分 県　Oita-ken	590, 438	−4, 179	−1, 043	−5, 222	585, 216
45 宮 崎 県　Miyazaki-ken	564, 813	−3, 643	−1, 088	−4, 731	560, 082
46 鹿 児 島 県　Kagoshima-ken	839, 950	−5, 743	−1, 315	−7, 058	832, 892
47 沖 縄 県　Okinawa-ken	744, 668	918	−302	616	745, 284

Note) * Statistics Bureau, Ministry of Internal Affairs and Communications, "Population Census"

参考表 5　都 道 府 県、男 女 別 人 口
Reference Table 5.　Computation of Population by Sex for Prefectures

都　道　府　県 Prefectures	日 本 人 人 口　Japanese population　男 女 計　Both sexes					2021 年 10 月 1 日 現 在 人 口 Population Oct. 1, 2021
	2020 年 10 月 1 日 現 在 人 口 Population Oct. 1, 2020 *	2020 年 10 月 1 日 ～ 2021 年 9 月 30 日　Oct. 1, 2020 to Sept. 30, 2021				
		自 然 増 減 Natural change	社 会 増 減 Net migration	国籍の異動 による純増減 (a)	増 減 の 計 Total net change	
全　　　　　　国　Japan	123,398,962	−619,076	−6,707	7,308	−618,475	122,780,487
01 北　海　道　Hokkaido	5,188,441	−40,207	−1,682	8	−41,881	5,146,560
02 青　森　県　Aomori-ken	1,232,227	−12,199	−4,348	12	−16,535	1,215,692
03 岩　手　県　Iwate-ken	1,203,203	−11,135	−2,673	2	−13,806	1,189,397
04 宮　城　県　Miyagi-ken	2,280,203	−11,824	739	35	−11,050	2,269,153
05 秋　田　県　Akita-ken	955,659	−11,640	−2,802	−4	−14,446	941,213
06 山　形　県　Yamagata-ken	1,060,586	−10,022	−2,994	3	−13,013	1,047,573
07 福　島　県　Fukushima-ken	1,819,085	−14,647	−5,796	0	−20,443	1,798,642
08 茨　城　県　Ibaraki-ken	2,801,640	−16,929	445	74	−16,410	2,785,230
09 栃　木　県　Tochigi-ken	1,891,396	−11,018	−398	81	−11,335	1,880,061
10 群　馬　県　Gumma-ken	1,879,820	−13,001	−1,065	184	−13,882	1,865,938
11 埼　玉　県　Saitama-ken	7,159,087	−29,475	21,504	537	−7,434	7,151,653
12 千　葉　県　Chiba-ken	6,122,205	−26,563	18,083	441	−8,039	6,114,166
13 東　京　都　Tokyo-to	13,484,028	−32,157	5,865	1,401	−24,891	13,459,137
14 神　奈　川　県　Kanagawa-ken	9,006,608	−30,571	30,225	596	250	9,006,858
15 新　潟　県　Niigata-ken	2,185,171	−18,125	−5,812	16	−23,921	2,161,250
16 富　山　県　Toyama-ken	1,017,321	−7,486	−1,414	4	−8,896	1,008,425
17 石　川　県　Ishikawa-ken	1,117,364	−5,813	−1,057	20	−6,850	1,110,514
18 福　井　県　Fukui-ken	752,018	−4,508	−2,007	45	−6,470	745,548
19 山　梨　県　Yamanashi-ken	794,358	−5,027	31	31	−4,965	789,393
20 長　野　県　Nagano-ken	2,013,539	−13,534	−1,098	55	−14,577	1,998,962
21 岐　阜　県　Gifu-ken	1,924,681	−12,205	−5,202	109	−17,298	1,907,383
22 静　岡　県　Shizuoka-ken	3,540,934	−21,537	−4,601	205	−25,933	3,515,001
23 愛　知　県　Aichi-ken	7,283,260	−19,194	−3,668	596	−22,266	7,260,994
24 三　重　県　Mie-ken	1,718,708	−10,540	−3,673	112	−14,101	1,704,607
25 滋　賀　県　Shiga-ken	1,380,486	−3,544	9	96	−3,439	1,377,047
26 京　都　府　Kyoto-fu	2,520,012	−11,885	−3,809	238	−15,456	2,504,556
27 大　阪　府　Osaka-fu	8,595,483	−37,314	5,650	1,401	−30,263	8,565,220
28 兵　庫　県　Hyogo-ken	5,356,648	−26,403	−6,879	434	−32,848	5,323,800
29 奈　良　県　Nara-ken	1,311,730	−7,660	−2,010	50	−9,620	1,302,110
30 和　歌　山　県　Wakayama-ken	916,179	−7,167	−2,107	13	−9,261	906,918
31 鳥　取　県　Tottori-ken	548,766	−3,782	−815	5	−4,592	544,174
32 島　根　県　Shimane-ken	662,115	−5,379	−1,303	26	−6,656	655,459
33 岡　山　県　Okayama-ken	1,859,012	−9,568	−2,703	49	−12,222	1,846,790
34 広　島　県　Hiroshima-ken	2,746,811	−12,568	−4,907	104	−17,371	2,729,440
35 山　口　県　Yamaguchi-ken	1,326,043	−11,110	−2,930	28	−14,012	1,312,031
36 徳　島　県　Tokushima-ken	713,716	−5,891	−1,524	14	−7,401	706,315
37 香　川　県　Kagawa-ken	937,342	−6,133	−1,648	8	−7,773	929,569
38 愛　媛　県　Ehime-ken	1,322,257	−10,714	−2,389	4	−13,099	1,309,158
39 高　知　県　Kochi-ken	686,982	−6,139	−1,322	8	−7,453	679,529
40 福　岡　県　Fukuoka-ken	5,055,456	−18,022	7,590	245	−10,187	5,045,269
41 佐　賀　県　Saga-ken	804,878	−4,209	−1,130	4	−5,335	799,543
42 長　崎　県　Nagasaki-ken	1,303,067	−9,191	−5,774	−2	−14,967	1,288,100
43 熊　本　県　Kumamoto-ken	1,722,005	−9,142	−1,012	15	−10,139	1,711,866
44 大　分　県　Oita-ken	1,111,592	−7,782	−1,477	8	−9,251	1,102,341
45 宮　崎　県　Miyazaki-ken	1,062,573	−6,888	−1,396	1	−8,283	1,054,290
46 鹿　児　島　県　Kagoshima-ken	1,577,022	−10,450	−1,801	3	−12,248	1,564,774
47 沖　縄　県　Okinawa-ken	1,447,245	1,222	378	−7	1,593	1,448,838

注）＊　総務省統計局「国勢調査」（不詳補完値）

の　計　算　表－総人口、日本人人口（続き）
- Total population, Japanese population - Continued

都　道　府　県 Prefectures	日 本 人 人 口 Japanese population	男 Male				
	2020 年 10 月 1 日 現　在　人　口 Population Oct. 1, 2020	2020 年 10 月 1 日 ～ 2021 年 9 月 30 日 Oct. 1, 2020 to Sept. 30, 2021				2021 年 10 月 1 日 現　在　人　口 Population Oct. 1, 2021
		自 然 増 減 Natural change	社 会 増 減 Net migration	国籍の異動 による純増減 (a)	増 減 の 計 Total net change	
全　　　　　　国　Japan	60, 002, 838	−319, 528	−430	3, 763	−316, 195	59, 686, 643
01 北　海　道　Hokkaido	2, 448, 759	−19, 915	239	4	−19, 672	2, 429, 087
02 青　森　県　Aomori-ken	581, 132	−5, 912	−1, 872	8	−7, 776	573, 356
03 岩　手　県　Iwate-ken	580, 264	−5, 404	−900	3	−6, 301	573, 963
04 宮　城　県　Miyagi-ken	1, 112, 335	−5, 890	284	16	−5, 590	1, 106, 745
05 秋　田　県　Akita-ken	451, 082	−5, 562	−1, 033	0	−6, 595	444, 487
06 山　形　県　Yamagata-ken	513, 878	−4, 693	−1, 216	0	−5, 909	507, 969
07 福　島　県　Fukushima-ken	897, 843	−7, 307	−2, 409	−2	−9, 718	888, 125
08 茨　城　県　Ibaraki-ken	1, 397, 039	−9, 156	1, 214	43	−7, 899	1, 389, 140
09 栃　木　県　Tochigi-ken	943, 800	−5, 779	−60	39	−5, 800	938, 000
10 群　馬　県　Gumma-ken	928, 834	−6, 928	−230	87	−7, 071	921, 763
11 埼　玉　県　Saitama-ken	3, 559, 650	−17, 651	10, 034	285	−7, 332	3, 552, 318
12 千　葉　県　Chiba-ken	3, 039, 216	−15, 632	9, 646	213	−5, 773	3, 033, 443
13 東　京　都　Tokyo-to	6, 623, 630	−17, 939	−158	763	−17, 334	6, 606, 296
14 神　奈　川　県　Kanagawa-ken	4, 474, 645	−17, 506	13, 707	305	−3, 494	4, 471, 151
15 新　潟　県　Niigata-ken	1, 062, 137	−8, 839	−2, 503	12	−11, 330	1, 050, 807
16 富　山　県　Toyama-ken	494, 151	−3, 719	−432	2	−4, 149	490, 002
17 石　川　県　Ishikawa-ken	541, 717	−2, 766	−615	10	−3, 371	538, 346
18 福　井　県　Fukui-ken	367, 290	−2, 154	−802	20	−2, 936	364, 354
19 山　梨　県　Yamanashi-ken	390, 141	−2, 563	215	15	−2, 333	387, 808
20 長　野　県　Nagano-ken	985, 058	−6, 483	−216	33	−6, 666	978, 392
21 岐　阜　県　Gifu-ken	934, 429	−6, 235	−2, 302	59	−8, 478	925, 951
22 静　岡　県　Shizuoka-ken	1, 745, 786	−11, 083	−1, 838	97	−12, 824	1, 732, 962
23 愛　知　県　Aichi-ken	3, 632, 555	−11, 124	−2, 230	284	−13, 070	3, 619, 485
24 三　重　県　Mie-ken	837, 934	−5, 326	−1, 468	49	−6, 745	831, 189
25 滋　賀　県　Shiga-ken	679, 646	−1, 766	−280	49	−1, 997	677, 649
26 京　都　府　Kyoto-fu	1, 202, 697	−5, 885	−2, 284	110	−8, 059	1, 194, 638
27 大　阪　府　Osaka-fu	4, 116, 865	−21, 317	1, 171	670	−19, 476	4, 097, 389
28 兵　庫　県　Hyogo-ken	2, 546, 706	−13, 730	−4, 396	244	−17, 882	2, 528, 824
29 奈　良　県　Nara-ken	617, 815	−3, 840	−1, 060	22	−4, 878	612, 937
30 和　歌　山　県　Wakayama-ken	432, 415	−3, 526	−853	8	−4, 371	428, 044
31 鳥　取　県　Tottori-ken	262, 748	−1, 662	−408	3	−2, 067	260, 681
32 島　根　県　Shimane-ken	319, 954	−2, 442	−465	13	−2, 894	317, 060
33 岡　山　県　Okayama-ken	893, 546	−4, 664	−1, 140	23	−5, 781	887, 765
34 広　島　県　Hiroshima-ken	1, 330, 215	−5, 958	−2, 176	62	−8, 072	1, 322, 143
35 山　口　県　Yamaguchi-ken	629, 146	−5, 158	−966	15	−6, 109	623, 037
36 徳　島　県　Tokushima-ken	341, 145	−2, 816	−496	11	−3, 301	337, 844
37 香　川　県　Kagawa-ken	452, 469	−3, 026	−724	4	−3, 746	448, 723
38 愛　媛　県　Ehime-ken	626, 655	−5, 054	−913	9	−5, 958	620, 697
39 高　知　県　Kochi-ken	324, 153	−3, 020	−312	7	−3, 325	320, 828
40 福　岡　県　Fukuoka-ken	2, 389, 133	−8, 606	3, 654	127	−4, 825	2, 384, 308
41 佐　賀　県　Saga-ken	381, 635	−1, 895	−371	3	−2, 263	379, 372
42 長　崎　県　Nagasaki-ken	612, 353	−4, 197	−2, 427	8	−6, 616	605, 737
43 熊　本　県　Kumamoto-ken	815, 405	−4, 237	−195	9	−4, 423	810, 982
44 大　分　県　Oita-ken	527, 592	−3, 594	−520	8	−4, 106	523, 486
45 宮　崎　県　Miyazaki-ken	501, 859	−3, 235	−301	1	−3, 535	498, 324
46 鹿　児　島　県　Kagoshima-ken	744, 313	−4, 693	−516	5	−5, 204	739, 109
47 沖　縄　県　Okinawa-ken	711, 068	359	493	7	859	711, 927

Note) * Statistics Bureau, Ministry of Internal Affairs and Communications, "Population Census" (Result with Imputation)

(a) Net increase or decrease by change of nationality

参考表5　都 道 府 県、 男 女 別 人 口 の 計 算 表－総人口、日本人人口（続き）
Reference Table 5.　Computation of Population by Sex for Prefectures－Total population, Japanese population－Continued

都　道　府　県 Prefectures	日 本 人 人 口 Japanese population　女 Female					
	2020 年 10 月 1 日 現 在 人 口 Population Oct. 1, 2020	2020 年 10 月 1 日 〜 2021 年 9 月 30 日 Oct. 1, 2020 to Sept. 30, 2021				2021 年 10 月 1 日 現 在 人 口 Population Oct. 1, 2021
		自 然 増 減 Natural change	社 会 増 減 Net migration	国籍の異動 による純増減 (a)	増 減 の 計 Total net change	
全　　　　　国　Japan	63,396,124	-299,548	-6,277	3,545	-302,280	63,093,844
01 北　海　道　Hokkaido	2,739,682	-20,292	-1,921	4	-22,209	2,717,473
02 青　森　県　Aomori-ken	651,095	-6,287	-2,476	4	-8,759	642,336
03 岩　手　県　Iwate-ken	622,939	-5,731	-1,773	-1	-7,505	615,434
04 宮　城　県　Miyagi-ken	1,167,868	-5,934	455	19	-5,460	1,162,408
05 秋　田　県　Akita-ken	504,577	-6,078	-1,769	-4	-7,851	496,726
06 山　形　県　Yamagata-ken	546,708	-5,329	-1,778	3	-7,104	539,604
07 福　島　県　Fukushima-ken	921,242	-7,340	-3,387	2	-10,725	910,517
08 茨　城　県　Ibaraki-ken	1,404,601	-7,773	-769	31	-8,511	1,396,090
09 栃　木　県　Tochigi-ken	947,596	-5,239	-338	42	-5,535	942,061
10 群　馬　県　Gumma-ken	950,986	-6,073	-835	97	-6,811	944,175
11 埼　玉　県　Saitama-ken	3,599,437	-11,824	11,470	252	-102	3,599,335
12 千　葉　県　Chiba-ken	3,082,989	-10,931	8,437	228	-2,266	3,080,723
13 東　京　都　Tokyo-to	6,860,398	-14,218	6,023	638	-7,557	6,852,841
14 神　奈　川　県　Kanagawa-ken	4,531,963	-13,065	16,518	291	3,744	4,535,707
15 新　潟　県　Niigata-ken	1,123,034	-9,286	-3,309	4	-12,591	1,110,443
16 富　山　県　Toyama-ken	523,170	-3,767	-982	2	-4,747	518,423
17 石　川　県　Ishikawa-ken	575,647	-3,047	-442	10	-3,479	572,168
18 福　井　県　Fukui-ken	384,728	-2,354	-1,205	25	-3,534	381,194
19 山　梨　県　Yamanashi-ken	404,217	-2,464	-184	16	-2,632	401,585
20 長　野　県　Nagano-ken	1,028,481	-7,051	-882	22	-7,911	1,020,570
21 岐　阜　県　Gifu-ken	990,252	-5,970	-2,900	50	-8,820	981,432
22 静　岡　県　Shizuoka-ken	1,795,148	-10,454	-2,763	108	-13,109	1,782,039
23 愛　知　県　Aichi-ken	3,650,705	-8,070	-1,438	312	-9,196	3,641,509
24 三　重　県　Mie-ken	880,774	-5,214	-2,205	63	-7,356	873,418
25 滋　賀　県　Shiga-ken	700,840	-1,778	289	47	-1,442	699,398
26 京　都　府　Kyoto-fu	1,317,315	-6,000	-1,525	128	-7,397	1,309,918
27 大　阪　府　Osaka-fu	4,478,618	-15,997	4,479	731	-10,787	4,467,831
28 兵　庫　県　Hyogo-ken	2,809,942	-12,673	-2,483	190	-14,966	2,794,976
29 奈　良　県　Nara-ken	693,915	-3,820	-950	28	-4,742	689,173
30 和　歌　山　県　Wakayama-ken	483,764	-3,641	-1,254	5	-4,890	478,874
31 鳥　取　県　Tottori-ken	286,018	-2,120	-407	2	-2,525	283,493
32 島　根　県　Shimane-ken	342,161	-2,937	-838	13	-3,762	338,399
33 岡　山　県　Okayama-ken	965,466	-4,904	-1,563	26	-6,441	959,025
34 広　島　県　Hiroshima-ken	1,416,596	-6,610	-2,731	42	-9,299	1,407,297
35 山　口　県　Yamaguchi-ken	696,897	-5,952	-1,964	13	-7,903	688,994
36 徳　島　県　Tokushima-ken	372,571	-3,075	-1,028	3	-4,100	368,471
37 香　川　県　Kagawa-ken	484,873	-3,107	-924	4	-4,027	480,846
38 愛　媛　県　Ehime-ken	695,602	-5,660	-1,476	-5	-7,141	688,461
39 高　知　県　Kochi-ken	362,829	-3,119	-1,010	1	-4,128	358,701
40 福　岡　県　Fukuoka-ken	2,666,323	-9,416	3,936	118	-5,362	2,660,961
41 佐　賀　県　Saga-ken	423,243	-2,314	-759	1	-3,072	420,171
42 長　崎　県　Nagasaki-ken	690,714	-4,994	-3,347	-10	-8,351	682,363
43 熊　本　県　Kumamoto-ken	906,600	-4,906	-817	6	-5,716	900,884
44 大　分　県　Oita-ken	584,000	-4,188	-957	0	-5,145	578,855
45 宮　崎　県　Miyazaki-ken	560,714	-3,653	-1,095	0	-4,748	555,966
46 鹿　児　島　県　Kagoshima-ken	832,709	-5,757	-1,285	-2	-7,044	825,665
47 沖　縄　県　Okinawa-ken	736,177	863	-115	-14	734	736,911

注)　*　総務省統計局「国勢調査」（不詳補完値）　Note)　*　Statistics Bureau, Ministry of Internal Affairs and Communications, "Population Census" (Result with Imputation)
(a)　Net increase or decrease by change of nationality

参考表6　都道府県、男女別出生児数及び死亡者数－日本人、外国人（2020年10月～2021年9月）
Reference Table 6. Live births and Deaths by Sex for Prefectures － Japanese, Foreigners
from October 2020 to September 2021

都　道　府　県 Prefectures	日　本　人　　Japanese					
	男女計　Both sexes		男　Male		女　Female	
	出生児数 Live births	死亡者数 Deaths	出生児数 Live births	死亡者数 Deaths	出生児数 Live births	死亡者数 Deaths
全　　　　　　国　Japan	812,798	1,431,874	415,807	735,335	396,991	696,539
01 北　海　道　Hokkaido	28,730	68,937	14,764	34,679	13,966	34,258
02 青　森　県　Aomori-ken	6,564	18,763	3,363	9,275	3,201	9,488
03 岩　手　県　Iwate-ken	6,471	17,606	3,312	8,716	3,159	8,890
04 宮　城　県　Miyagi-ken	13,926	25,750	7,051	12,941	6,875	12,809
05 秋　田　県　Akita-ken	4,344	15,984	2,213	7,775	2,131	8,209
06 山　形　県　Yamagata-ken	5,898	15,920	2,975	7,668	2,923	8,252
07 福　島　県　Fukushima-ken	10,809	25,456	5,444	12,751	5,365	12,705
08 茨　城　県　Ibaraki-ken	16,676	33,605	8,565	17,721	8,111	15,884
09 栃　木　県　Tochigi-ken	11,489	22,507	5,995	11,774	5,494	10,733
10 群　馬　県　Gumma-ken	11,168	24,169	5,710	12,638	5,458	11,531
11 埼　玉　県　Saitama-ken	45,390	74,865	23,346	40,997	22,044	33,868
12 千　葉　県　Chiba-ken	38,347	64,910	19,516	35,148	18,831	29,762
13 東　京　都　Tokyo-to	95,337	127,494	48,707	66,646	46,630	60,848
14 神　奈　川　県　Kanagawa-ken	58,763	89,334	30,166	47,672	28,597	41,662
15 新　潟　県　Niigata-ken	12,719	30,844	6,507	15,346	6,212	15,498
16 富　山　県　Toyama-ken	6,102	13,588	3,110	6,829	2,992	6,759
17 石　川　県　Ishikawa-ken	7,324	13,137	3,763	6,529	3,561	6,608
18 福　井　県　Fukui-ken	5,139	9,647	2,623	4,777	2,516	4,870
19 山　梨　県　Yamanashi-ken	5,002	10,029	2,524	5,087	2,478	4,942
20 長　野　県　Nagano-ken	12,386	25,920	6,329	12,812	6,057	13,108
21 岐　阜　県　Gifu-ken	11,676	23,881	5,949	12,184	5,727	11,697
22 静　岡　県　Shizuoka-ken	21,552	43,089	11,031	22,114	10,521	20,975
23 愛　知　県　Aichi-ken	54,131	73,325	27,763	38,887	26,368	34,438
24 三　重　県　Mie-ken	10,900	21,440	5,630	10,956	5,270	10,484
25 滋　賀　県　Shiga-ken	10,133	13,677	5,206	6,972	4,927	6,705
26 京　都　府　Kyoto-fu	16,075	27,960	8,260	14,145	7,815	13,815
27 大　阪　府　Osaka-fu	59,839	97,153	30,550	51,867	29,289	45,286
28 兵　庫　県　Hyogo-ken	35,548	61,951	18,106	31,836	17,442	30,115
29 奈　良　県　Nara-ken	7,658	15,318	3,939	7,779	3,719	7,539
30 和　歌　山　県　Wakayama-ken	5,578	12,745	2,875	6,401	2,703	6,344
31 鳥　取　県　Tottori-ken	3,700	7,482	1,939	3,601	1,761	3,881
32 島　根　県　Shimane-ken	4,399	9,778	2,249	4,691	2,150	5,087
33 岡　山　県　Okayama-ken	13,102	22,670	6,704	11,368	6,398	11,302
34 広　島　県　Hiroshima-ken	18,906	31,474	9,719	15,677	9,187	15,797
35 山　口　県　Yamaguchi-ken	7,996	19,106	4,116	9,274	3,880	9,832
36 徳　島　県　Tokushima-ken	4,357	10,248	2,196	5,012	2,161	5,236
37 香　川　県　Kagawa-ken	6,179	12,312	3,128	6,154	3,051	6,158
38 愛　媛　県　Ehime-ken	7,986	18,700	4,124	9,178	3,862	9,522
39 高　知　県　Kochi-ken	4,142	10,281	2,129	5,149	2,013	5,132
40 福　岡　県　Fukuoka-ken	37,569	55,591	19,009	27,615	18,560	27,976
41 佐　賀　県　Saga-ken	5,899	10,108	3,021	4,916	2,878	5,192
42 長　崎　県　Nagasaki-ken	9,000	18,191	4,606	8,803	4,394	9,388
43 熊　本　県　Kumamoto-ken	12,820	21,962	6,515	10,752	6,305	11,210
44 大　分　県　Oita-ken	7,332	15,114	3,743	7,337	3,589	7,777
45 宮　崎　県　Miyazaki-ken	7,584	14,472	3,876	7,111	3,708	7,361
46 鹿　児　島　県　Kagoshima-ken	11,589	22,039	5,932	10,625	5,657	11,414
47 沖　縄　県　Okinawa-ken	14,564	13,342	7,509	7,150	7,055	6,192

資料：厚生労働省「人口動態統計」（概数）
　　ただし、死亡者数は住所地不詳の数値を
　　各都道府県別にあん分して含めた数値である。

Source : Ministry of Health, Labour and Welfare, "Preliminary Report of the Vital Statistics"
For deaths, persons whose prefecture of residence is unknown are prorated to all the prefectures.

参考表6　都道府県、男女別出生児数及び死亡者数－日本人、外国人（2020年10月～2021年９月）（続き）
Reference Table 6. Live births and Deaths by Sex for Prefectures － Japanese, Foreigners
from October 2020 to September 2021 － Continued

都　道　府　県　Prefectures	外　国　人　Foreigners					
	男女計　Both sexes		男　Male		女　Female	
	出生児数 Live births	死亡者数 Deaths	出生児数 Live births	死亡者数 Deaths	出生児数 Live births	死亡者数 Deaths
全　　　　　国　Japan	18,506	8,051	9,631	4,311	8,875	3,740
01 北　海　道　Hokkaido	129	95	72	56	57	39
02 青　森　県　Aomori-ken	16	19	6	9	10	10
03 岩　手　県　Iwate-ken	22	18	11	8	11	10
04 宮　城　県　Miyagi-ken	97	41	48	20	49	21
05 秋　田　県　Akita-ken	12	12	4	6	8	6
06 山　形　県　Yamagata-ken	15	18	6	6	9	12
07 福　島　県　Fukushima-ken	50	25	28	10	22	15
08 茨　城　県　Ibaraki-ken	506	129	269	71	237	58
09 栃　木　県　Tochigi-ken	304	63	144	35	160	28
10 群　馬　県　Gumma-ken	565	118	297	65	268	53
11 埼　玉　県　Saitama-ken	1,774	314	904	165	870	149
12 千　葉　県　Chiba-ken	1,350	306	686	158	664	148
13 東　京　都　Tokyo-to	3,303	1,036	1,759	573	1,544	463
14 神　奈　川　県　Kanagawa-ken	1,708	584	908	315	800	269
15 新　潟　県　Niigata-ken	59	39	27	25	32	14
16 富　山　県　Toyama-ken	105	22	53	9	52	13
17 石　川　県　Ishikawa-ken	79	33	29	12	50	21
18 福　井　県　Fukui-ken	92	59	41	34	51	25
19 山　梨　県　Yamanashi-ken	95	33	39	14	56	19
20 長　野　県　Nagano-ken	144	75	77	47	67	28
21 岐　阜　県　Gifu-ken	420	129	210	66	210	63
22 静　岡　県　Shizuoka-ken	776	182	432	97	344	85
23 愛　知　県　Aichi-ken	2,178	636	1,121	354	1,057	282
24 三　重　県　Mie-ken	453	104	244	63	209	41
25 滋　賀　県　Shiga-ken	228	99	109	63	119	36
26 京　都　府　Kyoto-fu	235	439	125	228	110	211
27 大　阪　府　Osaka-fu	1,454	1,702	757	884	697	818
28 兵　庫　県　Hyogo-ken	624	764	329	412	295	352
29 奈　良　県　Nara-ken	47	53	22	24	25	29
30 和　歌　山　県　Wakayama-ken	21	37	11	19	10	18
31 鳥　取　県　Tottori-ken	11	13	4	9	7	4
32 島　根　県　Shimane-ken	85	20	42	13	43	7
33 岡　山　県　Okayama-ken	126	80	71	43	55	37
34 広　島　県　Hiroshima-ken	291	166	145	90	146	76
35 山　口　県　Yamaguchi-ken	82	129	39	66	43	63
36 徳　島　県　Tokushima-ken	21	11	12	8	9	3
37 香　川　県　Kagawa-ken	66	16	37	9	29	7
38 愛　媛　県　Ehime-ken	29	22	18	11	11	11
39 高　知　県　Kochi-ken	11	10	5	3	6	7
40 福　岡　県　Fukuoka-ken	493	254	258	118	235	136
41 佐　賀　県　Saga-ken	30	5	17	4	13	1
42 長　崎　県　Nagasaki-ken	78	22	45	13	33	9
43 熊　本　県　Kumamoto-ken	51	15	25	10	26	5
44 大　分　県　Oita-ken	46	29	23	15	23	14
45 宮　崎　県　Miyazaki-ken	23	16	8	11	15	5
46 鹿　児　島　県　Kagoshima-ken	30	14	13	11	17	3
47 沖　縄　県　Okinawa-ken	172	45	101	29	71	16

資料：厚生労働省「人口動態統計」（概数）
　　　ただし、死亡者数は住所地不詳の数値を
　　　各都道府県別にあん分して含めた数値である。

Source : Ministry of Health, Labour and Welfare, "Preliminary Report of the Vital Statistics"
For deaths, persons whose prefecture of residence is unknown are prorated
to all the prefectures.

参考表7　都道府県、男女別都道府県間転出入者数－日本人、外国人（2020年10月～2021年９月）
Reference Table 7.　Inter-Prefectural Migrants by Sex for Prefectures － Japanese, Foreigners
from October 2020 to September 2021

都　道　府　県 Prefectures	日　本　人　Japanese					
	男女計　Both sexes		男　Male		女　Female	
	転入者数 In-migrants	転出者数 Out-migrants	転入者数 In-migrants	転出者数 Out-migrants	転入者数 In-migrants	転出者数 Out-migrants
全　　　　　国　Japan	2,243,896	2,243,896	1,241,584	1,241,584	1,002,312	1,002,312
01 北 海 道　Hokkaido	48,972	50,686	29,337	29,111	19,635	21,575
02 青 森 県　Aomori-ken	16,046	20,340	9,588	11,467	6,458	8,873
03 岩 手 県　Iwate-ken	16,250	18,952	9,465	10,413	6,785	8,539
04 宮 城 県　Miyagi-ken	44,341	43,712	25,334	25,110	19,007	18,602
05 秋 田 県　Akita-ken	10,596	13,355	6,177	7,199	4,419	6,156
06 山 形 県　Yamagata-ken	12,051	15,078	6,966	8,199	5,085	6,879
07 福 島 県　Fukushima-ken	23,064	28,936	13,846	16,298	9,218	12,638
08 茨 城 県　Ibaraki-ken	47,242	46,812	27,700	26,507	19,542	20,305
09 栃 木 県　Tochigi-ken	30,553	31,044	17,508	17,544	13,045	13,500
10 群 馬 県　Gumma-ken	27,116	28,135	15,848	16,010	11,268	12,125
11 埼 玉 県　Saitama-ken	165,800	143,980	88,922	78,790	76,878	65,190
12 千 葉 県　Chiba-ken	143,161	125,619	78,339	69,346	64,822	56,273
13 東 京 都　Tokyo-to	389,022	378,699	204,172	203,085	184,850	175,614
14 神 奈 川 県　Kanagawa-ken	218,728	188,487	118,398	104,965	100,330	83,522
15 新 潟 県　Niigata-ken	20,606	26,368	12,176	14,647	8,430	11,721
16 富 山 県　Toyama-ken	11,542	12,868	6,855	7,266	4,687	5,602
17 石 川 県　Ishikawa-ken	17,279	18,264	10,122	10,686	7,157	7,578
18 福 井 県　Fukui-ken	8,858	10,877	5,332	6,120	3,526	4,757
19 山 梨 県　Yamanashi-ken	13,819	13,691	7,960	7,671	5,859	6,020
20 長 野 県　Nagano-ken	26,899	28,013	15,135	15,319	11,764	12,694
21 岐 阜 県　Gifu-ken	24,784	29,855	13,953	16,199	10,831	13,656
22 静 岡 県　Shizuoka-ken	48,634	53,756	28,373	30,678	20,261	23,078
23 愛 知 県　Aichi-ken	103,355	106,316	60,382	62,475	42,973	43,841
24 三 重 県　Mie-ken	24,835	28,581	14,903	16,457	9,932	12,124
25 滋 賀 県　Shiga-ken	25,327	25,342	14,366	14,642	10,961	10,700
26 京 都 府　Kyoto-fu	51,928	55,454	27,675	29,800	24,253	25,654
27 大 阪 府　Osaka-fu	154,848	147,981	82,543	80,982	72,305	66,999
28 兵 庫 県　Hyogo-ken	82,771	89,373	44,099	48,429	38,672	40,944
29 奈 良 県　Nara-ken	22,568	24,597	11,499	12,626	11,069	11,971
30 和 歌 山 県　Wakayama-ken	10,921	13,073	6,046	6,971	4,875	6,102
31 鳥 取 県　Tottori-ken	8,389	9,157	4,764	5,145	3,625	4,012
32 島 根 県　Shimane-ken	9,607	10,908	5,489	5,983	4,118	4,925
33 岡 山 県　Okayama-ken	26,482	29,189	14,876	16,042	11,606	13,147
34 広 島 県　Hiroshima-ken	42,133	47,021	24,623	26,800	17,510	20,221
35 山 口 県　Yamaguchi-ken	20,865	23,640	12,367	13,290	8,498	10,350
36 徳 島 県　Tokushima-ken	8,784	10,369	5,062	5,609	3,722	4,760
37 香 川 県　Kagawa-ken	15,494	17,157	8,901	9,639	6,593	7,518
38 愛 媛 県　Ehime-ken	17,350	19,800	10,108	11,072	7,242	8,728
39 高 知 県　Kochi-ken	8,884	10,185	5,152	5,502	3,732	4,683
40 福 岡 県　Fukuoka-ken	96,666	89,055	53,322	49,795	43,344	39,260
41 佐 賀 県　Saga-ken	15,032	16,171	8,229	8,618	6,803	7,553
42 長 崎 県　Nagasaki-ken	20,495	26,238	12,046	14,535	8,449	11,703
43 熊 本 県　Kumamoto-ken	26,866	27,821	15,436	15,522	11,430	12,299
44 大 分 県　Oita-ken	17,456	18,966	10,050	10,590	7,406	8,376
45 宮 崎 県　Miyazaki-ken	17,121	18,515	9,907	10,249	7,214	8,266
46 鹿 児 島 県　Kagoshima-ken	24,699	26,551	14,132	14,664	10,567	11,887
47 沖 縄 県　Okinawa-ken	25,657	24,909	14,101	13,517	11,556	11,392

資料：総務省統計局「住民基本台帳人口移動報告 月報」

Source : Statistics Bureau, Ministry of Internal Affairs and Communications,
"Monthly Report on Internal Migration in Japan Derived
from the Basic Resident Registration"

参考表 7　　都道府県、男女別都道府県間転出入者数－日本人、外国人（2020年10月～2021年9月）（続き）
Reference Table 7.　Inter-Prefectural Migrants by Sex for Prefectures － Japanese, Foreigners
from October 2020 to September 2021 - Continued

都　道　府　県 Prefectures	外　国　人　　Foreigners					
	男女計　Both sexes		男　Male		女　Female	
	転入者数 In-migrants	転出者数 Out-migrants	転入者数 In-migrants	転出者数 Out-migrants	転入者数 In-migrants	転出者数 Out-migrants
全　　　　　　　国　Japan	233,103	233,103	136,246	136,246	96,857	96,857
01 北　海　道　Hokkaido	3,850	3,070	2,168	1,505	1,682	1,565
02 青　森　県　Aomori-ken	721	630	302	286	419	344
03 岩　手　県　Iwate-ken	804	898	431	435	373	463
04 宮　城　県　Miyagi-ken	1,978	2,611	1,142	1,487	836	1,124
05 秋　田　県　Akita-ken	368	310	189	167	179	143
06 山　形　県　Yamagata-ken	760	559	479	297	281	262
07 福　島　県　Fukushima-ken	1,562	2,052	967	1,207	595	845
08 茨　城　県　Ibaraki-ken	8,782	8,517	5,477	5,340	3,305	3,177
09 栃　木　県　Tochigi-ken	5,668	5,765	3,554	3,677	2,114	2,088
10 群　馬　県　Gumma-ken	7,407	5,762	4,715	3,658	2,692	2,104
11 埼　玉　県　Saitama-ken	24,050	18,108	14,271	11,161	9,779	6,947
12 千　葉　県　Chiba-ken	16,831	19,994	10,025	11,909	6,806	8,085
13 東　京　都　Tokyo-to	32,002	38,002	18,115	21,575	13,887	16,427
14 神　奈　川　県　Kanagawa-ken	18,452	15,796	10,679	9,084	7,773	6,712
15 新　潟　県　Niigata-ken	1,803	1,633	1,043	936	760	697
16 富　山　県　Toyama-ken	1,436	1,694	873	950	563	744
17 石　川　県　Ishikawa-ken	1,845	1,772	1,129	997	716	775
18 福　井　県　Fukui-ken	2,120	1,765	1,212	1,014	908	751
19 山　梨　県　Yamanashi-ken	1,865	1,662	1,124	945	741	717
20 長　野　県　Nagano-ken	4,246	3,243	2,739	1,980	1,507	1,263
21 岐　阜　県　Gifu-ken	5,155	4,943	2,994	2,925	2,161	2,018
22 静　岡　県　Shizuoka-ken	7,972	6,823	4,693	4,062	3,279	2,761
23 愛　知　県　Aichi-ken	15,621	16,880	9,314	10,177	6,307	6,703
24 三　重　県　Mie-ken	5,209	4,943	3,025	3,050	2,184	1,893
25 滋　賀　県　Shiga-ken	3,854	3,192	2,501	2,096	1,353	1,096
26 京　都　府　Kyoto-fu	5,198	5,447	2,975	3,254	2,223	2,193
27 大　阪　府　Osaka-fu	13,797	14,732	7,996	8,737	5,801	5,995
28 兵　庫　県　Hyogo-ken	8,666	7,556	4,988	4,514	3,678	3,042
29 奈　良　県　Nara-ken	1,681	1,252	966	763	715	489
30 和　歌　山　県　Wakayama-ken	928	663	472	349	456	314
31 鳥　取　県　Tottori-ken	465	613	259	314	206	299
32 島　根　県　Shimane-ken	1,325	1,042	743	548	582	494
33 岡　山　県　Okayama-ken	3,099	3,296	1,694	1,832	1,405	1,464
34 広　島　県　Hiroshima-ken	3,470	5,083	2,004	2,885	1,466	2,198
35 山　口　県　Yamaguchi-ken	1,528	1,767	889	849	639	918
36 徳　島　県　Tokushima-ken	797	842	389	417	408	425
37 香　川　県　Kagawa-ken	1,368	1,231	672	694	696	537
38 愛　媛　県　Ehime-ken	1,164	1,457	661	725	503	732
39 高　知　県　Kochi-ken	553	545	308	310	245	235
40 福　岡　県　Fukuoka-ken	5,339	6,831	3,117	3,870	2,222	2,961
41 佐　賀　県　Saga-ken	951	998	468	522	483	476
42 長　崎　県　Nagasaki-ken	947	1,243	493	649	454	594
43 熊　本　県　Kumamoto-ken	2,187	1,901	1,130	922	1,057	979
44 大　分　県　Oita-ken	1,386	1,799	855	1,037	531	762
45 宮　崎　県　Miyazaki-ken	1,024	914	448	465	576	449
46 鹿　児　島　県　Kagoshima-ken	1,493	1,384	784	546	709	838
47 沖　縄　県　Okinawa-ken	1,376	1,883	774	1,124	602	759

資料：総務省統計局「住民基本台帳人口移動報告 月報」

Source : Statistics Bureau, Ministry of Internal Affairs and Communications,
"Monthly Report on Internal Migration in Japan Derived
from the Basic Resident Registration"

参考表 8　　都道府県、男女別出入国者数－日本人、外国人（2020年10月～2021年 9 月）
Reference Table 8.　Entries and Exits by Sex for Prefectures－Japanese, Foreigners
from October 2020 to September 2021

都　道　府　県 Prefectures		日　本　人　　　　　Japanese　　*					
		男女計　Both sexes		男　Male		女　Female	
		入国者数 Entries	出国者数 Exits	入国者数 Entries	出国者数 Exits	入国者数 Entries	出国者数 Exits
全　　　　　国	Japan	282,585	289,292	160,016	160,446	122,569	128,846
01 北　海　道	Hokkaido	3,406	3,374	1,580	1,567	1,826	1,807
02 青　森　県	Aomori-ken	632	686	403	396	229	290
03 岩　手　県	Iwate-ken	655	626	425	377	230	249
04 宮　城　県	Miyagi-ken	2,558	2,448	1,529	1,469	1,029	979
05 秋　田　県	Akita-ken	426	469	271	282	155	187
06 山　形　県	Yamagata-ken	680	647	461	444	219	203
07 福　島　県	Fukushima-ken	1,420	1,344	876	833	544	511
08 茨　城　県	Ibaraki-ken	4,470	4,455	2,808	2,787	1,662	1,668
09 栃　木　県	Tochigi-ken	4,068	3,975	2,510	2,534	1,558	1,441
10 群　馬　県	Gumma-ken	2,789	2,835	1,717	1,785	1,072	1,050
11 埼　玉　県	Saitama-ken	14,326	14,642	8,205	8,303	6,121	6,339
12 千　葉　県	Chiba-ken	15,986	15,445	9,224	8,571	6,762	6,874
13 東　京　都	Tokyo-to	77,539	81,997	39,671	40,916	37,868	41,081
14 神　奈　川　県	Kanagawa-ken	35,037	35,053	20,004	19,730	15,033	15,323
15 新　潟　県	Niigata-ken	1,665	1,715	1,100	1,132	565	583
16 富　山　県	Toyama-ken	1,142	1,230	774	795	368	435
17 石　川　県	Ishikawa-ken	1,310	1,382	760	811	550	571
18 福　井　県	Fukui-ken	843	831	542	556	301	275
19 山　梨　県	Yamanashi-ken	1,100	1,197	654	728	446	469
20 長　野　県	Nagano-ken	2,658	2,642	1,637	1,669	1,021	973
21 岐　阜　県	Gifu-ken	2,684	2,815	1,519	1,575	1,165	1,240
22 静　岡　県	Shizuoka-ken	8,862	8,341	5,832	5,365	3,030	2,976
23 愛　知　県	Aichi-ken	25,731	26,438	16,098	16,235	9,633	10,203
24 三　重　県	Mie-ken	3,416	3,343	2,310	2,224	1,106	1,119
25 滋　賀　県	Shiga-ken	3,587	3,563	2,439	2,443	1,148	1,120
26 京　都　府	Kyoto-fu	5,935	6,218	3,091	3,250	2,844	2,968
27 大　阪　府	Osaka-fu	17,728	18,945	9,546	9,936	8,182	9,009
28 兵　庫　県	Hyogo-ken	12,479	12,756	7,172	7,238	5,307	5,518
29 奈　良　県	Nara-ken	2,427	2,408	1,336	1,269	1,091	1,139
30 和　歌　山　県	Wakayama-ken	829	784	472	400	357	384
31 鳥　取　県	Tottori-ken	293	340	172	199	121	141
32 島　根　県	Shimane-ken	335	337	204	175	131	162
33 岡　山　県	Okayama-ken	1,975	1,971	1,254	1,228	721	743
34 広　島　県	Hiroshima-ken	4,987	5,006	3,321	3,320	1,666	1,686
35 山　口　県	Yamaguchi-ken	1,221	1,376	778	821	443	555
36 徳　島　県	Tokushima-ken	536	475	341	290	195	185
37 香　川　県	Kagawa-ken	699	684	423	409	276	275
38 愛　媛　県	Ehime-ken	1,184	1,123	753	702	431	421
39 高　知　県	Kochi-ken	378	399	225	187	153	212
40 福　岡　県	Fukuoka-ken	6,169	6,190	3,320	3,193	2,849	2,997
41 佐　賀　県	Saga-ken	583	574	314	296	269	278
42 長　崎　県	Nagasaki-ken	1,172	1,203	610	548	562	655
43 熊　本　県	Kumamoto-ken	1,961	2,018	1,227	1,336	734	682
44 大　分　県	Oita-ken	858	825	459	439	399	386
45 宮　崎　県	Miyazaki-ken	683	685	405	364	278	321
46 鹿　児　島　県	Kagoshima-ken	966	915	502	486	464	429
47 沖　縄　県	Okinawa-ken	2,197	2,567	742	833	1,455	1,734

資料：出入国在留管理庁「出入国管理統計」
　　　ただし、住所地が外国の出入国者数を
　　　それぞれ各都道府県別にあん分して含めた。
注）　＊ 滞在期間が 3 か月以内の者を除く。

Source : Immigration Services Agency, "Statistics on Legal Migrants"
For persons who live in foreign countries,
their entries and exits are prorated to all the prefectures.
Note) ＊ Excluding persons whose period of stay abroad is less than three months.

86

参考表 8　　都道府県、男女別出入国者数－日本人、外国人（2020年10月～2021年 9 月）　（続き）
Reference Table 8.　Entries and Exits by Sex for Prefectures－Japanese, Foreigners
from October 2020 to September 2021 - Continued

都　道　府　県 Prefectures	外　国　人　　Foreigners　　*					
	男 女 計　Both sexes		男　　Male		女　　Female	
	入国者数 Entries	出国者数 Exits	入国者数 Entries	出国者数 Exits	入国者数 Entries	出国者数 Exits
全　　　　　　国　Japan	349,361	377,842	184,437	200,321	164,924	177,521
01 北　海　道　Hokkaido	5,746	6,491	2,885	3,087	2,861	3,404
02 青　森　県　Aomori-ken	757	958	331	469	426	489
03 岩　手　県　Iwate-ken	806	1,009	381	443	425	566
04 宮　城　県　Miyagi-ken	2,953	3,128	1,596	1,622	1,357	1,506
05 秋　田　県　Akita-ken	356	572	174	196	182	376
06 山　形　県　Yamagata-ken	705	1,024	302	437	403	587
07 福　島　県　Fukushima-ken	1,684	1,988	904	1,001	780	987
08 茨　城　県　Ibaraki-ken	10,600	10,085	6,286	6,335	4,314	3,750
09 栃　木　県　Tochigi-ken	4,483	5,016	2,342	2,934	2,141	2,082
10 群　馬　県　Gumma-ken	5,546	6,160	2,930	3,554	2,616	2,606
11 埼　玉　県　Saitama-ken	20,244	23,973	10,867	13,154	9,377	10,819
12 千　葉　県　Chiba-ken	24,495	23,216	13,424	12,816	11,071	10,400
13 東　京　都　Tokyo-to	98,963	106,433	52,594	55,379	46,369	51,054
14 神 奈 川 県　Kanagawa-ken	27,623	32,072	14,645	17,428	12,978	14,644
15 新　潟　県　Niigata-ken	2,210	2,688	1,136	1,319	1,074	1,369
16 富　山　県　Toyama-ken	2,182	2,481	1,202	1,373	980	1,108
17 石　川　県　Ishikawa-ken	1,731	2,367	894	1,272	837	1,095
18 福　井　県　Fukui-ken	1,501	1,797	712	830	789	967
19 山　梨　県　Yamanashi-ken	2,050	1,940	1,076	1,004	974	936
20 長　野　県　Nagano-ken	3,027	4,296	1,448	2,326	1,579	1,970
21 岐　阜　県　Gifu-ken	5,284	6,181	2,607	2,889	2,677	3,292
22 静　岡　県　Shizuoka-ken	7,861	9,073	3,955	4,761	3,906	4,312
23 愛　知　県　Aichi-ken	24,662	27,894	12,496	14,668	12,166	13,226
24 三　重　県　Mie-ken	4,775	5,742	2,401	2,981	2,374	2,761
25 滋　賀　県　Shiga-ken	3,199	3,556	1,776	2,076	1,423	1,480
26 京　都　府　Kyoto-fu	7,660	8,201	4,097	4,250	3,563	3,951
27 大　阪　府　Osaka-fu	25,795	24,519	13,800	12,711	11,995	11,808
28 兵　庫　県　Hyogo-ken	10,968	11,245	5,860	5,894	5,108	5,351
29 奈　良　県　Nara-ken	1,487	1,374	747	718	740	656
30 和 歌 山 県　Wakayama-ken	718	678	331	273	387	405
31 鳥　取　県　Tottori-ken	532	563	281	266	251	297
32 島　根　県　Shimane-ken	1,071	976	526	470	545	506
33 岡　山　県　Okayama-ken	4,218	3,963	2,183	2,012	2,035	1,951
34 広　島　県　Hiroshima-ken	6,182	7,291	3,287	4,154	2,895	3,137
35 山　口　県　Yamaguchi-ken	1,622	1,837	808	944	814	893
36 徳　島　県　Tokushima-ken	886	1,020	388	387	498	633
37 香　川　県　Kagawa-ken	1,646	2,072	928	1,233	718	839
38 愛　媛　県　Ehime-ken	1,747	2,278	880	1,359	867	919
39 高　知　県　Kochi-ken	661	697	358	408	303	289
40 福　岡　県　Fukuoka-ken	9,239	9,020	5,023	4,916	4,216	4,104
41 佐　賀　県　Saga-ken	759	869	356	427	403	442
42 長　崎　県　Nagasaki-ken	1,282	1,555	590	820	692	735
43 熊　本　県　Kumamoto-ken	2,362	2,568	1,102	1,210	1,260	1,358
44 大　分　県　Oita-ken	2,408	2,156	1,161	1,054	1,247	1,102
45 宮　崎　県　Miyazaki-ken	846	1,015	420	469	426	546
46 鹿 児 島 県　Kagoshima-ken	1,644	1,383	685	523	959	860
47 沖　縄　県　Okinawa-ken	2,185	2,422	1,262	1,469	923	953

資料：出入国在留管理庁「出入国管理統計」
　　　ただし、住所地不詳の出入国者数を
　　　それぞれ各都道府県別にあん分して含めた。
注）＊滞在期間が 3 か月以内の者を除く。

Source : Immigration Services Agency, "Statistics on Legal Migrants"
　　　For persons whose prefecture of residence is unknown,
　　　their entries and exits are prorated to all the prefectures.
Note)＊ Excluding persons whose intended period of stay is less than three months.

参考表9 都道府県、年齢（5歳階級）、
Reference Table 9. Population by Age (Five-Year Groups) and Sex

都　道　府　県 Prefectures	総人口　男女計							
	総　数 Total	0〜4歳 years old	5〜9	10〜14	15〜19	20〜24	25〜29	30〜34
全　　　国 Japan	125, 502, 290	4, 389, 342	5, 037, 801	5, 357, 136	5, 579, 706	6, 262, 945	6, 379, 418	6, 555, 619
01 北　海　道 Hokkaido	5, 182, 794	156, 263	185, 660	202, 258	218, 060	226, 670	228, 157	244, 896
02 青　森　県 Aomori-ken	1, 221, 324	35, 902	43, 078	47, 625	51, 834	45, 145	45, 959	51, 936
03 岩　手　県 Iwate-ken	1, 196, 433	35, 753	44, 097	49, 303	52, 209	45, 060	46, 857	52, 715
04 宮　城　県 Miyagi-ken	2, 290, 159	76, 012	90, 928	96, 928	105, 246	122, 137	114, 305	121, 328
05 秋　田　県 Akita-ken	944, 902	24, 101	30, 412	35, 380	36, 565	29, 230	31, 931	37, 204
06 山　形　県 Yamagata-ken	1, 054, 890	32, 724	39, 798	44, 372	46, 913	40, 800	40, 885	47, 466
07 福　島　県 Fukushima-ken	1, 811, 940	58, 286	69, 158	74, 620	81, 293	70, 837	78, 007	87, 114
08 茨　城　県 Ibaraki-ken	2, 851, 682	93, 143	111, 731	122, 923	130, 512	133, 509	132, 301	143, 111
09 栃　木　県 Tochigi-ken	1, 921, 341	63, 597	75, 971	83, 231	88, 200	84, 451	89, 865	99, 053
10 群　馬　県 Gumma-ken	1, 926, 522	63, 123	74, 158	84, 077	90, 938	89, 980	88, 924	93, 363
11 埼　玉　県 Saitama-ken	7, 340, 467	255, 802	292, 841	311, 799	325, 857	388, 232	391, 342	396, 824
12 千　葉　県 Chiba-ken	6, 275, 160	216, 032	246, 563	264, 211	277, 206	329, 748	330, 044	336, 468
13 東　京　都 Tokyo-to	14, 010, 099	499, 490	533, 321	520, 167	532, 347	847, 624	994, 476	939, 761
14 神　奈　川　県 Kanagawa-ken	9, 236, 322	321, 253	364, 528	385, 004	403, 507	515, 371	519, 740	505, 970
15 新　潟　県 Niigata-ken	2, 177, 047	68, 276	82, 720	90, 903	95, 551	88, 323	89, 180	100, 060
16 富　山　県 Toyama-ken	1, 025, 440	33, 133	38, 351	42, 292	45, 930	43, 131	44, 906	46, 275
17 石　川　県 Ishikawa-ken	1, 125, 139	39, 627	45, 986	49, 185	54, 046	58, 835	52, 751	54, 253
18 福　井　県 Fukui-ken	760, 440	27, 431	31, 448	34, 975	36, 271	31, 872	34, 267	37, 008
19 山　梨　県 Yamanashi-ken	805, 353	26, 770	30, 606	33, 639	38, 576	38, 437	35, 288	37, 252
20 長　野　県 Nagano-ken	2, 033, 182	68, 391	81, 376	90, 001	93, 848	79, 193	85, 664	92, 378
21 岐　阜　県 Gifu-ken	1, 960, 941	66, 355	80, 966	89, 544	94, 738	90, 867	85, 426	91, 318
22 静　岡　県 Shizuoka-ken	3, 607, 595	121, 380	146, 716	161, 002	164, 201	150, 908	163, 173	178, 179
23 愛　知　県 Aichi-ken	7, 516, 604	292, 401	327, 940	345, 327	352, 002	412, 434	424, 218	427, 453
24 三　重　県 Mie-ken	1, 755, 689	59, 805	70, 723	78, 177	81, 966	79, 282	81, 594	86, 199
25 滋　賀　県 Shiga-ken	1, 410, 509	55, 453	64, 936	69, 093	70, 888	75, 775	69, 567	74, 498
26 京　都　府 Kyoto-fu	2, 561, 399	84, 728	98, 130	105, 781	118, 550	156, 287	134, 343	125, 314
27 大　阪　府 Osaka-fu	8, 806, 114	311, 158	341, 873	365, 106	389, 886	492, 905	490, 014	477, 397
28 兵　庫　県 Hyogo-ken	5, 432, 413	192, 140	223, 110	240, 157	249, 337	262, 351	248, 741	263, 524
29 奈　良　県 Nara-ken	1, 315, 339	42, 785	51, 902	56, 913	62, 705	62, 872	53, 424	58, 475
30 和　歌　山　県 Wakayama-ken	913, 599	29, 694	35, 377	38, 473	40, 417	34, 661	36, 333	40, 717
31 鳥　取　県 Tottori-ken	548, 629	20, 050	23, 080	24, 190	25, 456	22, 535	22, 153	25, 254
32 島　根　県 Shimane-ken	664, 887	23, 642	27, 836	29, 097	30, 474	25, 238	26, 881	29, 900
33 岡　山　県 Okayama-ken	1, 876, 265	68, 546	78, 133	83, 130	88, 345	98, 160	90, 723	92, 836
34 広　島　県 Hiroshima-ken	2, 779, 630	101, 854	118, 941	126, 607	128, 181	134, 099	132, 807	140, 457
35 山　口　県 Yamaguchi-ken	1, 327, 518	42, 910	51, 157	56, 506	58, 198	55, 633	52, 791	57, 192
36 徳　島　県 Tokushima-ken	711, 975	22, 362	26, 326	28, 213	29, 960	30, 503	28, 020	31, 173
37 香　川　県 Kagawa-ken	942, 224	32, 754	38, 525	41, 402	43, 267	38, 972	39, 950	44, 467
38 愛　媛　県 Ehime-ken	1, 320, 921	42, 590	51, 624	56, 834	57, 844	52, 457	53, 332	59, 613
39 高　知　県 Kochi-ken	684, 039	21, 478	25, 029	27, 175	29, 459	26, 470	25, 307	27, 960
40 福　岡　県 Fukuoka-ken	5, 123, 748	200, 565	226, 620	234, 215	233, 669	277, 820	264, 159	269, 812
41 佐　賀　県 Saga-ken	805, 971	31, 589	36, 432	39, 520	39, 560	35, 180	34, 077	37, 624
42 長　崎　県 Nagasaki-ken	1, 296, 839	47, 358	55, 407	58, 487	58, 517	48, 136	49, 847	57, 321
43 熊　本　県 Kumamoto-ken	1, 728, 263	67, 511	77, 791	81, 320	79, 914	73, 035	73, 555	81, 810
44 大　分　県 Oita-ken	1, 114, 449	38, 918	45, 570	49, 306	49, 566	46, 258	45, 036	50, 424
45 宮　崎　県 Miyazaki-ken	1, 061, 240	40, 396	47, 142	50, 825	48, 398	39, 192	41, 676	47, 297
46 鹿　児　島　県 Kagoshima-ken	1, 576, 391	60, 131	70, 412	74, 481	71, 028	60, 105	61, 249	71, 528
47 沖　縄　県 Okinawa-ken	1, 468, 463	75, 680	83, 372	83, 362	78, 271	72, 225	76, 173	83, 442

男　女　別　人　口－総人口、日本人人口（2021年10月1日現在）
for Prefectures - Total population, Japanese population, October 1, 2021

					Total population		Both sexes			
35～39	40～44	45～49	50～54	55～59	60～64	65～69	70～74	75～79	80～84	85歳以上 and over
7,353,877	8,172,701	9,731,668	9,252,489	7,823,957	7,391,383	7,869,020	9,671,500	6,712,350	5,562,998	6,398,380
284,013	326,188	389,921	366,632	333,111	335,443	378,371	443,117	303,937	254,786	305,311
64,049	74,185	86,068	85,694	81,792	89,087	98,024	109,855	71,517	62,996	76,578
63,539	73,052	83,780	80,008	77,266	84,191	93,811	101,450	68,043	62,973	82,326
139,268	155,093	172,249	158,073	138,968	144,724	158,593	174,391	109,848	94,800	117,268
47,279	56,192	63,470	61,015	60,812	71,684	81,290	90,752	57,606	54,906	75,073
56,942	64,843	70,601	67,140	65,775	74,409	82,896	91,194	57,901	53,972	76,259
100,720	112,222	126,855	120,617	117,055	130,627	143,304	152,060	93,912	83,870	111,383
164,163	184,225	218,884	206,743	174,584	176,106	201,683	233,889	160,507	126,345	137,323
114,145	127,500	149,333	137,451	117,990	121,958	137,775	157,437	101,394	79,447	92,543
105,539	122,469	149,916	141,617	118,145	115,749	130,889	158,665	110,906	86,551	101,513
439,506	492,966	604,566	576,533	459,308	405,099	433,734	553,289	408,991	315,293	288,485
376,378	417,253	507,552	488,932	388,480	348,267	376,184	479,740	352,135	273,368	266,599
988,746	1,037,081	1,164,157	1,122,042	904,181	724,262	669,553	832,088	612,333	510,431	578,039
562,199	631,199	766,660	766,300	613,473	504,749	495,567	633,278	472,006	380,020	395,498
118,121	136,769	157,579	149,109	134,970	142,843	162,029	189,800	120,718	107,520	142,576
53,645	63,150	81,059	73,676	61,451	61,641	68,499	92,715	62,020	49,321	64,245
60,598	70,300	88,283	79,526	66,767	66,617	71,227	95,295	62,255	48,013	61,575
41,628	46,956	56,028	51,863	46,733	48,298	51,413	63,594	40,265	33,778	46,612
41,738	47,673	58,359	59,255	53,650	52,320	56,249	65,427	44,789	37,770	47,555
106,246	126,188	153,166	146,068	126,995	126,370	135,395	167,388	119,697	99,849	134,969
105,089	120,806	148,947	141,285	121,602	119,441	129,260	163,617	112,665	93,349	105,666
203,750	228,612	276,152	265,737	225,990	222,538	238,800	292,896	206,045	169,772	191,744
462,846	503,357	609,243	574,935	463,764	402,413	405,936	520,633	382,501	305,213	303,988
96,338	108,690	135,270	127,970	111,692	106,653	113,483	141,399	99,143	81,864	95,441
83,968	94,555	110,881	100,549	84,616	80,132	84,481	103,656	69,578	54,283	63,600
139,381	159,322	198,119	186,493	156,285	140,890	149,025	209,159	146,547	118,110	134,935
508,308	560,766	709,424	694,082	556,268	466,569	483,590	662,333	492,724	407,297	396,414
301,358	340,596	426,427	410,548	345,571	320,175	338,597	435,227	306,387	247,860	280,307
67,732	77,778	98,618	96,452	83,382	79,504	88,321	115,372	81,699	66,110	71,295
46,867	52,237	66,606	64,972	59,472	59,339	64,150	81,644	56,292	47,684	58,664
30,619	34,111	38,745	34,425	32,448	36,041	40,873	46,575	28,904	25,697	37,473
34,854	39,953	45,575	40,982	37,981	42,978	48,172	59,936	37,119	32,933	51,336
103,958	114,197	140,797	126,072	107,104	109,202	117,923	152,065	107,249	86,635	111,190
156,964	175,112	216,427	198,093	163,091	160,155	172,548	223,421	156,967	123,475	150,431
68,017	77,566	96,116	88,554	75,870	82,252	95,891	123,669	84,352	71,189	89,655
37,729	42,616	50,551	47,080	43,363	46,978	55,121	67,166	40,625	35,821	48,368
51,877	59,626	72,440	64,167	54,395	57,232	63,834	83,847	52,883	43,908	58,678
69,772	80,018	96,936	88,988	80,906	85,891	95,752	118,489	76,865	66,615	86,395
34,810	40,601	49,840	44,731	41,189	44,712	50,286	64,227	42,879	36,252	51,634
311,449	340,199	380,995	346,164	294,250	298,734	330,125	394,192	252,577	214,145	254,058
45,432	49,926	54,063	50,448	48,190	53,208	59,898	65,150	40,501	36,489	48,684
67,981	75,239	87,115	84,264	81,182	90,540	102,682	113,317	70,271	65,061	84,114
96,939	105,655	115,151	106,885	103,799	114,026	127,713	139,699	88,720	82,368	112,372
60,117	68,312	77,779	71,309	64,037	71,935	82,571	98,716	64,397	56,311	73,887
57,899	64,916	72,017	65,180	62,855	72,027	81,778	91,600	56,185	52,188	69,669
86,437	94,453	100,585	95,679	96,473	112,486	126,821	129,961	80,691	77,100	106,771
94,924	97,978	108,363	98,151	86,676	90,888	94,903	88,110	46,804	49,260	59,881

参考表9　都 道 府 県、年 齢 （5 歳 階 級）、

Reference Table 9.　Population by Age (Five-Year Groups) and Sex

都 道 府 県 Prefectures	総人口　男							
	総 数 Total	0～4歳 years old	5～9	10～14	15～19	20～24	25～29	30～34
全　　　　　　国　Japan	61, 019, 059	2, 245, 609	2, 580, 742	2, 746, 425	2, 864, 115	3, 204, 706	3, 276, 081	3, 351, 601
01 北　海　道　Hokkaido	2, 445, 889	79, 959	94, 816	103, 462	112, 302	116, 866	115, 831	123, 499
02 青　森　県　Aomori-ken	575, 493	18, 325	22, 113	24, 284	26, 791	23, 708	24, 130	26, 606
03 岩　手　県　Iwate-ken	576, 585	18, 207	22, 620	25, 342	26, 786	23, 876	24, 660	27, 243
04 宮　城　県　Miyagi-ken	1, 116, 649	38, 836	46, 685	49, 736	54, 092	63, 187	58, 493	61, 672
05 秋　田　県　Akita-ken	445, 842	12, 280	15, 511	18, 133	18, 818	15, 756	16, 860	19, 061
06 山　形　県　Yamagata-ken	510, 576	16, 770	20, 362	22, 793	24, 215	21, 741	21, 626	24, 435
07 福　島　県　Fukushima-ken	893, 829	29, 530	35, 298	38, 372	42, 047	38, 660	41, 645	45, 775
08 茨　城　県　Ibaraki-ken	1, 423, 320	47, 687	57, 269	63, 335	67, 607	70, 990	71, 880	76, 699
09 栃　木　県　Tochigi-ken	958, 485	32, 990	39, 014	42, 930	45, 172	44, 262	49, 007	52, 587
10 群　馬　県　Gumma-ken	952, 918	32, 285	37, 847	43, 294	46, 856	47, 581	47, 628	49, 685
11 埼　玉　県　Saitama-ken	3, 646, 114	130, 610	149, 898	159, 918	166, 922	197, 796	200, 968	205, 884
12 千　葉　県　Chiba-ken	3, 111, 253	110, 391	126, 644	135, 708	142, 404	169, 865	170, 206	174, 703
13 東　京　都　Tokyo-to	6, 875, 232	255, 431	272, 304	266, 849	270, 652	422, 486	501, 090	475, 061
14 神　奈　川　県　Kanagawa-ken	4, 583, 874	164, 746	186, 829	197, 258	206, 912	264, 179	271, 228	262, 538
15 新　潟　県　Niigata-ken	1, 057, 254	34, 900	42, 420	46, 711	49, 225	46, 508	46, 591	51, 537
16 富　山　県　Toyama-ken	498, 282	17, 035	19, 686	21, 739	23, 902	23, 369	24, 097	24, 532
17 石　川　県　Ishikawa-ken	546, 161	20, 382	23, 573	25, 017	28, 096	31, 871	27, 815	27, 737
18 福　井　県　Fukui-ken	371, 104	14, 048	16, 231	17, 953	18, 855	17, 156	18, 175	19, 161
19 山　梨　県　Yamanashi-ken	395, 237	13, 581	15, 576	17, 262	20, 056	20, 280	18, 867	19, 480
20 長　野　県　Nagano-ken	993, 601	34, 949	41, 755	46, 069	48, 441	41, 754	45, 254	47, 880
21 岐　阜　県　Gifu-ken	951, 830	33, 924	41, 489	46, 038	48, 357	46, 327	44, 239	47, 173
22 静　岡　県　Shizuoka-ken	1, 778, 357	62, 305	75, 516	82, 489	84, 994	79, 048	87, 097	93, 602
23 愛　知　県　Aichi-ken	3, 745, 880	149, 779	168, 278	177, 415	180, 917	213, 855	223, 810	225, 659
24 三　重　県　Mie-ken	857, 257	30, 742	36, 194	40, 013	42, 060	40, 743	43, 601	45, 183
25 滋　賀　県　Shiga-ken	695, 534	28, 514	33, 258	35, 464	36, 712	40, 266	37, 107	38, 802
26 京　都　府　Kyoto-fu	1, 222, 764	43, 318	50, 349	54, 346	61, 002	79, 295	67, 646	62, 559
27 大　阪　府　Osaka-fu	4, 216, 031	159, 184	174, 696	186, 632	198, 460	244, 859	242, 503	236, 970
28 兵　庫　県　Hyogo-ken	2, 581, 987	98, 218	114, 443	123, 068	127, 255	129, 075	123, 385	131, 467
29 奈　良　県　Nara-ken	619, 256	21, 944	26, 507	28, 936	32, 078	30, 905	25, 905	28, 732
30 和　歌　山　県　Wakayama-ken	430, 845	15, 313	17, 975	19, 727	20, 885	17, 800	18, 566	20, 478
31 鳥　取　県　Tottori-ken	262, 317	10, 364	11, 795	12, 361	13, 170	11, 847	11, 202	12, 710
32 島　根　県　Shimane-ken	321, 664	12, 144	14, 467	14, 890	16, 027	13, 349	14, 054	15, 380
33 岡　山　県　Okayama-ken	902, 302	35, 026	40, 123	42, 946	45, 511	49, 626	46, 367	46, 806
34 広　島　県　Hiroshima-ken	1, 347, 329	52, 305	60, 645	64, 894	65, 984	69, 931	69, 007	72, 730
35 山　口　県　Yamaguchi-ken	630, 489	21, 941	26, 479	28, 786	30, 024	29, 225	27, 623	29, 948
36 徳　島　県　Tokushima-ken	339, 930	11, 442	13, 608	14, 428	15, 397	15, 774	14, 647	15, 847
37 香　川　県　Kagawa-ken	455, 148	16, 663	19, 835	21, 259	22, 415	20, 437	20, 718	22, 880
38 愛　媛　県　Ehime-ken	626, 559	21, 888	26, 408	29, 161	29, 898	27, 197	27, 557	30, 234
39 高　知　県　Kochi-ken	323, 149	10, 970	12, 702	13, 993	15, 242	14, 029	13, 179	14, 013
40 福　岡　県　Fukuoka-ken	2, 425, 493	102, 002	116, 279	119, 633	118, 817	139, 614	129, 980	132, 388
41 佐　賀　県　Saga-ken	382, 073	16, 260	18, 691	20, 138	20, 358	17, 503	17, 293	18, 519
42 長　崎　県　Nagasaki-ken	609, 934	24, 236	28, 433	30, 028	30, 197	24, 527	24, 972	28, 428
43 熊　本　県　Kumamoto-ken	818, 164	34, 309	39, 931	41, 634	41, 024	36, 879	36, 768	40, 449
44 大　分　県　Oita-ken	529, 233	19, 828	23, 426	26, 171	25, 657	23, 957	23, 328	25, 597
45 宮　崎　県　Miyazaki-ken	501, 158	20, 617	24, 011	26, 044	24, 878	19, 828	21, 115	23, 308
46 鹿　児　島　県　Kagoshima-ken	743, 499	30, 706	36, 153	38, 421	36, 406	29, 844	29, 878	34, 222
47 沖　縄　県　Okinawa-ken	723, 179	38, 725	42, 600	42, 345	40, 239	37, 075	38, 483	41, 742

男　女　別　人　口－総人口、日本人人口（2021年10月1日現在）（続き）
for Prefectures - Total population, Japanese population, October 1, 2021 – Continued

				Total population		Male				
35～39	40～44	45～49	50～54	55～59	60～64	65～69	70～74	75～79	80～84	85歳以上 and over
3,735,526	4,143,969	4,927,193	4,658,390	3,908,075	3,654,218	3,823,861	4,565,028	2,990,799	2,310,320	2,032,401
141,317	161,730	193,351	178,116	158,941	160,993	178,190	200,958	128,460	100,198	96,900
32,183	37,626	43,066	42,107	39,661	42,560	46,221	50,648	29,998	23,710	21,756
32,560	37,471	43,144	40,584	38,870	41,831	46,025	48,503	29,468	24,610	24,785
70,085	78,466	87,716	80,258	69,457	71,406	77,465	83,427	49,863	39,073	36,732
24,149	28,941	32,273	30,157	29,739	34,880	39,093	42,877	24,513	20,841	21,960
29,215	33,289	35,889	33,762	32,596	36,773	40,644	45,094	26,341	21,849	23,182
52,676	58,592	66,464	62,255	59,729	65,846	71,566	74,929	42,714	33,922	33,809
85,958	96,076	114,051	107,362	88,569	88,071	99,332	112,265	75,295	56,123	44,751
60,155	66,603	78,038	71,074	60,037	61,249	68,339	76,584	47,053	34,098	29,293
55,058	63,502	77,033	72,577	59,677	58,083	64,575	76,266	51,013	37,121	32,837
226,775	255,445	313,572	298,049	235,449	204,923	213,550	261,488	186,835	138,675	99,357
194,221	215,229	262,202	252,445	199,040	175,727	183,737	227,203	160,113	120,119	91,296
503,822	528,502	589,662	570,877	465,951	368,874	331,396	395,381	267,659	204,775	184,460
290,453	324,005	392,471	395,420	318,588	257,682	244,467	299,516	211,968	162,497	133,117
60,514	70,302	80,272	75,972	67,639	71,395	79,602	91,550	54,388	44,404	43,324
27,847	32,614	41,708	37,388	30,545	30,218	32,986	43,740	27,681	20,233	18,962
30,826	35,712	44,901	39,855	32,771	32,489	34,255	44,902	27,953	19,678	18,328
21,331	24,156	28,644	26,105	23,306	23,795	25,006	30,618	18,135	13,970	14,459
21,602	24,291	29,851	30,176	27,140	26,047	27,749	31,443	20,509	15,929	15,398
54,233	64,535	78,124	74,306	63,803	62,728	66,715	80,647	54,897	42,900	44,611
53,559	61,696	75,528	70,501	59,829	57,815	62,035	77,759	51,219	39,792	34,550
105,533	117,764	142,097	135,860	114,573	111,163	117,292	140,320	93,934	72,709	62,061
241,514	260,829	314,974	296,598	237,756	202,133	198,849	245,753	174,965	131,491	101,305
49,748	55,586	68,921	64,772	55,444	52,050	54,550	66,775	45,094	34,685	31,096
42,744	47,537	56,112	50,565	42,058	39,180	41,080	49,504	32,252	23,571	20,808
68,689	78,556	97,464	91,831	76,040	68,200	70,444	96,049	64,533	49,249	43,194
252,019	276,876	350,451	343,522	274,619	228,845	231,639	304,870	214,968	168,240	126,678
148,832	166,793	209,044	199,685	166,460	153,710	161,526	202,366	135,178	102,671	88,811
32,959	37,446	47,869	45,863	39,271	37,477	41,427	52,985	36,569	28,770	23,613
23,410	25,757	32,998	31,353	27,961	28,326	30,605	37,920	24,496	19,371	17,904
15,575	17,350	19,638	17,134	15,739	17,556	19,907	22,198	12,738	10,136	10,897
17,861	20,668	23,520	20,794	18,841	21,472	23,868	29,313	16,547	13,096	15,373
52,058	57,492	70,650	62,511	52,583	52,947	57,313	71,537	48,091	35,974	34,741
79,785	88,344	109,225	98,978	80,460	78,035	83,520	105,416	70,038	51,379	46,653
34,206	38,957	48,804	43,147	36,664	39,389	46,224	57,322	36,635	28,300	26,815
19,029	21,601	24,957	23,090	20,858	22,650	26,730	32,450	18,171	14,582	14,669
26,335	29,984	36,504	32,215	26,742	27,880	30,897	39,754	23,635	18,310	18,685
34,627	40,066	48,572	43,324	38,773	41,310	45,477	55,621	33,487	26,697	26,262
17,320	20,602	24,935	21,747	19,952	21,666	24,025	30,350	18,667	14,439	15,318
153,482	167,492	187,824	168,453	140,634	143,738	156,839	181,937	108,616	84,130	73,635
22,483	24,874	26,800	24,452	23,178	25,588	28,867	31,054	17,394	14,355	14,266
33,532	36,913	42,680	40,429	38,603	43,599	49,450	53,374	29,965	25,377	25,191
48,002	52,394	56,812	51,445	49,511	54,817	61,697	66,546	38,688	32,721	34,537
30,296	34,425	38,760	34,689	30,603	34,430	39,518	46,313	27,962	22,603	22,670
28,231	32,164	35,455	31,410	30,026	34,438	39,467	42,810	24,751	21,025	21,580
41,723	45,808	49,194	45,846	46,049	54,597	62,271	63,266	35,844	30,936	32,335
46,994	48,908	54,973	49,331	43,340	45,637	47,431	43,427	21,506	20,986	19,437

参考表9　都 道 府 県 、年 齢 （ 5 歳 階 級 ） 、
Reference Table 9.　Population by Age (Five-Year Groups) and Sex

都　　道　　府　　県 Prefectures	総 人 口　　　　女							
	総　　数 Total	0〜4歳 years old	5〜9	10〜14	15〜19	20〜24	25〜29	30〜34
全　　　　　　　国　Japan	64, 483, 231	2, 143, 733	2, 457, 059	2, 610, 711	2, 715, 591	3, 058, 239	3, 103, 337	3, 204, 018
01 北　海　道　Hokkaido	2, 736, 905	76, 304	90, 844	98, 796	105, 758	109, 804	112, 326	121, 397
02 青　森　県　Aomori-ken	645, 831	17, 577	20, 965	23, 341	25, 043	21, 437	21, 829	25, 330
03 岩　手　県　Iwate-ken	619, 848	17, 546	21, 477	23, 961	25, 423	21, 184	22, 197	25, 472
04 宮　城　県　Miyagi-ken	1, 173, 510	37, 176	44, 243	47, 192	51, 154	58, 950	55, 812	59, 656
05 秋　田　県　Akita-ken	499, 060	11, 821	14, 901	17, 247	17, 747	13, 474	15, 071	18, 143
06 山　形　県　Yamagata-ken	544, 314	15, 954	19, 436	21, 579	22, 698	19, 059	19, 259	23, 031
07 福　島　県　Fukushima-ken	918, 111	28, 756	33, 860	36, 248	39, 246	32, 177	36, 362	41, 339
08 茨　城　県　Ibaraki-ken	1, 428, 362	45, 456	54, 462	59, 588	62, 905	62, 519	60, 421	66, 412
09 栃　木　県　Tochigi-ken	962, 856	30, 607	36, 957	40, 301	43, 028	40, 189	40, 858	46, 466
10 群　馬　県　Gumma-ken	973, 604	30, 838	36, 311	40, 783	44, 082	42, 399	41, 296	43, 678
11 埼　玉　県　Saitama-ken	3, 694, 353	125, 192	142, 943	151, 881	158, 935	190, 436	190, 374	190, 940
12 千　葉　県　Chiba-ken	3, 163, 907	105, 641	119, 919	128, 503	134, 802	159, 883	159, 838	161, 765
13 東　京　都　Tokyo-to	7, 134, 867	244, 059	261, 017	253, 318	261, 695	425, 138	493, 386	464, 700
14 神　奈　川　県　Kanagawa-ken	4, 652, 448	156, 507	177, 699	187, 746	196, 595	251, 192	248, 512	243, 432
15 新　潟　県　Niigata-ken	1, 119, 793	33, 376	40, 300	44, 192	46, 326	41, 815	42, 589	48, 523
16 富　山　県　Toyama-ken	527, 158	16, 098	18, 665	20, 553	22, 028	19, 762	20, 809	21, 743
17 石　川　県　Ishikawa-ken	578, 978	19, 245	22, 413	24, 168	25, 950	26, 964	24, 936	26, 516
18 福　井　県　Fukui-ken	389, 336	13, 383	15, 217	17, 022	17, 416	14, 716	16, 092	17, 847
19 山　梨　県　Yamanashi-ken	410, 116	13, 189	15, 030	16, 377	18, 520	18, 157	16, 421	17, 772
20 長　野　県　Nagano-ken	1, 039, 581	33, 442	39, 621	43, 932	45, 407	37, 439	40, 410	44, 498
21 岐　阜　県　Gifu-ken	1, 009, 111	32, 431	39, 477	43, 506	46, 381	44, 540	41, 187	44, 145
22 静　岡　県　Shizuoka-ken	1, 829, 238	59, 075	71, 200	78, 513	79, 207	71, 860	76, 076	84, 577
23 愛　知　県　Aichi-ken	3, 770, 724	142, 622	159, 662	167, 912	171, 085	198, 579	200, 408	201, 794
24 三　重　県　Mie-ken	898, 432	29, 063	34, 529	38, 164	39, 906	38, 539	37, 993	41, 016
25 滋　賀　県　Shiga-ken	714, 975	26, 939	31, 678	33, 629	34, 176	35, 509	32, 460	35, 696
26 京　都　府　Kyoto-fu	1, 338, 635	41, 410	47, 781	51, 435	57, 548	76, 992	66, 697	62, 755
27 大　阪　府　Osaka-fu	4, 590, 083	151, 974	167, 177	178, 474	191, 426	248, 046	247, 511	240, 427
28 兵　庫　県　Hyogo-ken	2, 850, 426	93, 922	108, 667	117, 089	122, 082	133, 276	125, 356	132, 057
29 奈　良　県　Nara-ken	696, 083	20, 841	25, 395	27, 977	30, 627	31, 967	27, 519	29, 743
30 和　歌　山　県　Wakayama-ken	482, 754	14, 381	17, 402	18, 746	19, 532	16, 861	17, 767	20, 239
31 鳥　取　県　Tottori-ken	286, 312	9, 686	11, 285	11, 829	12, 286	10, 688	10, 951	12, 544
32 島　根　県　Shimane-ken	343, 223	11, 498	13, 369	14, 207	14, 447	11, 889	12, 827	14, 520
33 岡　山　県　Okayama-ken	973, 963	33, 520	38, 010	40, 184	42, 834	48, 534	44, 356	46, 030
34 広　島　県　Hiroshima-ken	1, 432, 301	49, 549	58, 296	61, 713	62, 197	64, 168	63, 800	67, 727
35 山　口　県　Yamaguchi-ken	697, 029	20, 969	24, 678	27, 720	28, 174	26, 408	25, 168	27, 244
36 徳　島　県　Tokushima-ken	372, 045	10, 920	12, 718	13, 785	14, 563	14, 729	13, 373	15, 326
37 香　川　県　Kagawa-ken	487, 076	16, 091	18, 690	20, 143	20, 852	18, 535	19, 232	21, 587
38 愛　媛　県　Ehime-ken	694, 362	20, 702	25, 216	27, 673	27, 946	25, 260	25, 775	29, 379
39 高　知　県　Kochi-ken	360, 890	10, 508	12, 327	13, 182	14, 217	12, 441	12, 128	13, 947
40 福　岡　県　Fukuoka-ken	2, 698, 255	98, 563	110, 341	114, 582	114, 852	138, 206	134, 179	137, 424
41 佐　賀　県　Saga-ken	423, 898	15, 329	17, 741	19, 382	19, 202	17, 677	16, 784	19, 105
42 長　崎　県　Nagasaki-ken	686, 905	23, 122	26, 974	28, 459	28, 320	23, 609	24, 875	28, 893
43 熊　本　県　Kumamoto-ken	910, 099	33, 202	37, 860	39, 686	38, 890	36, 156	36, 787	41, 361
44 大　分　県　Oita-ken	585, 216	19, 090	22, 144	24, 135	23, 909	22, 301	21, 708	24, 827
45 宮　崎　県　Miyazaki-ken	560, 082	19, 779	23, 131	24, 781	23, 520	19, 364	20, 561	23, 989
46 鹿　児　島　県　Kagoshima-ken	832, 892	29, 425	34, 259	36, 060	34, 622	30, 261	31, 371	37, 306
47 沖　縄　県　Okinawa-ken	745, 284	36, 955	40, 772	41, 017	38, 032	35, 150	37, 690	41, 700

男　女　別　人　口－総人口、日本人人口（2021年10月１日現在）（続き）
for Prefectures - Total population, Japanese population, October 1, 2021 － Continued

					Total population	Female				
35～39	40～44	45～49	50～54	55～59	60～64	65～69	70～74	75～79	80～84	85歳以上 and over
3,618,351	4,028,732	4,804,475	4,594,099	3,915,882	3,737,165	4,045,159	5,106,472	3,721,551	3,252,678	4,365,979
142,696	164,458	196,570	188,516	174,170	174,450	200,181	242,159	175,477	154,588	208,411
31,866	36,559	43,002	43,587	42,131	46,527	51,803	59,207	41,519	39,286	54,822
30,979	35,581	40,636	39,424	38,396	42,360	47,786	52,947	38,575	38,363	57,541
69,183	76,627	84,533	77,815	69,511	73,318	81,128	90,964	59,985	55,727	80,536
23,130	27,251	31,197	30,858	31,073	36,804	42,197	47,875	33,093	34,065	53,113
27,727	31,554	34,712	33,378	33,179	37,636	42,252	46,100	31,560	32,123	53,077
48,044	53,630	60,391	58,362	57,326	64,781	71,738	77,131	51,198	49,948	77,574
78,205	88,149	104,833	99,381	86,015	88,035	102,351	121,624	85,212	70,222	92,572
53,990	60,897	71,295	66,377	57,953	60,709	69,436	80,853	54,341	45,349	63,250
50,481	58,967	72,883	69,040	58,468	57,666	66,314	82,399	59,893	49,430	68,676
212,731	237,521	290,994	278,484	223,859	200,176	220,184	291,801	222,156	176,618	189,128
182,157	202,024	245,350	236,487	189,440	172,540	192,447	252,537	192,022	153,249	175,303
484,924	508,579	574,495	551,165	438,230	355,388	338,157	436,707	344,674	305,656	393,579
271,746	307,194	374,189	370,880	294,885	247,067	251,100	333,762	260,038	217,523	262,381
57,607	66,467	77,307	73,137	67,331	71,448	82,427	98,250	66,330	63,116	99,252
25,798	30,536	39,351	36,288	30,906	31,423	35,513	48,975	34,339	29,088	45,283
29,772	34,588	43,382	39,671	33,996	34,128	36,972	50,393	34,302	28,335	43,247
20,297	22,800	27,384	25,758	23,427	24,503	26,407	32,976	22,130	19,808	32,153
20,136	23,382	28,508	29,079	26,510	26,273	28,500	33,984	24,280	21,841	32,157
52,013	61,653	75,042	71,762	63,192	63,642	68,680	86,741	64,800	56,949	90,358
51,530	59,110	73,419	70,784	61,773	61,626	67,225	85,858	61,446	53,557	71,116
98,217	110,848	134,055	129,877	111,417	111,375	121,508	152,576	112,111	97,063	129,683
221,332	242,528	294,269	278,337	226,008	200,280	207,087	274,880	207,536	173,722	202,683
46,590	53,104	66,349	63,198	56,248	54,603	58,933	74,624	54,049	47,179	64,345
41,224	47,018	54,769	49,984	42,558	40,952	43,401	54,152	37,326	30,712	42,792
70,692	80,766	100,655	94,662	80,245	72,690	78,581	113,110	82,014	68,861	91,741
256,289	283,890	358,973	350,560	281,649	237,724	251,951	357,463	277,756	239,057	269,736
152,526	173,803	217,383	210,863	179,111	166,465	177,071	232,861	171,209	145,189	191,496
34,773	40,332	50,749	50,589	44,111	42,027	46,894	62,387	45,130	37,340	47,682
23,457	26,480	33,608	33,619	31,511	31,013	33,545	43,724	31,796	28,313	40,760
15,044	16,761	19,107	17,291	16,709	18,485	20,966	24,377	16,166	15,561	26,576
16,993	19,285	22,055	20,188	19,140	21,506	24,304	30,623	20,572	19,837	35,963
51,900	56,705	70,147	63,561	54,521	56,255	60,610	80,528	59,158	50,661	76,449
77,179	86,768	107,202	99,115	82,631	82,120	89,028	118,005	86,929	72,096	103,778
33,811	38,609	47,312	45,407	39,206	42,863	49,667	66,347	47,717	42,889	62,840
18,700	21,015	25,594	23,990	22,505	24,328	28,391	34,716	22,454	21,239	33,699
25,542	29,642	35,936	31,952	27,653	29,352	32,937	44,093	29,248	25,598	39,993
35,145	39,952	48,364	45,664	42,133	44,581	50,275	62,868	43,378	39,918	60,133
17,490	19,999	24,905	22,984	21,237	23,046	26,261	33,877	24,212	21,813	36,316
157,967	172,707	193,171	177,711	153,616	154,996	173,286	212,255	143,961	130,015	180,423
22,949	25,052	27,263	25,996	25,012	27,620	31,031	34,096	23,107	22,134	34,418
34,449	38,326	44,435	43,835	42,579	46,941	53,232	59,943	40,306	39,684	58,923
48,937	53,261	58,339	55,440	54,288	59,209	66,016	73,153	50,032	49,647	77,835
29,821	33,887	39,019	36,620	33,434	37,505	43,053	52,403	36,435	33,708	51,217
29,668	32,752	36,562	33,770	32,829	37,589	42,311	48,790	31,434	31,163	48,089
44,714	48,645	51,391	49,833	50,424	57,889	64,550	66,695	44,847	46,164	74,436
47,930	49,070	53,390	48,820	43,336	45,251	47,472	44,683	25,298	28,274	40,444

参考表9　都 道 府 県 、年 齢 （ 5 歳 階 級 ）、
Reference Table 9. Population by Age (Five-Year Groups) and Sex

都 道 府 県 Prefectures	日 本 人 人 口　　男 女 計							
	総　数 Total	0〜4歳 years old	5〜9	10〜14	15〜19	20〜24	25〜29	30〜34
全　　　　　　　　国　Japan	122,780,487	4,306,705	4,958,811	5,293,924	5,507,326	5,889,685	5,950,058	6,204,880
01 北　海　道　Hokkaido	5,146,560	155,632	185,165	201,841	217,514	219,488	220,119	239,105
02 青　森　県　Aomori-ken	1,215,692	35,851	43,020	47,572	51,657	43,828	44,969	51,303
03 岩　手　県　Iwate-ken	1,189,397	35,664	44,026	49,264	52,094	43,608	45,599	51,807
04 宮　城　県　Miyagi-ken	2,269,153	75,596	90,583	96,679	104,719	118,099	109,732	118,508
05 秋　田　県　Akita-ken	941,213	24,046	30,354	35,352	36,504	28,664	31,413	36,822
06 山　形　県　Yamagata-ken	1,047,573	32,632	39,731	44,305	46,761	39,663	39,799	46,616
07 福　島　県　Fukushima-ken	1,798,642	58,046	68,981	74,448	81,076	68,627	75,656	85,563
08 茨　城　県　Ibaraki-ken	2,785,230	91,130	109,883	121,220	128,879	124,345	121,118	134,217
09 栃　木　県　Tochigi-ken	1,880,061	62,296	74,781	82,249	87,194	78,904	82,934	93,833
10 群　馬　県　Gumma-ken	1,865,938	60,765	71,954	82,082	88,775	81,512	79,426	85,970
11 埼　玉　県　Saitama-ken	7,151,653	247,697	285,880	306,933	321,096	364,625	362,986	370,351
12 千　葉　県　Chiba-ken	6,114,166	210,094	241,254	260,442	273,825	310,360	305,581	314,526
13 東　京　都　Tokyo-to	13,459,137	483,415	516,882	507,654	517,382	779,200	907,728	862,335
14 神　奈　川　県　Kanagawa-ken	9,006,858	313,145	356,366	379,203	397,552	492,526	486,545	475,060
15 新　潟　県　Niigata-ken	2,161,250	68,062	82,430	90,676	95,174	85,676	86,563	98,288
16 富　山　県　Toyama-ken	1,008,425	32,601	37,856	41,894	45,467	40,308	41,661	44,038
17 石　川　県　Ishikawa-ken	1,110,514	39,311	45,714	48,946	53,728	55,833	49,557	52,217
18 福　井　県　Fukui-ken	745,548	27,117	31,197	34,721	35,981	29,688	31,882	34,805
19 山　梨　県　Yamanashi-ken	789,393	26,350	30,168	33,204	38,053	36,274	33,239	35,619
20 長　野　県　Nagano-ken	1,998,962	67,691	80,602	89,116	92,823	75,133	80,860	89,033
21 岐　阜　県　Gifu-ken	1,907,383	64,458	78,953	87,631	92,727	83,259	77,371	84,499
22 静　岡　県　Shizuoka-ken	3,515,001	117,865	143,017	157,586	160,544	139,306	150,447	167,834
23 愛　知　県　Aichi-ken	7,260,994	282,293	318,010	336,643	343,225	381,410	386,805	395,959
24 三　重　県　Mie-ken	1,704,607	57,898	68,809	76,449	79,928	72,482	73,818	79,943
25 滋　賀　県　Shiga-ken	1,377,047	54,482	63,889	68,121	69,770	71,085	64,177	70,288
26 京　都　府　Kyoto-fu	2,504,556	83,726	97,168	104,980	117,061	147,405	125,662	119,666
27 大　阪　府　Osaka-fu	8,565,220	305,014	336,471	361,007	384,447	463,479	455,886	449,671
28 兵　庫　県　Hyogo-ken	5,323,800	189,762	220,859	238,190	246,973	248,077	233,758	252,795
29 奈　良　県　Nara-ken	1,302,110	42,562	51,635	56,683	62,404	60,996	51,256	56,810
30 和　歌　山　県　Wakayama-ken	906,918	29,604	35,279	38,402	40,309	33,795	35,367	39,987
31 鳥　取　県　Tottori-ken	544,174	19,983	23,022	24,133	25,351	21,744	21,429	24,756
32 島　根　県　Shimane-ken	655,459	23,373	27,660	28,934	30,272	24,077	25,396	28,601
33 岡　山　県　Okayama-ken	1,846,790	67,964	77,662	82,780	87,683	91,632	84,698	88,971
34 広　島　県　Hiroshima-ken	2,729,440	100,536	117,748	125,563	127,087	125,513	123,692	133,345
35 山　口　県　Yamaguchi-ken	1,312,031	42,655	50,943	56,316	57,976	52,712	50,302	55,529
36 徳　島　県　Tokushima-ken	706,315	22,270	26,233	28,160	29,855	29,313	26,919	30,337
37 香　川　県　Kagawa-ken	929,569	32,500	38,286	41,190	42,950	36,253	37,239	42,523
38 愛　媛　県　Ehime-ken	1,309,158	42,474	51,506	56,726	57,717	49,978	50,866	57,619
39 高　知　県　Kochi-ken	679,529	21,439	24,986	27,141	29,264	25,479	24,422	27,370
40 福　岡　県　Fukuoka-ken	5,045,269	198,502	224,901	233,116	232,146	260,851	248,424	259,917
41 佐　賀　県　Saga-ken	799,543	31,505	36,366	39,455	39,413	33,328	32,631	36,858
42 長　崎　県　Nagasaki-ken	1,288,100	47,192	55,275	58,415	58,320	46,324	48,081	56,115
43 熊　本　県　Kumamoto-ken	1,711,866	67,316	77,631	81,171	79,605	69,079	69,575	79,430
44 大　分　県　Oita-ken	1,102,341	38,730	46,110	49,202	49,244	42,522	42,765	48,916
45 宮　崎　県　Miyazaki-ken	1,054,290	40,316	47,072	50,758	48,166	37,199	40,261	46,446
46 鹿　児　島　県　Kagoshima-ken	1,564,774	60,014	70,313	74,402	70,700	56,778	58,816	69,991
47 沖　縄　県　Okinawa-ken	1,448,838	75,131	82,871	82,969	77,935	69,248	72,628	80,688

男　女　別　人　口－総人口、日本人人口（2021年10月 1 日現在）（続き）
for Prefectures - Total population, Japanese population, October 1, 2021 – Continued

					Japanese population		Both sexes			
35～39	40～44	45～49	50～54	55～59	60～64	65～69	70～74	75～79	80～84	85歳以上 and over
7,084,813	7,953,106	9,545,851	9,078,679	7,688,412	7,298,775	7,799,913	9,620,147	6,678,728	5,540,046	6,380,628
280,469	323,554	388,147	365,283	332,024	334,570	377,684	442,597	303,640	254,604	305,124
63,558	73,777	85,706	85,413	81,544	88,934	97,866	109,732	71,457	62,970	76,535
62,893	72,541	83,241	79,537	76,929	83,962	93,668	101,338	67,983	62,949	82,294
137,664	153,742	171,073	156,965	138,054	144,002	158,120	174,087	109,672	94,674	117,184
46,936	55,860	63,156	60,645	60,579	71,542	81,176	90,672	57,562	54,884	75,046
56,363	64,353	69,978	66,494	65,214	73,958	82,621	91,063	57,839	53,944	76,239
99,636	111,106	125,740	119,563	116,288	130,134	143,002	151,846	93,810	83,799	111,321
157,795	179,072	214,354	201,928	170,657	173,726	200,262	233,199	160,120	126,153	137,172
110,241	124,313	146,396	134,394	115,526	120,357	136,816	156,908	101,139	79,320	92,460
100,071	117,652	145,716	137,338	114,963	113,766	129,675	157,957	110,526	86,373	101,417
418,956	476,896	591,614	563,995	449,626	399,229	430,022	551,191	407,859	314,633	288,064
359,083	403,561	496,127	477,159	379,101	342,761	372,755	477,607	351,121	272,687	266,122
927,380	987,835	1,124,975	1,086,868	877,143	706,951	657,862	824,733	607,978	507,467	575,349
536,793	610,656	749,242	749,862	600,720	496,597	489,972	629,808	469,822	378,641	394,348
116,629	135,465	156,282	147,846	134,037	142,334	161,659	189,563	120,597	107,453	142,516
52,061	61,827	79,928	72,616	60,751	61,225	68,271	92,534	61,946	49,257	64,184
59,314	69,318	87,415	78,925	66,291	66,302	71,017	95,070	62,120	47,935	61,501
40,165	45,683	54,868	50,842	46,078	47,901	51,095	63,317	40,053	33,641	46,514
40,392	46,412	57,057	57,779	52,409	51,522	55,826	65,188	44,682	37,715	47,504
103,330	123,165	150,107	142,879	124,485	124,800	134,369	166,710	119,376	99,650	134,833
99,730	116,212	145,081	138,122	119,383	118,010	128,249	162,931	112,258	93,056	105,453
194,850	220,178	268,948	259,045	220,911	219,334	236,951	291,783	205,401	169,471	191,530
436,723	481,309	590,779	558,710	451,621	394,554	400,471	516,758	379,742	303,287	302,695
91,405	104,635	131,759	124,724	109,114	105,060	112,468	140,632	98,679	81,540	95,264
81,010	91,942	108,531	98,597	83,007	78,968	83,572	103,053	69,146	54,017	63,392
135,240	155,692	194,681	183,145	153,570	138,360	146,504	206,583	144,524	116,764	133,825
487,940	544,315	694,572	679,594	543,438	455,135	472,654	652,316	485,300	401,692	392,289
292,951	333,171	419,266	403,510	339,612	314,878	333,470	430,268	302,790	245,248	278,222
66,555	76,851	97,841	95,699	82,680	78,929	87,826	114,942	81,402	65,902	71,137
46,306	51,700	66,070	64,465	59,052	59,067	63,862	81,383	56,102	47,567	58,601
30,184	33,725	38,405	34,158	32,276	35,912	40,755	46,455	28,809	25,656	37,421
33,773	38,991	44,795	40,204	37,486	42,764	48,037	59,847	37,058	32,885	51,306
101,515	112,395	139,239	124,796	106,186	108,493	117,236	151,466	106,798	86,302	110,974
151,948	171,653	213,716	195,528	161,342	158,887	171,378	222,315	156,193	122,952	150,044
66,789	76,656	95,248	87,787	75,247	81,630	95,140	123,013	83,858	70,847	89,383
37,134	42,104	50,146	46,811	43,207	46,889	55,053	67,120	40,597	35,810	48,357
50,680	58,780	71,804	63,680	54,003	57,011	63,645	83,719	52,799	43,854	58,653
68,542	79,147	96,276	88,519	80,559	85,654	95,548	118,345	76,769	66,553	86,360
34,443	40,310	49,569	44,470	41,042	44,596	50,194	64,150	42,829	36,214	51,611
304,934	335,258	377,192	342,668	291,600	296,723	328,173	392,582	251,479	213,374	253,429
44,917	49,565	53,771	50,191	48,040	53,099	59,806	65,058	40,446	36,449	48,645
67,155	74,696	86,652	83,864	80,878	90,321	102,492	113,117	70,153	65,000	84,050
95,464	104,649	114,333	106,159	103,363	113,762	127,527	139,534	88,638	82,311	112,319
59,118	67,622	77,316	70,887	63,743	71,716	82,354	98,508	64,266	56,204	73,809
57,370	64,488	71,580	64,884	62,665	71,924	81,693	91,537	56,138	52,157	69,636
85,528	93,811	100,016	95,087	96,098	112,223	126,688	129,875	80,648	77,057	106,729
92,880	96,463	107,143	97,044	85,870	90,303	94,429	87,737	46,604	49,128	59,767

参考表9　都　道　府　県　、年　齢　（5　歳　階　級）、

Reference Table 9. Population by Age (Five-Year Groups) and Sex

都　道　府　県 Prefectures	日 本 人 人 口　男							
	総　数 Total	0～4歳 years old	5～9	10～14	15～19	20～24	25～29	30～34
全　　　　　　国　Japan	59, 686, 643	2, 202, 923	2, 539, 951	2, 713, 867	2, 826, 550	3, 006, 075	3, 036, 053	3, 163, 414
01 北　海　道　Hokkaido	2, 429, 087	79, 622	94, 556	103, 236	112, 036	113, 930	111, 953	120, 661
02 青　森　県　Aomori-ken	573, 356	18, 292	22, 082	24, 255	26, 725	23, 258	23, 749	26, 321
03 岩　手　県　Iwate-ken	573, 963	18, 156	22, 583	25, 320	26, 738	23, 314	24, 029	26, 835
04 宮　城　県　Miyagi-ken	1, 106, 745	38, 631	46, 512	49, 613	53, 813	61, 147	56, 003	60, 075
05 秋　田　県　Akita-ken	444, 487	12, 246	15, 482	18, 120	18, 787	15, 492	16, 603	18, 903
06 山　形　県　Yamagata-ken	507, 969	16, 720	20, 332	22, 762	24, 151	21, 088	21, 047	24, 024
07 福　島　県　Fukushima-ken	888, 125	29, 415	35, 212	38, 298	41, 931	37, 382	40, 255	44, 951
08 茨　城　県　Ibaraki-ken	1, 389, 140	46, 691	56, 306	62, 429	66, 701	65, 501	64, 873	71, 368
09 栃　木　県　Tochigi-ken	938, 000	32, 331	38, 407	42, 430	44, 679	41, 064	44, 735	49, 617
10 群　馬　県　Gumma-ken	921, 763	31, 090	36, 710	42, 240	45, 732	42, 624	41, 913	45, 482
11 埼　玉　県　Saitama-ken	3, 552, 318	126, 484	146, 290	157, 361	164, 318	184, 197	184, 476	191, 070
12 千　葉　県　Chiba-ken	3, 033, 443	107, 388	123, 853	133, 725	140, 614	159, 013	156, 248	162, 496
13 東　京　都　Tokyo-to	6, 606, 296	247, 084	263, 862	260, 299	262, 901	386, 109	456, 433	435, 832
14 神　奈　川　県　Kanagawa-ken	4, 471, 151	160, 458	182, 631	194, 294	203, 704	251, 569	252, 423	246, 045
15 新　潟　県　Niigata-ken	1, 050, 807	34, 780	42, 286	46, 604	49, 030	45, 183	45, 168	50, 656
16 富　山　県　Toyama-ken	490, 002	16, 751	19, 440	21, 546	23, 672	21, 772	22, 168	23, 258
17 石　川　県　Ishikawa-ken	538, 346	20, 217	23, 418	24, 893	27, 927	30, 148	25, 805	26, 573
18 福　井　県　Fukui-ken	364, 354	13, 889	16, 093	17, 816	18, 706	16, 051	16, 923	18, 118
19 山　梨　県　Yamanashi-ken	387, 808	13, 362	15, 341	17, 050	19, 768	19, 086	17, 694	18, 613
20 長　野　県　Nagano-ken	978, 392	34, 594	41, 355	45, 627	47, 920	39, 693	42, 308	45, 960
21 岐　阜　県　Gifu-ken	925, 951	32, 916	40, 437	45, 090	47, 312	42, 351	39, 723	43, 731
22 静　岡　県　Shizuoka-ken	1, 732, 962	60, 477	73, 590	80, 744	83, 125	72, 897	79, 612	88, 056
23 愛　知　県　Aichi-ken	3, 619, 485	144, 584	163, 174	173, 013	176, 303	197, 459	202, 330	208, 778
24 三　重　県　Mie-ken	831, 189	29, 743	35, 216	39, 086	41, 017	37, 127	38, 986	41, 743
25 滋　賀　県　Shiga-ken	677, 649	28, 014	32, 711	34, 960	36, 151	37, 452	33, 630	36, 248
26 京　都　府　Kyoto-fu	1, 194, 638	42, 799	49, 842	53, 955	60, 268	74, 884	62, 821	59, 515
27 大　阪　府　Osaka-fu	4, 097, 389	155, 996	171, 893	184, 489	195, 707	229, 324	223, 233	221, 892
28 兵　庫　県　Hyogo-ken	2, 528, 824	96, 969	113, 273	122, 073	125, 983	121, 524	115, 109	125, 754
29 奈　良　県　Nara-ken	612, 937	21, 833	26, 371	28, 826	31, 936	29, 921	24, 793	27, 839
30 和　歌　山　県　Wakayama-ken	428, 044	15, 274	17, 921	19, 685	20, 829	17, 343	18, 085	20, 096
31 鳥　取　県　Tottori-ken	260, 681	10, 339	11, 763	12, 326	13, 119	11, 539	10, 907	12, 508
32 島　根　県　Shimane-ken	317, 060	12, 007	14, 379	14, 793	15, 938	12, 828	13, 271	14, 738
33 岡　山　県　Okayama-ken	887, 765	34, 720	39, 885	42, 764	45, 165	46, 040	42, 806	44, 831
34 広　島　県　Hiroshima-ken	1, 322, 143	51, 618	60, 028	64, 378	65, 418	65, 523	63, 868	68, 491
35 山　口　県　Yamaguchi-ken	623, 037	21, 814	26, 362	28, 696	29, 896	27, 885	26, 247	29, 030
36 徳　島　県　Tokushima-ken	337, 844	11, 396	13, 566	14, 397	15, 356	15, 353	14, 144	15, 490
37 香　川　県　Kagawa-ken	448, 723	16, 521	19, 714	21, 160	22, 283	19, 014	19, 119	21, 745
38 愛　媛　県　Ehime-ken	620, 697	21, 829	26, 351	29, 107	29, 823	26, 073	26, 202	28, 977
39 高　知　県　Kochi-ken	320, 828	10, 951	12, 674	13, 986	15, 125	13, 464	12, 657	13, 655
40 福　岡　県　Fukuoka-ken	2, 384, 308	100, 965	115, 387	119, 082	117, 958	129, 985	120, 806	126, 706
41 佐　賀　県　Saga-ken	379, 372	16, 219	18, 660	20, 102	20, 306	16, 722	16, 560	18, 178
42 長　崎　県　Nagasaki-ken	605, 737	24, 153	28, 368	29, 992	30, 104	23, 619	24, 070	27, 837
43 熊　本　県　Kumamoto-ken	810, 982	34, 203	39, 856	41, 555	40, 918	35, 044	34, 751	39, 294
44 大　分　県　Oita-ken	523, 486	10, 727	23, 351	25, 130	25, 516	22, 249	21, 960	24, 818
45 宮　崎　県　Miyazaki-ken	498, 324	20, 588	23, 976	26, 011	24, 804	18, 990	20, 445	22, 936
46 鹿　児　島　県　Kagoshima-ken	739, 109	30, 639	36, 111	38, 390	36, 287	28, 562	28, 784	33, 613
47 沖　縄　県　Okinawa-ken	711, 927	38, 428	42, 341	42, 159	40, 050	35, 282	36, 328	40, 057

男　女　別　人　口－総人口、日本人人口（2021年10月1日現在）（続き）
for Prefectures - Total population, Japanese population, October 1, 2021 – Continued

					Japanese population		Male			
35～39	40～44	45～49	50～54	55～59	60～64	65～69	70～74	75～79	80～84	85歳以上 and over
3,604,034	4,046,350	4,849,043	4,590,216	3,853,288	3,615,697	3,793,799	4,540,999	2,976,156	2,301,492	2,026,736
139,612	160,593	192,584	177,490	158,433	160,554	177,868	200,698	128,312	100,122	96,827
31,971	37,473	42,968	42,040	39,573	42,502	46,143	50,589	29,967	23,700	21,748
32,318	37,329	43,022	40,509	38,805	41,772	45,961	48,452	29,438	24,604	24,778
69,283	77,933	87,319	79,923	69,195	71,194	77,282	83,290	49,790	39,032	36,710
24,054	28,836	32,196	30,090	29,692	34,834	39,047	42,832	24,488	20,832	21,953
29,003	33,177	35,755	33,677	32,520	36,721	40,601	45,058	26,316	21,841	23,176
52,258	58,255	66,201	62,055	59,560	65,702	71,465	74,825	42,670	33,896	33,794
82,490	93,672	112,148	105,696	87,274	87,287	98,857	111,961	75,135	56,053	44,698
58,123	65,192	76,933	70,029	59,198	60,663	67,973	76,358	46,946	34,058	29,264
52,270	61,370	75,266	70,919	58,296	57,228	64,048	75,911	50,831	37,046	32,787
216,547	248,246	308,368	293,554	232,051	202,819	212,102	260,526	186,326	138,389	99,194
185,440	208,998	257,702	248,588	196,022	173,890	182,510	226,289	159,683	119,844	91,140
473,428	504,821	571,706	556,071	454,750	361,696	326,487	391,980	265,717	203,610	183,510
277,909	314,675	385,166	388,849	313,333	254,395	242,079	297,891	211,037	161,964	132,729
59,907	69,914	79,972	75,699	67,431	71,230	79,489	91,443	54,335	44,375	43,305
27,122	32,149	41,371	37,077	30,283	30,062	32,888	43,647	27,651	20,199	18,946
30,183	35,315	44,538	39,625	32,561	32,350	34,156	44,794	27,900	19,643	18,300
20,703	23,659	28,213	25,771	23,031	23,633	24,878	30,494	18,038	13,910	14,428
20,944	23,755	29,382	29,718	26,665	25,751	27,584	31,336	20,474	15,904	15,381
52,963	63,415	77,155	73,402	63,031	62,180	66,331	80,338	54,763	42,816	44,541
51,223	59,878	74,046	69,190	58,792	57,109	61,542	77,410	51,045	39,683	34,473
101,368	114,291	139,152	133,214	112,368	109,702	116,379	139,794	93,612	72,595	61,986
229,286	251,289	306,994	289,722	232,369	198,512	196,300	243,930	173,787	130,745	100,910
47,245	53,732	67,357	63,390	54,265	51,340	54,060	66,403	44,881	34,556	31,042
41,338	46,413	55,075	49,701	41,298	38,570	40,642	49,193	32,056	23,461	20,736
66,583	76,825	95,794	90,237	74,759	66,984	69,280	94,848	63,628	48,758	42,858
241,763	269,198	343,480	337,026	268,923	223,958	226,777	300,203	211,853	166,180	125,494
144,855	163,451	205,707	196,501	163,705	151,241	159,131	200,035	133,664	101,707	88,142
32,363	37,042	47,516	45,566	38,980	37,230	41,210	52,801	36,457	28,683	23,570
23,182	25,597	32,830	31,200	27,833	28,239	30,496	37,804	24,418	19,328	17,884
15,422	17,214	19,553	17,079	15,700	17,507	19,857	22,146	12,695	10,123	10,884
17,341	20,236	23,182	20,427	18,554	21,350	23,788	29,269	16,523	13,072	15,364
51,024	56,820	70,094	62,094	52,213	52,637	56,999	71,247	47,897	35,856	34,673
77,222	86,907	108,193	98,009	79,749	77,448	82,981	104,906	69,704	51,160	46,540
33,613	38,578	48,439	42,833	36,381	39,090	45,831	57,023	36,401	28,172	26,746
18,794	21,481	24,881	23,029	20,808	22,622	26,700	32,427	18,158	14,577	14,665
25,717	29,685	36,261	32,058	26,598	27,786	30,824	39,689	23,592	18,285	18,672
33,965	39,685	48,363	43,175	38,642	41,195	45,381	55,551	33,455	26,671	26,252
17,127	20,502	24,860	21,661	19,897	21,611	23,984	30,307	18,641	14,416	15,310
150,203	165,261	186,218	167,012	139,471	142,812	155,885	181,145	108,113	83,836	73,463
22,282	24,782	26,720	24,380	23,129	25,543	28,827	31,012	17,359	14,339	14,252
33,131	36,705	42,481	40,270	38,476	43,497	49,340	53,261	29,905	25,353	25,175
47,364	52,078	56,608	51,266	49,389	54,707	61,609	66,470	38,650	32,703	34,517
29,835	34,178	38,596	34,569	30,485	34,339	39,427	46,200	27,912	22,554	22,640
28,032	32,016	35,327	31,324	29,956	34,396	39,435	42,780	24,724	21,014	21,570
41,403	45,647	49,041	45,712	45,936	54,495	62,205	63,229	35,823	30,912	32,320
45,825	48,082	54,310	48,789	42,908	45,314	47,160	43,204	21,386	20,915	19,389

都 道 府 県 Prefectures	日 本 人 人 口　　女							
	総　数 Total	0〜4歳 years old	5〜9	10〜14	15〜19	20〜24	25〜29	30〜34
全　　　　　国 Japan	63,093,844	2,103,782	2,418,860	2,580,057	2,680,776	2,883,610	2,914,005	3,041,466
01 北 海 道 Hokkaido	2,717,473	76,010	90,609	98,605	105,478	105,558	108,166	118,444
02 青 森 県 Aomori-ken	642,336	17,559	20,938	23,317	24,932	20,570	21,220	24,982
03 岩 手 県 Iwate-ken	615,434	17,508	21,443	23,944	25,356	20,294	21,570	24,972
04 宮 城 県 Miyagi-ken	1,162,408	36,965	44,071	47,066	50,906	56,952	53,729	58,433
05 秋 田 県 Akita-ken	496,726	11,800	14,872	17,232	17,717	13,172	14,810	17,919
06 山 形 県 Yamagata-ken	539,604	15,912	19,399	21,543	22,610	18,575	18,752	22,592
07 福 島 県 Fukushima-ken	910,517	28,631	33,769	36,150	39,145	31,245	35,401	40,612
08 茨 城 県 Ibaraki-ken	1,396,090	44,439	53,577	58,791	62,178	58,844	56,245	62,849
09 栃 木 県 Tochigi-ken	942,061	29,965	36,374	39,819	42,515	37,840	38,199	44,216
10 群 馬 県 Gumma-ken	944,175	29,675	35,244	39,842	43,043	38,888	37,513	40,488
11 埼 玉 県 Saitama-ken	3,599,335	121,213	139,590	149,572	156,778	180,428	178,510	179,281
12 千 葉 県 Chiba-ken	3,080,723	102,706	117,401	126,717	133,211	151,347	149,333	152,030
13 東 京 都 Tokyo-to	6,852,841	236,331	253,020	247,355	254,481	393,091	451,295	426,503
14 神 奈 川 県 Kanagawa-ken	4,535,707	152,687	173,735	184,909	193,848	240,957	234,122	229,015
15 新 潟 県 Niigata-ken	1,110,443	33,282	40,144	44,072	46,144	40,493	41,395	47,632
16 富 山 県 Toyama-ken	518,423	15,850	18,416	20,348	21,795	18,536	19,493	20,780
17 石 川 県 Ishikawa-ken	572,168	19,094	22,296	24,053	25,801	25,685	23,752	25,644
18 福 井 県 Fukui-ken	381,194	13,228	15,104	16,905	17,275	13,637	14,959	16,687
19 山 梨 県 Yamanashi-ken	401,585	12,988	14,827	16,154	18,285	17,188	15,545	17,006
20 長 野 県 Nagano-ken	1,020,570	33,097	39,247	43,489	44,903	35,440	38,552	43,073
21 岐 阜 県 Gifu-ken	981,432	31,542	38,516	42,541	45,415	40,908	37,648	40,768
22 静 岡 県 Shizuoka-ken	1,782,039	57,388	69,427	76,842	77,419	66,409	70,835	79,778
23 愛 知 県 Aichi-ken	3,641,509	137,709	154,836	163,630	166,922	183,951	184,475	187,181
24 三 重 県 Mie-ken	873,418	28,155	33,593	37,363	38,911	35,355	34,832	38,200
25 滋 賀 県 Shiga-ken	699,398	26,468	31,178	33,161	33,619	33,633	30,547	34,040
26 京 都 府 Kyoto-fu	1,309,918	40,927	47,326	51,025	56,793	72,521	62,841	60,151
27 大 阪 府 Osaka-fu	4,467,831	149,018	164,578	176,518	188,740	234,155	232,653	227,779
28 兵 庫 県 Hyogo-ken	2,794,976	92,793	107,586	116,117	120,990	126,553	118,649	127,041
29 奈 良 県 Nara-ken	689,173	20,729	25,264	27,857	30,468	31,075	26,463	28,971
30 和 歌 山 県 Wakayama-ken	478,874	14,330	17,358	18,717	19,480	16,452	17,282	19,891
31 鳥 取 県 Tottori-ken	283,493	9,644	11,259	11,807	12,232	10,205	10,522	12,248
32 島 根 県 Shimane-ken	338,399	11,366	13,281	14,141	14,334	11,249	12,125	13,863
33 岡 山 県 Okayama-ken	959,025	33,244	37,777	40,016	42,518	45,592	41,892	44,140
34 広 島 県 Hiroshima-ken	1,407,297	48,918	57,720	61,185	61,669	59,990	59,824	64,854
35 山 口 県 Yamaguchi-ken	688,994	20,841	24,581	27,620	28,080	24,827	24,055	26,499
36 徳 島 県 Tokushima-ken	368,471	10,874	12,667	13,763	14,499	13,960	12,775	14,847
37 香 川 県 Kagawa-ken	480,846	15,979	18,572	20,030	20,667	17,239	18,120	20,778
38 愛 媛 県 Ehime-ken	688,461	20,645	25,155	27,619	27,894	23,905	24,664	28,642
39 高 知 県 Kochi-ken	358,701	10,488	12,312	13,155	14,139	12,015	11,765	13,715
40 福 岡 県 Fukuoka-ken	2,660,961	97,537	109,514	114,034	114,188	130,866	127,618	133,211
41 佐 賀 県 Saga-ken	420,171	15,286	17,706	19,353	19,107	16,606	16,071	18,680
42 長 崎 県 Nagasaki-ken	682,363	23,039	26,907	28,423	28,216	22,705	24,011	28,278
43 熊 本 県 Kumamoto-ken	900,884	33,113	37,775	39,616	38,687	34,035	34,824	40,136
44 大 分 県 Oita-ken	578,855	19,003	22,068	24,072	23,728	20,273	20,805	24,098
45 宮 崎 県 Miyazaki-ken	555,966	19,728	23,096	24,747	23,362	18,209	19,816	23,510
46 鹿 児 島 県 Kagoshima-ken	825,665	29,375	34,202	36,012	34,413	28,216	30,032	36,378
47 沖 縄 県 Okinawa-ken	736,911	36,703	40,530	40,810	37,885	33,966	36,300	40,631

男　女　別　人　口－総人口、日本人人口（2021年10月1日現在）（続き）
for Prefectures - Total population, Japanese population, October 1, 2021 – Continued

	Japanese population					Female					
35〜39	40〜44	45〜49	50〜54	55〜59	60〜64	65〜69	70〜74	75〜79	80〜84	85歳以上 and over
3,480,779	3,906,756	4,696,808	4,488,463	3,835,124	3,683,078	4,006,114	5,079,148	3,702,572	3,238,554	4,353,892
140,857	162,961	195,563	187,793	173,591	174,016	199,816	241,899	175,328	154,482	208,297
31,587	36,304	42,738	43,373	41,971	46,432	51,723	59,143	41,490	39,270	54,787
30,575	35,212	40,219	39,028	38,124	42,190	47,707	52,886	38,545	38,345	57,516
68,381	75,809	83,754	77,042	68,859	72,808	80,838	90,797	59,882	55,642	80,474
22,882	27,024	30,960	30,555	30,887	36,708	42,129	47,840	33,074	34,052	53,093
27,360	31,176	34,223	32,817	32,694	37,237	42,020	46,005	31,523	32,103	53,063
47,378	52,851	59,539	57,508	56,728	64,432	71,537	77,021	51,140	49,903	77,527
75,305	85,400	102,206	96,232	83,383	86,439	101,405	121,238	84,985	70,100	92,474
52,118	59,121	69,463	64,365	56,328	59,694	68,843	80,550	54,193	45,262	63,196
47,801	56,282	70,450	66,419	56,667	56,538	65,627	82,046	59,695	49,327	68,630
202,409	228,650	283,246	270,441	217,575	196,410	217,920	290,665	221,533	176,244	188,870
173,643	194,563	238,425	228,571	183,079	168,871	190,245	251,318	191,438	152,843	174,982
453,952	483,014	553,269	530,797	422,393	345,255	331,375	432,753	342,261	303,857	391,839
258,884	295,981	364,076	361,013	287,387	242,202	247,893	331,917	258,785	216,677	261,619
56,722	65,551	76,310	72,147	66,606	71,104	82,170	98,120	66,262	63,078	99,211
24,939	29,678	38,557	35,539	30,468	31,163	35,383	48,887	34,295	29,058	45,238
29,131	34,003	42,877	39,300	33,730	33,952	36,861	50,276	34,220	28,292	43,201
19,462	22,024	26,655	25,071	23,047	24,268	26,217	32,823	22,015	19,731	32,086
19,448	22,657	27,675	28,061	25,744	25,771	28,242	33,852	24,208	21,811	32,123
50,367	59,750	72,952	69,477	61,454	62,620	68,038	86,372	64,613	56,834	90,292
48,507	56,334	71,035	68,932	60,591	60,901	66,707	85,521	61,213	53,373	70,980
93,482	105,887	129,796	125,831	108,543	109,632	120,572	151,989	111,789	96,876	129,544
207,437	230,020	283,785	268,988	219,252	196,042	204,171	272,828	205,955	172,542	201,785
44,160	50,903	64,402	61,334	54,849	53,720	58,408	74,229	53,798	46,984	64,222
39,672	45,529	53,456	48,896	41,709	40,398	42,930	53,860	37,090	30,556	42,656
68,657	78,867	98,887	92,908	78,811	71,376	77,224	111,735	80,896	68,006	90,967
246,177	275,117	351,092	342,568	274,515	231,177	245,877	352,113	273,447	235,512	266,795
148,096	169,720	213,559	207,009	175,907	163,637	174,339	230,233	169,126	143,541	190,080
34,192	39,809	50,325	50,133	43,700	41,699	46,616	62,141	44,945	37,219	47,567
23,124	26,103	33,240	33,265	31,219	30,828	33,366	43,579	31,684	28,239	40,717
14,762	16,511	18,852	17,079	16,576	18,405	20,898	24,309	16,114	15,533	26,537
16,432	18,755	21,613	19,777	18,932	21,414	24,249	30,578	20,535	19,813	35,942
50,491	55,575	69,145	62,702	53,973	55,856	60,237	80,219	58,901	50,446	76,301
74,726	84,746	105,523	97,519	81,593	81,439	88,397	117,409	86,489	71,792	103,504
33,176	38,078	46,809	44,954	38,866	42,540	49,309	65,990	47,457	42,675	62,637
18,340	20,623	25,265	23,782	22,399	24,267	28,353	34,693	22,439	21,233	33,692
24,963	29,095	35,543	31,622	27,405	29,225	32,821	44,030	29,207	25,569	39,981
34,577	39,462	47,913	45,344	41,917	44,459	50,167	62,794	43,314	39,882	60,108
17,316	19,808	24,709	22,809	21,145	22,985	26,210	33,843	24,188	21,798	36,301
154,731	169,997	190,974	175,656	152,129	153,911	172,288	211,437	143,366	129,538	179,966
22,635	24,783	27,051	25,811	24,911	27,556	30,979	34,046	23,087	22,110	34,393
34,024	37,991	44,171	43,594	42,402	46,824	53,152	59,856	40,248	39,647	58,875
48,100	52,571	57,725	54,893	53,974	59,055	65,918	73,064	49,988	49,608	77,802
29,283	33,444	38,720	36,318	33,258	37,377	42,927	52,308	36,354	33,650	51,169
29,338	32,472	36,253	33,560	32,709	37,528	42,258	48,757	31,414	31,143	48,066
44,125	48,164	50,975	49,375	50,162	57,728	64,483	66,646	44,825	46,145	74,409
47,055	48,381	52,833	48,255	42,962	44,989	47,269	44,533	25,218	28,213	40,378

付1　「人口推計」における人口の算出方法

Ⅰ　概要

1　人口推計の範囲

人口推計の範囲は、我が国に常住している*全人口（外国人を含む。）である。ただし、外国人のうち、外国政府の外交使節団・領事機関の構成員（随員及び家族を含む。）及び外国軍隊の軍人・軍属（家族を含む。）は除いている。

＊　３か月以上にわたって住んでいる又は住むことになっている者をいう。

2　推計の方法

(1)　推計の基本式

人口推計では、下に示すとおり、前年10月１日現在の人口を基準人口（推計の基礎となる人口）とし、その後１年間（前年10月１日〜当年９月30日）の自然動態、社会動態及び国籍異動による異動人口を求め、これを加減することにより、当年10月１日現在の人口を算出している。

【推計の基本式】

当年10月１日現在の人口

＝基準人口（前年10月１日現在）

＋１年間の異動人口（自然動態、社会動態及び国籍異動)

> 人口＝基準人口（前年10月１日現在）
> 　　　＋１年間の自然動態
> 　　　＋１年間の社会動態
> 　　　＋１年間の国籍異動（日本人についてのみ）
>
> 自然動態＝出生児数−死亡者数
> 社会動態＝入国者数−出国者数
> 　　都道府県別人口を算出する場合は、更に次の式を加える。
> 　　　　＋都道府県間転入者数−都道府県間転出者数
> 国籍異動＝日本国籍取得者数−日本国籍喪失者数

(2)　推計の方法

①　国勢調査の翌年の人口

ア　国勢調査の確定人口（不詳補完値）を基準人口として用いている。

イ　国勢調査の確定人口を前年10月１日現在の人口（基準人口）として、その後１年間の自然動態・社会動態による異動人口を他の人口関連資料から求め、これを加減することにより当年10月１日現在における人口を算出している。

（例）2021年10月１日現在人口の算出方法
・ 2021年10月１日現在人口
　　＝令和２年国勢調査の確定人口＋１年間（2020年10月～2021年９月）の自然動態
　　　　　　　　　　　　　　＋１年間（2020年10月～2021年９月）の社会動態
　　　　　　　　　　　　　　＋１年間（2020年10月～2021年９月）の国籍異動

② 国勢調査の翌年以外の年の人口
　ア 前年10月１日現在の人口を基準人口として用いている。
　イ 前述①と同様、前年の人口に、その後の異動人口を加減することにより、当年10月１日現在における人口を算出している。

3 推計のための基礎資料
・ 出生児数及び死亡者数 ・・・・・・・・・・・・ 「人口動態統計（概数）」（厚生労働省）
・ 出入国者数 ・・・・・・・・・・・・・・・・・・・ 「出入国管理統計」（出入国在留管理庁）
・ 日本国籍取得者数及び日本国籍喪失者数・・・・ 法務省資料及び官報
・ 都道府県間転出入者数
　　　　　　・・・・・・・・・・・ 「住民基本台帳人口移動報告 月報」（総務省統計局）
・ その他 ・・・・・・・・・・ 「国勢調査」（総務省統計局）

Ⅱ 推計方法
1 推計のための各要素
（1）基準人口
　　国勢調査の翌年は、国勢統計の確定人口を基準人口とし、国勢調査の翌年以外の年は前年10月１日現在人口の確定値を基準人口とする。
（2）異動人口（＝自然動態＋社会動態＋国籍異動）
　ア 自然動態（＝出生児数－死亡者数）
　　　「人口動態統計（概数）」（厚生労働省）による出生児数及び死亡者数を用いる。
　　　なお、都道府県及び年齢不詳の死亡者数は、不詳を除く死亡者数の都道府県別年齢別割合により比例配分し、各都道府県の年齢別死亡者数に含める。
　　　死亡者数は、出生年月により、前年10月１日現在の年齢別に集計して用いる。
　イ 社会動態（＝入国超過数＋都道府県間転入超過数）
　（ア）入国超過数（＝入国者数－出国者数）
　　　　「出入国管理統計」（出入国在留管理庁）による入国者数及び出国者数を用いる。ただし、日本人は海外滞在期間３か月以内の出入（帰）国者（出国から入国までの期間が３か月以内の者）を除き、外国人は国内滞在期間３か月以内の者を除く。
　　　　なお、「住所地が外国」の日本人は、年齢（各歳）別に出入国者数の都道府県別割合により比例配分して、各都道府県の出入国者数に加算する。
　　　　また、都道府県及び年齢不詳の外国人の出入国者数は、出入国者数の都道府県別年齢別割合により比例配分し、各都道府県の年齢（各歳）別出入国者数に含める。

102

日本人は、出生年月別に集計されていないため、「出入国管理統計」の年齢別結果を用い、外国人は、出生年月により、前年10月1日現在の年齢別に集計して用いる。
　（イ）都道府県間転入超過数（＝転入者数－転出者数）
　　　「住民基本台帳人口移動報告」（総務省）による都道府県間転出入者数を用いる。
　ウ　国籍異動（＝日本国籍取得者数－日本国籍喪失者数）
　　　「官報に基づく帰化人口」（官報告示（「日本国に帰化を許可する件」）による「日本国籍を取得した者」を、総務省で出生年月により前年10月1日現在の年齢別に集計した数）及び「日本国籍取得者数及び喪失者数」（法務省）を用いる。

2　全国及び都道府県、年齢、男女別人口の推計

　基準人口に、年齢（各歳）、男女別に、その後1年間の出生児数、死亡者数、入国者数、出国者数及び都道府県間転入超過数を加減（日本人については、更に日本国籍取得者数及び日本国籍喪失者数を加減）して当年10月1日現在の都道府県、年齢（各歳）、男女別総人口及び日本人人口を算出する。

　これらを年齢（5歳階級）別に足し上げ「都道府県、年齢（5歳階級）、男女別人口－総人口、日本人人口」を算出する。また、「全国、年齢（各歳）、男女別人口－総人口、日本人人口」及び「都道府県、男女別人口－総人口、日本人人口」を算出する。

（例：男性の人口の推計）

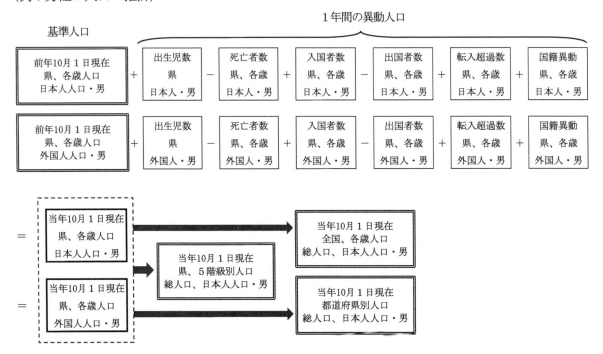

付2　用語の解説

◎　人口構成に関するもの

人口性比：女性100人に対する男性の数　$= \dfrac{男性の人口}{女性の人口} \times 100$

◎　人口増減に関するもの

自然動態：自然増減　$=$　出生児数－死亡者数

（都道府県別人口について）

社会動態：社会増減　$=$　入国超過数＋都道府県間転入超過数

　入国超過数　　　　　　$=$　入国者数－出国者数

　都道府県間転入超過数　$=$　都道府県間転入者数－都道府県間転出者数

国籍異動　$=$　日本国籍取得者数－日本国籍喪失者数

◎　年齢構造に関するもの

年少人口指数　$= \dfrac{15歳未満人口}{15\sim64歳人口} \times 100$

老年人口指数　$= \dfrac{65歳以上人口}{15\sim64歳人口} \times 100$

従属人口指数　$= \dfrac{15歳未満人口＋65歳以上人口}{15\sim64歳人口} \times 100$

老年化指数　　$= \dfrac{65歳以上人口}{15歳未満人口} \times 100$

付3　既刊の人口推計資料

　総務省統計局では、各年10月1日現在の都道府県別人口と全国年齢別人口（大正10年以降）及び各月1日現在の全国人口（昭和25年11月以降）を推計し公表している。

　これらの人口については、公表後、人口動態統計の数字を置き換えたり、推計の期首・期末時の国勢調査結果による補間補正を行うなどの改定を行っているが、必ずしも各年（又は各月）の表題のついた報告書にその年（又は月）の人口の最新改定値が掲載されていない。

　そこで、利用の便を考慮して、各年（又は各月）の人口（最新改定値）がどの報告書等に掲載されているかを次表に示した。

（全国　男女別人口）

人　　口		資　料　名	備　　考
大正10年～ 昭和24年 各年10月1日 現在人口	沖縄県 を含む	人口推計資料1956-1 「大正9年～昭和15年および昭和22年～25年全国年令別人口の推計」	・昭和15年～19年（沖縄県を含む）は「人口推計月報昭和42年8月」 ・補間補正済み ・1953-2 男女計のみ
	沖縄県を含まない	人口推計資料1953-2 「大正9年～昭和25年わが国年次別人口の推計」	
昭和25年11月～40年9月 各月1日現在人口		人口推計月報（改訂数字特集） 　　　　　　　　　　－昭和42年10月刊－	・補間補正済み ・男女計のみ ・沖縄県を含まない
昭和40年11月～45年9月 各月1日現在人口		人口推計月報（改訂数字特集） 　　　　　　　　　　－昭和47年10月刊－	・補間補正済み ・沖縄県を含まない
昭和45年11月～50年9月 各月1日現在人口		人口推計月報（改訂数字特集） 　　　　　　　　　　－昭和53年3月刊－	補間補正済み
昭和50年11月～55年9月 各月1日現在人口		人口推計月報（改訂数字特集） 　　　　　　　　　　－昭和58年8月刊－	同　上
昭和55年11月～60年9月 各月1日現在人口		人口推計月報（改訂数字特集） 　　　　　　　　　　－昭和62年12月刊－	同　上
昭和60年11月～ 　　　平成2年9月 各月1日現在人口		人口推計月報 昭和60年及び平成2年国勢調査結果による 補間補正　　　　　　－平成4年10月刊－	同　上
平成2年11月～7年9月 各月1日現在人口		人口推計資料No.69 人口推計 国勢調査結果による補間補正人口 　　　　　　　　　　－平成9年12月刊－	同　上
平成7年11月～12年9月 各月1日現在人口		人口推計資料No.74 人口推計 国勢調査結果による補間補正人口 　　　　　　　　　　－平成14年7月刊－	同　上
平成12年11月～17年9月 各月1日現在人口		人口推計資料No.79 人口推計 国勢調査結果による補間補正人口 　　　　　　　　　　－平成18年12月刊－	同　上
平成17年11月～22年9月 各月1日現在人口		人口推計資料No.84 人口推計 国勢調査結果による補間補正人口 　　　　　　　　　　－平成24年3月刊－	同　上
平成22年11月～27年9月 各月1日現在人口		人口推計資料No.89 人口推計 国勢調査結果による補間補正人口 　　　　　　　　　　－平成29年3月刊－	同　上
2015年（平成27年）11月～ 2020年（令和2年）9月 各月1日現在人口		人口推計資料No.94 人口推計 国勢調査結果による補間補正人口 　　　　　　　－2022年（令和4年）3月刊－	同　上

（全国　男女別人口）（続き）

人　　口	資　料　名	備　考
2020 年（令和 2 年）11 月～ 2021 年（令和 3 年）10 月 　　　　各月 1 日現在人口	人口推計資料 No.95 　人口推計　「2021 年（令和 3 年）10 月 1 日現在」	

人　　口	資　料　名	備　考
2021 年（令和 3 年）11 月 以降　　各月 1 日現在人口	2022 年（令和 4 年）4 月以降の人口推計 　　　　　　　　　　　　　－各月 1 日現在人口－	・インターネット

（都道府県　男女別人口　－各年 10 月 1 日現在－）

人　　口	資　料　名	備　考
大正 10 年～昭和 24 年	人口推計資料 1957－1 「大正 9 年～昭和 25 年都道府県人口の推計」	・補間補正済み ・昭和 20 年～25 年は 　沖縄県を含まない
昭和 26 年～29 年	人口推計資料 No.21 「昭和 26 年～29 年各年 10 月 1 日現在都道府県人口の 推計（改訂）」	・補間補正済み ・沖縄県を含まない
昭和 31 年～34 年	人口推計資料 No.26 「昭和 31 年～34 年各年 10 月 1 日現在都道府県人口の 推計（改訂）」	同　　上
昭和 36 年～39 年	人口推計資料 No.35 「昭和 36 年～39 年各年 10 月 1 日現在都道府県人口の 推計（改訂）」	同　　上
昭和 41 年～44 年	人口推計資料 No.42 「昭和 41 年～44 年各年 10 月 1 日現在都道府県人口の 推計（改訂）」	同　　上
昭和 46 年～49 年	人口推計資料 No.49 「昭和 46 年～49 年各年 10 月 1 日現在都道府県人口の 推計（改訂）」	補間補正済み
昭和 51 年～54 年	人口推計資料 No.55 「昭和 51 年～54 年各年 10 月 1 日現在都道府県人口の 推計（改訂）」	同　　上
昭和 56 年～59 年	人口推計資料 No.59 「昭和 56 年～59 年各年 10 月 1 日現在都道府県人口の 推計（改訂）」	同　　上
昭和 61 年～平成元年	人口推計資料 No.64 「昭和 61 年～平成元年各年 10 月 1 日現在都道府県人 口の推計」昭和 60 年及び平成 2 年国勢調査結果による 補間補正	同　　上
平成 3 年～6 年	人口推計資料 No.69 人口推計　国勢調査結果による補間補正人口 　　　　　　　　　　　　　　－平成 9 年 12 月刊－	同　　上
平成 8 年～11 年	人口推計資料 No.74 人口推計　国勢調査結果による補間補正人口 　　　　　　　　　　　　　　－平成 14 年 7 月刊－	同　　上
平成 13 年～16 年	人口推計資料 No.79 人口推計　国勢調査結果による補間補正人口 　　　　　　　　　　　　　　－平成 18 年 12 月刊－	同　　上
平成 18 年～21 年	人口推計資料 No.84 人口推計　国勢調査結果による補間補正人口 　　　　　　　　　　　　　　－平成 24 年 3 月刊－	同　　上

（都道府県　男女別人口　－各年 10 月 1 日現在－）（続き）

人　　口	資　料　名	備　　考
平成 23 年～26 年	人口推計資料 No.89 人口推計 国勢調査結果による補間補正人口 　　　　　　　　　　　　－平成 29 年 3 月刊－	同　上
2016 年（平成 28 年）～ 2019 年（令和元年）	人口推計資料 No.94 人口推計 国勢調査結果による補間補正人口 　　　　　　　　　－2022 年（令和 4 年）3 月刊－	同　上
2021 年（令和 3 年）	人口推計資料 No.95 　人口推計 「2021 年（令和 3 年）10 月 1 日現在」	

（全国　年齢、男女別人口　－各年 10 月 1 日現在－）

人　　口	資　料　名	備　　考
大正 10 年～昭和 15 年 昭和 23 年、24 年	人口推計資料 1956－1「大正 9 年～昭和 15 年および昭 和 22 年～25 年全国年令別人口の推計」	・補間補正済み ・昭和 22 年～25 年は 沖縄県を含まない
昭和 26 年	人口推計資料 1953－1 「昭和 26 年 10 月 1 日現在全国年令別人口の推計」	沖縄県を含まない
昭和 27 年、28 年	人口推計資料 1954－3 「昭和 28 年 10 月 1 日現在全国年令別人口の推計」	同　上
昭和 29 年	人口推計資料 1955－2 「昭和 29 年 10 月 1 日現在全国年令別人口の推計」	同　上
昭和 31 年、32 年	人口推計資料 No.16 「昭和 33 年 10 月 1 日現在全国年令別人口の推計」	同　上
昭和 33 年、34 年	人口推計資料 No.18 「昭和 34 年 10 月 1 日現在全国年令別人口の推計」	同　上
昭和 36 年～38 年	人口推計資料 No.25 「昭和 38 年 10 月 1 日現在全国年令別人口の推計」	同　上
昭和 39 年	人口推計資料 No.28 「昭和 39 年 10 月 1 日現在全国年令別人口の推計」	同　上
昭和 41 年、42 年	人口推計資料 No.32 「昭和 42 年 10 月 1 日現在全国年令別人口の推計」	同　上
昭和 43 年	人口推計資料 No.34 「昭和 43 年 10 月 1 日現在全国年令別人口の推計」	同　上
昭和 44 年	人口推計資料 No.38 「昭和 44 年 10 月 1 日現在全国年令別人口の推計」	同　上
昭和 46 年、47 年	人口推計資料 No.44 「昭和 47 年 10 月 1 日現在全国年齢別人口の推計」	
昭和 48 年	人口推計資料 No.46 「昭和 48 年 10 月 1 日現在全国年齢別人口の推計」	

（全国 都道府県 年齢、男女別人口 —各年 10 月 1 日現在—）

人　　口	資　料　名	備　　考
昭和 49 年	人口推計資料 No. 47 「昭和 49 年 10 月 1 日現在推計人口」	昭和 46 年〜48 年の都道府県別人口の記載あり
昭和 51 年	人口推計資料 No. 48 「昭和 51 年 10 月 1 日現在推計人口」	
昭和 52 年	人口推計資料 No. 50 「昭和 52 年 10 月 1 日現在推計人口」	
昭和 53 年	人口推計資料 No. 51 「昭和 53 年 10 月 1 日現在推計人口」	
昭和 54 年	人口推計資料 No. 52 「昭和 54 年 10 月 1 日現在推計人口」	
昭和 56 年	人口推計資料 No. 53 「昭和 56 年 10 月 1 日現在推計人口」	
昭和 57 年	人口推計資料 No. 54 「昭和 57 年 10 月 1 日現在推計人口」	
昭和 58 年	人口推計資料 No. 56 「昭和 58 年 10 月 1 日現在推計人口」	
昭和 59 年	人口推計資料 No. 57 「昭和 59 年 10 月 1 日現在推計人口」	
昭和 61 年	人口推計資料 No. 58 「昭和 61 年 10 月 1 日現在推計人口」	
昭和 62 年	人口推計資料 No. 60 「昭和 62 年 10 月 1 日現在推計人口」	
昭和 63 年	人口推計資料 No. 61 「昭和 63 年 10 月 1 日現在推計人口」	
平成元年	人口推計資料 No. 62 「平成元年 10 月 1 日現在推計人口」	
平成 3 年	人口推計資料 No. 63 「平成 3 年 10 月 1 日現在推計人口」	
平成 4 年	人口推計資料 No. 65 「平成 4 年 10 月 1 日現在推計人口」	
平成 5 年	人口推計資料 No. 66 「平成 5 年 10 月 1 日現在推計人口」	
平成 6 年	人口推計資料 No. 67 「平成 6 年 10 月 1 日現在推計人口」	
平成 8 年	人口推計資料 No. 68 「平成 8 年 10 月 1 日現在推計人口」	
平成 9 年	人口推計資料 No. 70 人口推計年報 「平成 9 年 10 月 1 日現在推計人口」	
平成 10 年	人口推計資料 No. 71 人口推計年報 「平成 10 年 10 月 1 日現在推計人口」	
平成 11 年	人口推計資料 No. 72 人口推計年報 「平成 11 年 10 月 1 日現在推計人口」	
平成 13 年	人口推計資料 No. 73 人口推計年報 「平成 13 年 10 月 1 日現在推計人口」	
平成 14 年	人口推計資料 No. 75 人口推計年報 「平成 14 年 10 月 1 日現在推計人口」	

（全国　都道府県　年齢、男女別人口　－各年10月1日現在－）（続き）

人　口	資　料　名	備　考
平成15年	人口推計資料 No.77 人口推計年報　「平成15年10月1日現在推計人口」	
平成16年	人口推計資料 No.78 人口推計年報　「平成16年10月1日現在推計人口」	
平成18年	人口推計資料 No.80 　人口推計年報　「平成18年10月1日現在推計人口」	
平成19年	人口推計資料 No.81 　人口推計年報　「平成19年10月1日現在推計人口」	
平成20年	人口推計資料 No.82 　人口推計年報　「平成20年10月1日現在推計人口」	
平成21年	人口推計資料 No.83 　人口推計　「平成21年10月1日現在」	
平成23年	人口推計資料 No.85 　人口推計　「平成23年10月1日現在」	
平成24年	人口推計資料 No.86 　人口推計　「平成24年10月1日現在」	
平成25年	人口推計資料 No.87 　人口推計　「平成25年10月1日現在」	
平成26年	人口推計資料 No.88 　人口推計　「平成26年10月1日現在」	
2016年（平成28年） ～2019年（令和元年）	人口推計資料 No.94 人口推計 国勢調査結果による補間補正人口 　　　　　　－2022年（令和4年）3月刊－	補間補正済み
2021年（令和3年）	人口推計資料 No.95 　人口推計　「2021年（令和3年）10月1日現在」	

（その他）

資　料　名	備　考
人口推計資料 No.76 「我が国の推計人口」大正9年～平成12年 　　　　　　－平成15年9月刊－	大正9年国勢調査以降、平成12年までの主な推計結果を掲載
人口推計資料 No.36　「日本の推計人口」 　　　　　　－昭和45年3月刊－	大正10年以降、昭和44年3月までの人口推計について、その推計方法、推計結果などをまとめて掲載
「明治5年以降わが国の人口」 　　　　内閣統計局　－昭和5年刊－	明治5年～大正9年各年1月1日現在男女別全国推計人口
「道府県現住人口」 　　　　内閣統計局　－明治42年8月刊－	明治17年～40年　道府県現住人口
「道府県現住人口」 　　　　内閣統計局　－明治40年11月刊－	明治17年～36年　道府県現住人口

Appendix 1　　Outline of the Population Estimates

I Outline

1 Coverage of the population estimates

The population estimates cover all the population, including foreigners, who usually live in Japan.　However, of the foreigners, foreign diplomatic and consular corps, including their party or family members, and foreign military personnel, including their family members, are excluded.

2 Method of the estimation

The population estimates are calculated using the recent census population(as of October 1) as the base by the following formula.

［*Basic formula*］

Estimated population of the stated year＝Estimated population of the previous year*

＋ Total net change during the year

Total net change＝Natural change + Migration change

＋ Net increase by change of nationality**

Natural change＝Live births－Deaths

Migration change＝(Entries－Exits)＋(Net inter-prefectural migrants)***

Net inter-prefectural migrants＝In-migrants－Out-migrants

Net increase by change of nationality＝Acquisition of Japanese nationality－Loss of Japanese nationality

*　　 : The census population for the year when the population census was held.

**　 : Only for the Japanese.

*** : Only for the population by prefectures.

3 Sources for the estimation

Live births and Deaths　　: "Vital Statistics (preliminary report)", Ministry of Health, Labour and Welfare

Entries and Exits　　　　: "Statistics on Legal Migrants", the Immigration Services Agency

Net increase by change of nationality

: The Statistics Bureau, Ministry of Internal Affairs and Communications tabulated the data of Ministry of Justice

Inter-prefectural migrants : "Monthly Report on Internal Migration in Japan Derived from the Basic Resident Registration", Statistics Bureau, Ministry of Internal Affairs and Communications

Others　　: "Population Census", Statistics Bureau, Ministry of Internal Affairs and Communications

II The estimation method

1 Elements of the population estimates

a. Base population

The complete counts of Census population are used as the base population for the year following a Population Census, and for the year after the following year and thereafter, the final population estimates as of October 1 of the previous year is used as the base population.

b. Total net change (= Natural change + Migration change + Net increase by change of nationality)

(i) Natural change (= Live births – Deaths)

For live births and deaths, the data of the Vital Statistics (preliminary results) (Ministry of Health, Labour and Welfare) is used.

Note that the number of deaths at unknown age and of unknown prefecture is divided according to the age-at-death distribution by prefecture of all those whose age at death and prefecture are identified and added to the corresponding age and prefecture data.

The number of deaths is tabulated by the age on October 1 of the previous year referring to the birth date and used for the estimates.

(ii) Migration change (= Entry/exit balance of immigrants + Entry/exit balance of inter-prefecture migrants)

(1) Entry/exit balance of immigrants (=Entries – Exits)

For entering/exiting immigrants, the data of the Statistics on Legal Migrants (the Immigration Services Agency) is used. Note that the numbers of Japanese whose period of stay in foreign countries is within 3 months (i.e., reentry within 3 months from the last departure) and foreigners whose period of stay in Japan is within 3 months are excluded.

The number of Japanese whose place of residence is in a foreign country is divided according to the distribution of the number of entering/exiting people by prefecture for each age and added to the number of the entering/exiting people of the corresponding prefecture.

The number of entering/exiting foreigners whose age and residence (prefecture) is not identified is divided according to the age and prefecture distribution of entering/exiting foreigners and added to the data of corresponding prefecture by age (single years).

As the data of Japanese is not tabulated by birth date, the data by age of the Statistics on Legal Migrants is used. Foreigners are tabulated by the age on October 1 of the previous year referring to their birth dates.

(2) Entry/exit balance of inter prefecture migrants (= In-migrants – Out-migrants)

The data of inter-prefectural migrants of the Report of Internal Migration in Japan Derived from the Basic Resident Registration (Statistics Bureau, Ministry of Internal Affairs and Communications) is used.

(iii) Net increase by change of nationality (= Acquisition of Japanese nationality – Loss of Japanese nationality)

"The number of naturalized Japanese based on the data of the official gazette":

the data created by Ministry of Internal Affairs and Communications tabulating "the number of the people who acquired Japanese nationality," which was reported in the public notice through the official gazette "concerning the permission for naturalization," by age as of October 1 of the previous year referring to birth date, and the "numbers of the acquisition and loss of Japanese nationality" (Ministry of Justice) are used.

2 Estimates of the population of all of Japan and of each prefecture by age and sex

Japan's total population and Japanese population by prefecture, age (single years) and sex as of October 1 of the year are calculated by adding or subtracting the live births, deaths, entering/exiting immigrants, entry/exit balance of inter-prefecture migrants (and also the number of the people who acquired or lost Japanese nationality specifically for the Japanese population) in the previous one year period to or from the base population by age (single years) and sex.

These numbers are aggregated in each age group to tabulate Japan's total population and Japanese population by prefecture, age (five-year groups) and sex. Additionally, Japan's total population and Japanese population by age (single years) and sex for all Japan and Japan's total population and Japanese population by prefecture and sex are calculated.

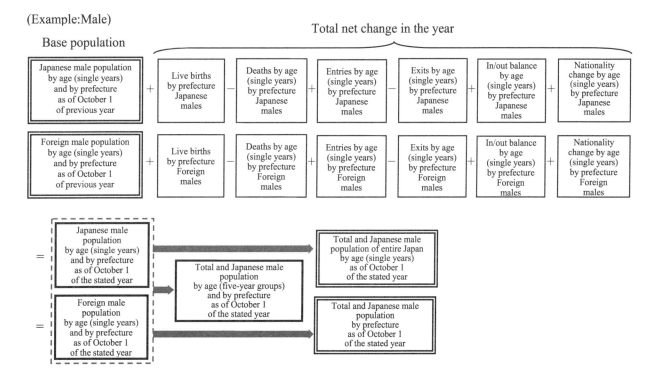

Appendix 2   Explanation of Terms

◎ Population composition

Sex Ratio : Number of males per 100 females $= \dfrac{\text{males}}{\text{females}} \times 100$

◎ Population increase and decrease

Natural Change	Live births $-$ Deaths
	(Only for the population by prefectures)
Migration Change	Entries $-$ Exits $+$ Net inter-prefectural migrants

Net inter-prefectural migrants $=$ In-migrants $-$ Out-migrants

Net increase by change of nationality

$= $ Acquisition of Japanese nationality $-$ Loss of Japanese nationality

◎ Age composition

Child dependency ratio $= \dfrac{\text{Population under 15}}{\text{Population aged 15 to 64}} \times 100$

Aged dependency ratio $= \dfrac{\text{Population aged 65 and over}}{\text{Population aged 15 to 64}} \times 100$

Dependency ratio $= \dfrac{\text{Population under 15} + \text{Population aged 65 and over}}{\text{Population aged 15 to 64}} \times 100$

Aging index $= \dfrac{\text{Population aged 65 and over}}{\text{Population under 15}} \times 100$

Appendix 3　List of Publication　－　Current Population Estimates Series

The Statistics Bureau has been estimating population for prefectures and Japan population by age as of October 1 of each year since 1921 as well as Japan population as of the first day of each month since November 1950.　However, the estimated population once published has sometimes been revised according to the revision of the statistics used in the estimation or adjusted in order to link the estimated series to the results of the latest Population Census. The reports listed in the following tables include the final or latest figures of the corresponding population available at present.

(Population by sex for Japan)

Population		Report	Note
Population as of Oct. 1, each year from 1921 to 1949	incl. Okinawa-ken	"Population Estimates Series" 1956-1	・ Population as including Okinawa-ken from 1940 to 1944 has been reported in "Monthly Report on Current Population Estimates" Aug. 1967.
	excl. Okinawa-ken	"Population Estimates Series" 1953-2	・ With intercensal adjustment ・ Only both sexes for 1953-2
Population as of 1st of each month from Nov. 1950 to Sept. 1965		"Monthly Report on Current Population Estimates, Special Report on Revised Figures"　　　　－October 1967－	・ With intercensal adjustment ・ Only both sexes ・ Okinawa-ken not included
Population as of 1st of each month from Nov. 1965 to Sept. 1970		"Monthly Report on Current Population Estimates, Special Report on Revised Figures"　　　　－October 1972－	・ With intercensal adjustment ・ Okinawa-ken not included
Population as of 1st of each month from Nov. 1970 to Sept. 1975		"Monthly Report on Current Population Estimates, Special Report on Revised Figures"　　　　－March 1978－	With intercensal adjustment
Population as of 1st of each month from Nov. 1975 to Sept. 1980		"Monthly Report on Current Population Estimates, Special Report on Revised Figures"　　　　－August 1983－	do.
Population as of 1st of each month from Nov. 1980 to Sept. 1985		"Monthly Report on Current Population Estimates, Special Report on Revised Figures"　　　　－December 1987－	do.
Population as of 1st of each month from Nov. 1985 to Sept. 1990		"Monthly Report on Current Population Estimates, Intercensal Adjustment"　　　　－October 1992－	do.
Population as of 1st of each month from Nov. 1990 to Sept. 1995		"Population Estimates Series" No.69　　　　－December 1997－	do.
Population as of 1st of each month from Nov. 1995 to Sept. 2000		"Population Estimates Series" No.74　　　　－July 2002－	do.
Population as of 1st of each month from Nov. 2000 to Sept. 2005		"Population Estimates Series" No.79　　　　－December 2006－	do.
Population as of 1st of each month from Nov. 2005 to Sept. 2010		"Population Estimates Series" No.84　　　　－March 2012－	do.
Population as of 1st of each month from Nov. 2010 to Sept. 2015		"Population Estimates Series" No.89　　　　－March 2017－	do.
Population as of 1st of each month from Nov. 2015 to Sept. 2020		"Population Estimates Series" No.94　　　　－March 2022－	do.

114

(Population by sex for Japan) (continued)

Population	Report	Note
Population as of 1st of each month from Nov. 2020 to Oct. 2021	"Population Estimates Series" No.95	

Population	Report	Note
Population as of 1st of each month since Nov. 2021	"Monthly Report on Current Population Estimates" for each month since Apr. 2022	· Internet

(Population by sex for prefectures as of October 1, each year)

Population	Report	Note
Population from 1921 to 1949	"Population Estimates Series" 1957-1	· With intercensal adjustment · Okinawa-ken not included from 1945 to 1950
Population from 1951 to 1954	"Population Estimates Series" No.21	· With intercensal adjustment · Okinawa-ken not included
Population from 1956 to 1959	"Population Estimates Series" No.26	do.
Population from 1961 to 1964	"Population Estimates Series" No.35	do.
Population from 1966 to 1969	"Population Estimates Series" No.42	do.
Population from 1971 to 1974	"Population Estimates Series" No.49	With intercensal adjustment
Population from 1976 to 1979	"Population Estimates Series" No.55	do.
Population from 1981 to 1984	"Population Estimates Series" No.59	do.
Population from 1986 to 1989	"Population Estimates Series" No.64	do.
Population from 1991 to 1994	"Population Estimates Series" No.69	do.
Population from 1996 to 1999	"Population Estimates Series" No.74	do.
Population from 2001 to 2004	"Population Estimates Series" No.79	do.
Population from 2006 to 2009	"Population Estimates Series" No.84	do.
Population from 2011 to 2014	"Population Estimates Series" No.89	do.
Population from 2016 to 2019	"Population Estimates Series" No.94	do.
Population of 2021	"Population Estimates Series" No.95	

(Population by age and sex for Japan as of October 1, each year)

Population	Report	Note
Population from 1921 to 1940	"Population Estimates Series"1956-1	With intercensal adjustment
Population of 1948 and 1949	"Population Estimates Series" 1956-1	· With intercensal adjustment · Okinawa-ken not included
Population of 1951	"Population Estimates Series" 1953-1	Okinawa-ken not included
Population of 1952 and 1953	"Population Estimates Series" 1954-3	do.
Population of 1954	"Population Estimates Series" 1955-2	do.

(Population by age and sex for Japan as of October 1, each year)(continued)

Population	Report	Note
Population of 1956 and 1957	"Population Estimates Series" No.16	do.
Population of 1958 and 1959	"Population Estimates Series" No.18	do.
Population from 1961 to 1963	"Population Estimates Series" No.25	do.
Population of 1964	"Population Estimates Series" No.28	do.
Population of 1966 and 1967	"Population Estimates Series" No.32	do.
Population of 1968	"Population Estimates Series" No.34	do.
Population of 1969	"Population Estimates Series" No.38	do.
Population of 1971 and 1972	"Population Estimates Series" No.44	
Population of 1973	"Population Estimates Series" No.46	

(Population by age and sex for Japan and population by age group and sex for prefectures
as of October 1, each year)

Population	Report	Note
Population of 1974	"Population Estimates Series" No.47	From 1971 to 1973 also included.
Population of 1976	"Population Estimates Series" No.48	
Population of 1977	"Population Estimates Series" No.50	
Population of 1978	"Population Estimates Series" No.51	
Population of 1979	"Population Estimates Series" No.52	
Population of 1981	"Population Estimates Series" No.53	
Population of 1982	"Population Estimates Series" No.54	
Population of 1983	"Population Estimates Series" No.56	
Population of 1984	"Population Estimates Series" No.57	
Population of 1986	"Population Estimates Series" No.58	
Population of 1987	"Population Estimates Series" No.60	
Population of 1988	"Population Estimates Series" No.61	
Population of 1989	"Population Estimates Series" No.62	
Population of 1991	"Population Estimates Series" No.63	
Population of 1992	"Population Estimates Series" No.65	
Population of 1993	"Population Estimates Series" No.66	
Population of 1994	"Population Estimates Series" No.67	
Population of 1996	"Population Estimates Series" No.68	
Population of 1997	"Population Estimates Series" No.70	
Population of 1998	"Population Estimates Series" No.71	
Population of 1999	"Population Estimates Series" No.72	
Population of 2001	"Population Estimates Series" No.73	
Population of 2002	"Population Estimates Series" No.75	
Population of 2003	"Population Estimates Series" No.77	
Population of 2004	"Population Estimates Series" No.78	
Population of 2006	"Population Estimates Series" No.80	
Population of 2007	"Population Estimates Series" No.81	
Population of 2008	"Population Estimates Series" No.82	

(Population by age and sex for Japan and population by age group and sex for prefectures
as of October 1, each year) (continued)

Population	Report	Note
Population of 2009	"Population Estimates Series" No.83	
Population of 2011	"Population Estimates Series" No.85	
Population of 2012	"Population Estimates Series" No.86	
Population of 2013	"Population Estimates Series" No.87	
Population of 2014	"Population Estimates Series" No.88	
Population of 2016 to 2019	"Population Estimates Series" No.94	With intercensal adjustment
Population of 2021	"Population Estimates Series" No.95	

(Others)

Report	Note
"Population Estimates Series No.76 Population Estimates of Japan",1920-2000 September 2003	This report presents the main results of the population estimates for each year from 1920 to 2000.
"Population Estimates Series No.36 Population Estimates of Japan", March 1970	This report presents the history of the population estimates from 1921 to 1969 March, as well as changes in the method of estimation and time series table for population estimates.
"Population of Japan since 1872", 1930	This report presents the estimated Japanese population by sex as of January 1 each year from 1872 to 1920.

『 人 口 推 計 資 料 』 の 利 用 に つ い て

人口推計資料については、次の方法により利用（閲覧・入手等）することができます。

インターネット

人口推計に関する結果は、インターネットを通じて提供しています。

◆ 統計局ホームページ　　　　　　https://www.stat.go.jp/data/jinsui/index.html

人口推計	検索

◆ 政府統計の総合窓口（e-Stat）　https://www.e-stat.go.jp/

資料の閲覧

資料は、総務省統計図書館のほか、国立国会図書館及び各支部、都道府県統計主管課、都道府県立図書館などで閲覧することができます。

◆ 総務省統計図書館　　　　　　〒162-8668　東京都新宿区若松町19−1
　　　　　　　　　　　　　　　　TEL　03（5273）1132

資料の入手

資料は、一般財団法人　日本統計協会を通じて入手できます。また、全国各地の官報販売所でも取り扱っています。

◆ 一般財団法人　日本統計協会　　〒169-0073 東京都新宿区百人町2−4−6
　　　　　　　　　　　　　　　　　　　　　　メイト新宿ビル6F
　　　　　　　　　　　　　　　　TEL　03（5332）3151

◆ 政府刊行物センター（霞が関）　〒100-0013　東京都千代田区霞が関1−4−1
　　　　　　　　　　　　　　　　　　　　　　日土地ビル1F
　　　　　　　　　　　　　　　　TEL　03（3504）3885

《引用・転載について》

本書の統計データ、図表を利用する場合は、出典を記載してください。出典を編集・加工等して利用した場合はその旨も明記してください。

（出典記載例）「人口推計資料」（総務省統計局）
　　　　　　　「人口推計」（総務省統計局）

総務省統計局編集等・（一財）日本統計協会発行の新刊案内

新版 日本長期統計総覧（全5巻） 我が国の統計を集大成した「日本長期統計総覧」を20年ぶりに抜本的に改訂。	A4判	586頁～746頁	CD-ROM付 第1巻～第4巻は定価22,000円、第5巻は定価23,100円		
第 71 回 日 本 統 計 年 鑑 令和4年	B5 判	792 頁	CD-ROM付	定 価	16,500 円
統 計 で み る 日 本 2022	A5 判	338 頁		定 価	2,750 円
日 本 の 統 計 2022	A5 判	308 頁		定 価	2,200 円
世 界 の 統 計 2022	A5 判	296 頁		定 価	2,200 円
STATISTICAL HANDBOOK OF JAPAN 2021	A5 判	214 頁		定 価	3,300 円
社 会 生 活 統 計 指 標 2022	A4 判	548 頁	CD-ROM付	定 価	9,680 円
統 計 で み る 都 道 府 県 の す が た 2022	A4 判	180 頁	CD-ROM付	定 価	3,190 円
統 計 で み る 市 区 町 村 の す が た 2022	A4 判	328 頁	CD-ROM付	定 価	5,500 円
デ ー タ 分 析 の た め の 統 計 学 入 門	A4 判	428 頁		定 価	1,980 円
GDP 統計を知る－大きく変わった国民経済計算－	A5 判	176 頁		定 価	2,200 円
日本を彩る47都道府県と統計のはなし	B5 判	386 頁		定 価	2,970 円
国勢調査からみた市区町村人口 -大正9(1920)年～令和2(2020)年までの100年間の人口の推移-	A4 版	424 頁	CD-ROM付	定 価	8,800 円
平 成 27 年 国 勢 調 査 報 告					
我が国人口・世帯の概観	A4 判	192 頁		定 価	4,070 円
地図シリーズ 我が国の人口集中地区－人口集中地区別人口・境界図－	A4 判	130 頁		定 価	36,300 円
ライフステージでみる日本の人口・世帯	A4 判	60 頁		定 価	990 円
第1巻 人口・世帯総数	A4 判	816 頁		定 価	9,680 円
第2巻 人口等基本集計結果 全国編、都道府県・市区町村編	A4 判	296頁～782頁	CD-ROM付	定 価 7,590円～	9,900 円
第3巻 就業状態等基本集計結果 全国編、都道府県・市区町村編	A4 判	326頁～522頁	CD-ROM付	定 価 7,480円～	8,360 円
第4巻 世帯構造等基本集計結果 全国編、都道府県・市区町村編	A4 判	356頁～654頁	CD-ROM付	定 価10,010円～	10,670 円
第5巻 抽出詳細集計結果 全国編、都道府県・市区町村編	A4 判	424頁～888頁	CD-ROM付	定 価10,010円～	11,550 円
第6巻 第1部 従業地・通学地による人口・就業状態等集計結果 　　　　全国編、都道府県・市区町村編	A4 判	308頁～772頁	CD-ROM付	定 価 8,690円～	11,220 円
第6巻 第2部 従業地・通学地による抽出詳細集計結果	A4 判	654 頁	CD-ROM付	定 価	11,000 円
第7巻 人口移動集計結果 全国編、都道府県・市区町村編	A4 判	180頁～562頁	CD-ROM付	定 価 9,240円～	10,230 円
最終報告書 日本の人口・世帯	A4 判	548 頁	CD-ROM付	定 価	10,120 円
平 成 28 年 経済センサス-活動調査報告					
第1巻 事業所数及び従業者数に関する集計	A4 判	788 頁		定 価	10,120 円
第2巻 事業所の売上（収入）金額に関する集計	A4 判	898 頁		定 価	11,110 円
第3巻 企業等数及び従業者数に関する集計	A4 判	582 頁		定 価	9,900 円
第4巻 企業等の売上（収入）金額及び費用に関する集計	A4 判	552 頁		定 価	9,460 円
第8巻 建設業、医療・福祉、学校教育及びサービス関連産業に関する集計	A4 判	426 頁		定 価	8,360 円
平 成 28 年 社会生活基本調査報告					
第1巻 生活時間編	A4 判	588 頁	CD-ROM付	定 価	10,010 円
第2巻 生活行動編	A4 判	528 頁	CD-ROM付	定 価	9,680 円
第3巻 詳細行動分類による生活時間編	A4 判	362 頁	CD-ROM付	定 価	9,240 円
平 成 29 年 就業構造基本調査報告					
第1巻 全国編	A4 判	666 頁	CD-ROM付	定 価	10,120 円
第2巻 都道府県編	A4 判	664 頁	CD-ROM付	定 価	10,230 円
平 成 30 年 住宅・土地統計調査報告					
全 国 編（平成の住宅事情 − 時系列）	A4 判	412 頁	CD-ROM付	定 価	13,200 円
都道府県編（12分冊）	A4 判	322頁～560頁	CD-ROM付	定 価	各10,450 円
令 和 元 年 全国家計構造調査報告（旧 全国消費実態調査）					
第1巻 家計収支編 その1 世帯属性に関する結果	A4 判	800 頁	CD-ROM付	定 価	9,900 円
第1巻 家計収支編 その2 世帯類型、高齢者、就業者に関する結果	A4 判	816 頁	CD-ROM付	定 価	9,900 円
第1巻 家計収支編 その3 購入形態等に関する結果	A4 判	754 頁	CD-ROM付	定 価	9,350 円
第2巻 所得編	A4 判	730 頁	CD-ROM付	定 価	9,350 円
第3巻 資産・負債編	A4 判	574 頁	CD-ROM付	定 価	8,470 円
経済構造実態調査報告 2020年	A4 判	238 頁		定 価	6,930 円
労 働 力 調 査 年 報 令和3年	A4 判	348 頁	CD-ROM付	定 価	6,600 円
人口推計資料 No.95 人口推計 －令和3年10月1日現在－	A4 判	122 頁		定 価	2,750 円
住 民 基 本 台 帳 人 口 移 動 報 告 年 報 令和3年	A4 判	280 頁	CD-ROM付	定 価	4,180 円
家 計 消 費 状 況 調 査 年 報 令和3年	A4 判	178 頁		定 価	3,080 円
家 計 調 査 年 報＜Ⅰ 家 計 収 支 編＞ 令和2年	A4 判	434 頁	CD-ROM付	定 価	7,810 円
家 計 調 査 年 報＜Ⅱ 貯 蓄・負 債 編＞ 令和2年	A4 判	246 頁	CD-ROM付	定 価	5,610 円
小 売 物 価 統 計 調 査 年 報 令和2年	A4 判	320 頁	CD-ROM付	定 価	7,260 円
サ ー ビ ス 産 業 動 向 調 査 年 報 令和2年	A4 判	126 頁		定 価	2,860 円
科 学 技 術 研 究 調 査 報 告 令和3年	A4 判	324 頁		定 価	4,400 円
消 費 者 物 価 指 数 年 報 令和3年	A4 判	296 頁		定 価	6,380 円
個 人 企 業 経 済 調 査 報 告 令和2年	A4 判	300 頁		定 価	3,850 円
「 月 刊 統 計 」・・年間購読（割引あり）もできます。	B5 判			定 価	990 円

（定価は、税込価格です）

人口推計資料 No.95 **人口推計 －令和3年10月1日現在－** Population Estimates Series No.95 CURRENT POPULATION ESTIMATES AS OF OCTOBER 1, 2021	発 行 一般財団法人 日 本 統 計 協 会 Published by Japan Statistical Association 東京都新宿区百人町2丁目4番6号メイト新宿ビル内 Meito Shinjuku Bldg, 2-4-6, Hyakunincho, Shinjuku-ku, Tokyo, 169-0073
令和4年7月発行　　定価: 2,750円（本体価格 2,500円 + 税10%） Issued in July 2022　　Price: 2,750yen（2,500yen + tax10%） 編集： 総 務 省 統 計 局	ＴＥＬ :（03）5332-3151　ＦＡＸ :（03）5389-0691 E-mail : jsa@jstat.or.jp 振　替:00120-4-1944 印　刷:名取印刷工業有限会社

ISBN978-4-8223-4147-3　C0033　　¥2500E